쉽게 배워 폼나게 활용하는

비버챌린지 문제 유형으로 풀어보는 컴퓨팅사고력 퍼즐

언플러그드 컴퓨팅

IT연구회

해당 분야의 IT 전문 컴퓨터학원과 전문가 선생님들이 최선의 책을 출간하고자 만든 집필/감수 전문연구회로서, 수년간의 강의 경험과 노하우를 수험생 여러분에게 전달하고자 최선을 다하고 있습니다.

IT연구회에 참여를 원하시는 선생님이나 교육기관은 ccd770@hanmail.net으로 언제든지 연락주십시오. 좋은 교재를 만들기 위해 많은 선생님들의 참여를 부탁드립니다.

구경화_IT 전문강사	김경화_IT 전문강사	김선숙_IT 전문강사
김수현_IT 전문강사	김 숙_IT 전문강사	김시령_IT 전문강사
김현숙_IT 전문강사	남궁명주_IT 전문강사	노란주_IT 전문강사
류은순_IT 전문강사	민지희_IT 전문강사	문경순_IT 전문강사
박봉기_IT 전문강사	박상휘_IT 전문강사	박성화_IT 전문강사
박은주_IT 전문강사	변진숙_IT 전문강사	송기웅_IT 및 SW전문강사
송희원_IT 전문강사	신영진_신영진컴퓨터학원장	윤정아_IT 전문강사
이미연_IT 전문강사	이은미_IT 및 SW전문강사	이천직_IT 전문강사
이해인_IT 전문강사	임선자_IT 전문강사	장명희_IT 전문강사
장은경_ITQ 전문강사	조영식_IT 전문강사	조완희_IT 전문강사
조정례_IT 전문강사	최갑인_IT 전문강사	최은실_IT 전문강사
최우영_IT 전문강사	한윤희_IT 전문강사	김건석_교육공학박사
남승진_충주열린학교 IT 전문강사	양은숙_경남도립남해대학 IT 전문강사	엄영숙_권선구청 IT 전문강사
옥향미_인천여성의광장 IT 전문강사	이은직_인천대학교 IT 전문강사	조은숙_농산어싱회권 IT 전문강사

www.cyber.co.kr

저 자 소 개

저자 이재우

- (주)헬로소프트 대표
- 헬로소프트 광명코딩교육원 원장
- 교사정보화연수(언플러그드 컴퓨팅, 블록코딩, 아두이노) 강사
- 코딩지도사 자격증 과정 강사
- 연간 1,500시간 이상 코딩수업 진행
- ⋯ 두근두근 언플러그드 컴퓨팅, 두근두근 3D펜 집필(생능출판사)

Easy 시리즈 ⑱
쉽게 배워 둘이 같이 살리는

언플러그드 컴퓨팅

2018. 2. 21. 1판 1쇄 발행
2019. 9. 10. 1판 2쇄 발행

지은이 | 이재우
펴낸이 | 이종춘
펴낸곳 |  (주)도서출판 성안당
주소 | 04032 서울시 마포구 양화로 127 첨단빌딩 3층(출판기획 R&D 센터)
      | 10881 경기도 파주시 문발로 112 출판문화정보산업단지(제작 및 물류)
전화 | 02) 3142-0036
      | 031) 950-6300
팩스 | 031) 955-0510
등록 | 1973. 2. 1. 제406-2005-000046호
출판사 홈페이지 | www.cyber.co.kr
내용 문의 | hellosoft@naver.com
ISBN | 978-89-315-5508-0 (13000)
정가 | 16,000원

이 책을 만든 사람들
책임 | 최옥현
진행 | 최창동
본문 디자인 | 인투
표지 디자인 | 박원석
홍보 | 김계향
국제부 | 이선민, 조혜란, 김혜숙
마케팅 | 구본철, 차정욱, 나진호, 이동후, 강호묵
제작 | 김유석

이 책의 어느 부분도 저작권자나 BM (주)도서출판 성안당 발행인의 승인 문서 없이 일부 또는 전부를 사진 복사나 디스크 복사 및 기타 정보 재생 시스템을 비롯하여 현재 알려지거나 향후 발명될 어떤 전기적, 기계적 또는 다른 수단을 통해 복사하거나 재생하거나 이용할 수 없음.

■ 도서 A/S 안내

성안당에서 발행하는 모든 도서는 저자와 출판사, 그리고 독자가 함께 만들어 나갑니다.
좋은 책을 펴내기 위해 많은 노력을 기울이고 있습니다. 혹시라도 내용상의 오류나 오탈자 등이 발견되면 **"좋은 책은 나라의 보배"**로서 우리 모두가 함께 만들어 간다는 마음으로 연락주시기 바랍니다. 수정 보완하여 더 나은 책이 되도록 최선을 다하겠습니다.
성안당은 늘 독자 여러분들의 소중한 의견을 기다리고 있습니다. 좋은 의견을 보내주시는 분께는 성안당 쇼핑몰의 포인트(3,000포인트)를 적립해 드립니다.
잘못 만들어진 책이나 부록 등이 파손된 경우에는 교환해 드립니다.

이 책의 목적

안녕하세요. 어린이 여러분에게 코딩을 가르치고 있는 코딩 작가 헬로소프트 이재우입니다. 이 책은 여러분들이 퍼즐을 풀면서 코딩과 관련된 지식을 쌓고 또 사고력을 키울 수 있도록 만들어 졌습니다.

최근 코딩 교육 의무화가 발표되고 4차 산업에 대한 관심도 커져서 많은 곳에서 코딩(S/W) 교육이 시작되고 있습니다. 하지만 코딩 교육이 예전의 컴퓨터 교육과 무엇이 다른지 아는 사람은 많지 않습니다. 그래서 코딩교육을 10년 전 컴퓨터 교육처럼 가르치는 곳도 많습니다.

그렇다면 코딩교육은 컴퓨터교육과 무엇이 다를까요? 코딩교육을 통해 여러분들이 얻게 되는 것은 사고력, 지식, 스킬 이 세 가지입니다.

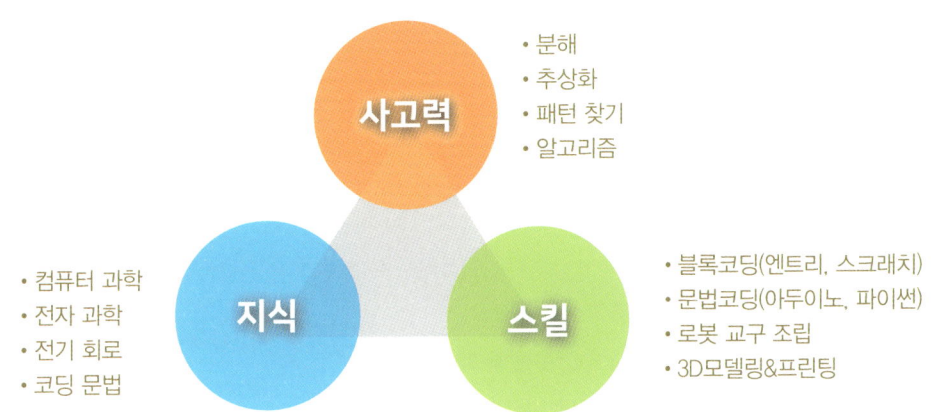

마지막에 있는 기술은 컴퓨터를 얼마나 능숙하게 다룰 수 있는지를 나타냅니다. 다른 말로는 컴퓨터 활용능력이라고도 합니다. 기본적인 윈도우(OS) 사용법이나 인터넷(메일, 검색) 활용능력, 그리고 문서제작(워드, 파워포인트, 포토샵)을 능숙하게 할 수 있는 능력입니다.

그런데 이 기술은 필요성이 점점 낮아지고 있습니다. 예전에는 홈페이지를 만들기 위해서 몇 달을 공부해야 했지만, 이제는 포털에 회원가입만 하면 자동으로 블로그가 만들어집니다. 또 예전에는 인터넷에서 필요한 정보를 찾기 위해 몇 시간을 검색해야 했지만, 이제는 사용자가 원하는 정보를 검색엔진이 계산해서 제일 먼저 보여줍니다.

여러분은 혹시 '세계문자빨리보내기대회'를 들어본 적이 있는지요? 스마트폰이 나오기 전에는 휴대폰에서 가장 많이 사용되는 기능이 문자서비스였습니다. 그래서 문자를 빨리 보내는 것이 휴대폰을 잘 사용하는 척도가 되었습니다. 2008년에는 전국대회가, 2009년에는 세계대회가 많은 사람들의 관심 속에서 진행되었습니다. 하지만 몇 년 지나지 않아 이 대회는 없어졌습니다. 스마트폰이 출시되면서 문자 이외에 휴대폰으로 할 수 있는 기능이 훨씬 더 다양해졌기 때문입니다.

코딩 교육이 기존의 컴퓨터 교육과 달라져야 하는 것이 이 때문입니다. 컴퓨터 기술이 발전할수록 사람이 익혀야 하는 기술은 점점 줄어듭니다. 음성인식 기술이 발전할수록 타자를 빨리 칠 필요가 없어지는 것과 같습니다. 만약 여러분들이 컴퓨터를 배운다면 이제는 타자를 빨리 치는 것이 중요한 것이 아닙니다. 타자를 치지 않아도 정보를 입력할 수 있는 새로운 프로그램의 원리를 이해하는 것이 더 중요합니다.

말 그대로 컴퓨터(프로그램)의 동작 원리를 이해하고, 그러한 원리를 응용하여 문제를 해결하거나 새로운 프로그램을 만드는 것이 더 중요합니다. 그러기 위해서 여러분들에게 컴퓨터과학 이론과 컴퓨팅 사고력을 가르치는 것이 바로 코딩교육입니다.

코딩을 초등학교에서부터 배우는 것은 여러분들에게 지식과 사고력을 키워주기 위함입니다. 학교에서 추구하는 코딩 교육의 인재상도 '컴퓨팅 사고력을 가진 창의/융합 인재'입니다. 그러한 면에서 이 책은 코딩 교육의 목적에 가장 잘 부합하는 교재입니다.

● **컴퓨팅 사고력**
  컴퓨팅의 기본적인 개념과 원리를 기반으로 문제를 효율적으로 해결할 수 있는 사고 능력

● **컴퓨팅 사고력의 구성 요소**
  - 문제를 컴퓨터로 해결할 수 있는 형태로 구조화하기
  - 자료를 분석하고 논리적으로 조직하기
  - 모델링이나 시뮬레이션 등의 추상화를 통해 자료를 표현하기
  - 알고리즘적 사고를 통하여 해결방법을 자동화하기
  - 효율적인 해결방법을 수행하고 검증하기
  - 문제 해결 과정을 다른 문제에 적용하고 일반화하기

  *출처 : International Society Technology in Education & Computer Science Teachers Association, 2011

이 책은 이처럼 코딩교육을 기술이 아닌 사고력과 지식의 관점에서 다가갈 수 있도록 제작되었습니다. 여러분들은 챕터별로 소개된 컴퓨터 과학 이론을 통해 관련 지식을 습득할 수 있습니다. 그리고 각각의 퍼즐을 풀면서 컴퓨팅 사고력의 구성요소를 체험하게 됩니다.

이 책의 구성

이 책에는 컴퓨팅 사고력을 키워주고, 컴퓨터과학 이론을 배울 수 있는 100가지 언플러그드 컴퓨팅 퍼즐과 게임이 수록되어 있습니다.

컴퓨터과학은 크게 네 가지의 단계로 나눌 수 있습니다. 바로 정보표현, 자료구조, 알고리즘, 프로그래밍의 단계입니다. 정보의 표현은 컴퓨터가 수, 그림, 글자, 컬러 등의 정보를 디지털화하여 표현하는 방법을 배우는 단계입니다. 자료 구조는 이러한 정보를 저장장치와 메모리에 어떻게 저장하고 불러오는지를 배우는 단계입니다.

알고리즘은 여러 가지 정보를 가공하여 문제를 해결하거나 새로운 정보를 만들어내는 절차와 방법을 배우는 단계입니다. 그리고 마지막으로 프로그래밍은 자료구조와 알고리즘을 이용하여 실제로 프로그램을 만들어 보는 단계입니다. 우리가 컴퓨터 프로그램을 만들기 위해서는 꼭 이 네 가지의 단계를 거치게 됩니다. 이 책에서는 각각의 단계를 하나의 챕터로 나누었습니다.

프로그래밍 자료구조와 알고리즘을 이용해 프로그램을 작성

자료구조 컴퓨터가 자료를 저장하고 검색하고 읽어내는 방법

알고리즘 컴퓨터가 사용자의 요청에 따라 자료를 처리하는 절차와 방법

정보표현 컴퓨터가 수, 그림, 글자 등을 저장하고 표현하는 방법

그리고 각각의 퍼즐에는 ★을 이용한 난이도가 표시되어 있습니다. 별 하나(★)짜리 퍼즐은 초등학교 저학년이 혼자서 풀 수 있는 문제이며, 별 두 개(★★)짜리 퍼즐은 초등학교 고학년이 혼자 풀 수 있는 문제입니다. 마지막으로 별 세 개(★★★)짜리 퍼즐은 중학생이 혼자 풀 수 있는 문제입니다.

퍼즐의 유형에는 1인 퍼즐, 2인 협동 퍼즐, 2인 게임, 3인 이상 모둠 게임 등이 있습니다. 1인 퍼즐은 책상 위에서 여러분들이 연필만 가지고 풀 수 있는 문제입니다. 게임 유형은 간단한 준비물을 이용하여 교실에서 모둠 수업을 할 수 있게 되어있습니다.

수록된 전체 퍼즐들의 목록입니다. 컴퓨터과학의 주제들이 단원과 소단원으로 나누어져 있고 난이도 및 유형이 표시되어 있습니다.

챕터	단원	소단원	번호	제목	난이도	유형
정보 표현		디지털과 아날로그	1	크기가 늘어나는 집	★★	1인 퍼즐
	숫자표현(이진수)		2	이진수로 바꾸기	★	1인 퍼즐
			3	스위치로 수 표현하기	★	1인 퍼즐
			4	손가락으로 수 표현하기	★★	1인 퍼즐
			5	몸으로 수 표현하기	★	1인 퍼즐
			6	이진수 모양 더하기	★★★	1인 퍼즐
			7	바이너리 퍼즐	★★	1인 퍼즐
	그림표현	픽셀	8	픽셀 그림 그리기	★	1인 퍼즐
			9	컬러 픽셀 그림 그리기	★	1인 퍼즐
			10	픽셀 그림 문제 만들기	★★	2인 협동 퍼즐
		벡터	11	벡터 그림 그리기	★	1인 퍼즐
			12	벡터 그림 문제 만들기	★★	2인 협동 퍼즐
		압축	13	압축된 그림 그리기	★★	1인 퍼즐
			14	압축된 컬러 그림 그리기	★★★	1인 퍼즐
			15	나의 그림 압축하기	★★★	2인 협동 퍼즐
			16	16진수 픽셀 그림 그리기	★★	1인 퍼즐
			17	16진수 픽셀 그림 조합하기	★★★	2인 모둠 게임
	글자표현	유니코드	18	내 이름을 숫자로 바꾸기	★	1인 퍼즐
		아스키 코드	19	팔찌 주인 찾기	★	1인 퍼즐
			20	이니셜 팔찌 만들기	★★	1인 퍼즐
		압축	21	주소방식으로 글자 압축하기	★	1인 퍼즐
			22	사전방식으로 글자 압축하기	★	1인 퍼즐
			23	상형문자 해석하기	★★★	1인 퍼즐
			24	이진수 압축 글자 해석하기	★★	1인 퍼즐
	컬러표현		25	무대 조명 색상 만들기	★★	1인 퍼즐
	위치표현	좌표	26	좌표를 이용해 그림 그리기	★★	1인 퍼즐
		벡터	27	벡터방식으로 그림 그리기	★★	1인 퍼즐
자료 구조	단순구조	변수	28	변수 논리 퍼즐 풀기	★★	1인 퍼즐
			29	복면산 퍼즐 풀기	★★	1인 퍼즐
			30	사칙연산 스도쿠 풀기	★★	1인 퍼즐
	선형구조	배열	31	자리 바꾸기 게임	★★	5인 모둠 게임
			32	그림 조각 순서 맞추기	★	1인 퍼즐
			33	책상 위에 순서 맞추기	★	1인 퍼즐
			34	함께 모여 단어 만들기	★★	6인 모둠 게임
		2차원배열	35	배틀십 침몰 게임	★★	2인 게임
		큐	36	픽셀 옮겨 그림 찾기	★★	1인 퍼즐
		스택	37	하노이 탑 퍼즐 풀기	★★★	1인 퍼즐
	비선형 구조	트리	38	남녀성비 문제 풀기	★★	1인 퍼즐
			39	상대팀 관계도 찾기 게임	★★	12인 모둠 게임
		그래프	40	지하철 목적지 맞추기	★★	1인 퍼즐
			41	SNS 동물 스타 찾기	★★	1인 퍼즐
			42	화살표따라 길 찾아가기	★★★	1인 퍼즐

챕터	단원	소단원	번호	제목	난이도	유형
	논리연산	비트연산	43	AND 비트연산 그림 그리기	★★	1인 퍼즐
			44	OR 비트연산 그림 그리기	★★	1인 퍼즐
			45	둘이 함께 AND 연산 그림 그리기	★★★	2인 협동 퍼즐
			46	둘이 함께 OR 연산 그림 그리기	★★★	2인 협동 퍼즐
			47	셋이 함께 비트연산 그림 그리기	★★★	3인 협동 퍼즐
알고리즘	구조	순차	48	토끼가 찾은 당근 세기	★	1인 퍼즐
			49	멧돼지 사냥으로 장비 착용하기	★★	1인 퍼즐
			50	요리 시간 단축하기	★★	1인 퍼즐
		반복	51	꽃을 찾는 무당벌레	★	1인 퍼즐
			52	반복으로 도형 그리기	★★	1인 퍼즐
		조건	53	자동차 경주 순위 알아맞히기	★	1인 퍼즐
			54	주사위로 음식 메뉴 정하기	★★	1인 퍼즐
			55	상자 속에 과일 알아맞히기	★★	1인 퍼즐
			56	동물 농장 울타리 만들기	★★	1인 퍼즐
		함수	57	함수로 그림 그리기	★★	1인 퍼즐
			58	붕붕 날아가는 꿀벌	★★	1인 퍼즐
		재귀	59	아기 펭귄 점프 하기	★★	1인 퍼즐
			60	개구리 시냇물 건너가기	★★	1인 퍼즐
	표현	자연어	61	모래시계 두 개로 시간 측정하기	★★	1인 퍼즐
			62	다른 크기의 통으로 물 만들기	★★	1인 퍼즐
		의사코드	63	원숭이 바나나 찾기	★★	1인 퍼즐
			64	의사코드로 스무고개 게임 만들기	★★★	1인 퍼즐
		순서도	65	주차장 차단기 만들기	★★	1인 퍼즐
			66	계산으로 숫자 맞추기	★★★	1인 퍼즐
		패턴	67	아이스크림 자판기	★	1인 퍼즐
			68	사진 보정 순서 찾기	★	1인 퍼즐
			69	로봇 프로그램으로 선 그리기	★★	1인 퍼즐
			70	동물카드로 생각한 숫자 맞추기	★★	1인 퍼즐
			71	밑줄로 단어 맞추기 게임	★	3인 모둠 게임
	대표적 알고리즘	검색	72	CCTV 범행 사진 찾기	★★	1인 퍼즐
			73	스무고개 점수 따기 게임	★	2인 게임
			74	숨겨진 사탕 찾기 게임	★	8인 모둠 게임
		정렬	75	가장 무서운 수박 찾기	★★	1인 퍼즐
			76	상대방 암호 찾기 게임	★★	2인 게임
		오류검출	77	신용카드 위변조 확인하기	★★	1인 퍼즐
		신장트리	78	송전탑 연결하기	★★	1인 퍼즐
		최단경로	79	제주도 관광하기	★★★	1인 퍼즐
		위상정렬	80	칼국수 레시피 만들기	★★★	1인 퍼즐
		여행자문제	81	무인 택배 차량 운행하기	★★★	1인 퍼즐
		배낭문제	82	주말 농장 채소 담기	★★★	1인 퍼즐
		미로찾기	83	헨젤과 그레텔의 미로 탈출	★★★	1인 퍼즐
			84	둘이 함께 토끼 미로 탈출	★★★	2인 협동 퍼즐
		암호화	85	비밀 공유하기 활동	★★	4인 모둠 게임

챕터	단원	소단원	번호	제목	난이도	유형
프로그래밍		언어 프로그래밍	86	그림 표현하기 퍼즐	★★	1인 퍼즐
			87	그림 표현하기 게임	★★★	3인 모둠 게임
			88	칠교놀이 모양 만들기 퍼즐	★★	1인 퍼즐
			89	칠교놀이 모양 만들기 게임	★★★	3인 모둠 게임
			90	설명 듣고 종이접기 퍼즐	★★	1인 퍼즐
			91	설명 듣고 종이접기 게임	★★★	3인 모둠 게임
			92	아바타 게임	★★	4인 모둠 게임
		기호 프로그래밍	93	픽셀 기호 코딩 퍼즐	★★	1인 퍼즐
			94	픽셀 기호 코딩 게임	★★★	2인 협동 퍼즐
			95	자동차 코딩 퍼즐	★★	1인 퍼즐
			96	자동차 코딩 게임	★★★	2인 협동 퍼즐
			97	컵 쌓기 코딩 퍼즐	★★	1인 퍼즐
			98	컵 쌓기 코딩 게임	★★★	2인 협동 퍼즐
			99	크레인으로 책 옮기기 퍼즐	★★	1인 퍼즐
			100	크레인으로 책 옮기기 게임	★★★	2인 협동 퍼즐

컴퓨팅 사고력 소개

코딩교육의 가장 중요한 목적이 컴퓨팅 사고력을 키우는 것입니다. 그렇다면 컴퓨팅 사고력은 무엇일까요? 컴퓨팅 사고력의 개념에 대해서는 마이크로소프트, 아마존, 구글 등과 같은 해외 IT기업과 미국과 영국의 교사협회에서 설명한 것이 있습니다. 이 중에서 여러분에게 가장 친숙한 구글의 설명을 살펴보겠습니다.

구글은 자신들의 홈페이지에 컴퓨팅 사고력의 11가지 구성 요소를 소개하고 있습니다. 또한, 언플러그드 컴퓨팅을 포함한 다양한 교육자료를 제공하고 있습니다. 다만 모든 자료가 영어이기 때문에 영어를 어느 정도 할 줄 알아야 볼 수 있습니다.

주소: https://edu.google.com/resources/programs/exploring-computational-thinking/

구글이 소개하는 컴퓨팅 사고력의 11가지 구성요소를 예시를 통해 살펴보겠습니다. 우리가 포털사이트에서 '미세먼지'라고 검색을 하면 우리 동네의 미세먼지 정보가 바로 나옵니다. 이 정보는 환경부에서 운영하는 에어코리아라는 곳에서 제공하는 정보입니다. (주소 : http://www.airkorea.or.kr)

우리는 이 사이트가 현재 없다고 가정하고 처음부터 만들어 보겠습니다. 물론 실제로 만드는 것이 아니라 사이트를 만들기 위한 과정을 하나씩 살펴보는 것입니다. 이제 아래의 표에서 순서대로 살펴보겠습니다. 순서대로 제작 내용이 적혀 있습니다. 그리고 각각의 내용에 필요한 사고력의 구성요소를 볼 수 있습니다.

순서	제작 내용	컴퓨팅 사고력 구성요소	
		명칭	설명
1	공기(대기)를 구성하는 요소를 구분한다. (질소, 산소, 이산화탄소, 일산화탄소, 미세먼지, 오존 등)	분해 Decomposition	문제, 절차, 데이터를 작게 쪼개어 처리하는 것
2	각각의 대기 요소를 지역별, 시간별로 측정하여 데이터를 만든다.	데이터 수집 Data Collection	데이터를 측정, 조사, 검색하는 것
3	여러 대의 측정장치를 이용해서 동일한 시간에 여러 지역을 측정한다.	병렬처리 Parallelization	큰 작업을 작은 작업으로 나누어 동시에 처리하는 것
4	각 대기 요소별로 평균, 최대, 최소를 구하거나 시간, 지역별로 비교/분석한다.	데이터 분석 Data Analysis	데이터에서 필요한 정보를 검색, 비교, 추출하는 것
5	인체에 무해하거나 영향이 없는 대기 요소는 평가에서 제거한다.	추상화 Abstraction	데이터에서 필요 없는 정보를 삭제하여 중요한 것만 남기는 것
6	측정된 데이터에서 특정한 패턴이나 현상을 찾아낸다.(황사 영향, 화력발전소 영향 등)	패턴 인식 Pattern Recognition	데이터에서 규칙, 주기 등을 찾아내는 것

7	대기 요소별로 등급의 기준을 정하고, 전체 대기 질을 나타내는 수치와 공식을 만든다.	패턴 일반화 Pattern Generalization	찾아낸 패턴을 공식처럼 만들어 다른 값을 예측하는 것
8	만들어진 수치를 표 대신 눈에 잘 보이는 컬러 지도 데이터로 표시한다.	데이터 표현 Data Representation	데이터를 그림, 차트, 그래프 등으로 시각화하는 것
9	지금까지 설계된 내용에 따라 실제 시스템을 개발(코딩)하여 제작한다.	알고리즘 디자인 Algorithm Design	일련의 방법과 절차를 만들어 내는 것
10	전국에 시스템을 설치하기 전에 작은 실험실에서 제대로 작동하는지 테스트한다.	시뮬레이션 Simulation	모델링을 통해 알고리즘을 실행, 테스트하는 것
11	사람이 관리하지 않아도 24시간 내내 시스템이 작동하도록 만든다.	자동화 Automation	사람이 없을 때도 반복적인 작업을 수행하도록 하는 것

여러분들이 '코딩'하면 생각나는 그림은 프로그래머가 컴퓨터 화면에 어려운 코드들을 빠르게 입력하는 것일지도 모르겠습니다. 하지만 위의 예시에서 실제 코드를 입력하는 코딩작업은 9번째 순서에 해당합니다. 즉 코딩은 '코드를 입력'하는 것이 중요한 것이 아니라 '필요한 정보를 찾아내고 그 정보들을 어떻게 가공할 것인지 설계하고 기획'하는 것이 더 중요한 것입니다.

이 책에 있는 100가지 퍼즐을 하나씩 풀다 보면 저절로 컴퓨팅사고력에 해당하는 여러 가지 능력이 키워지게 됩니다. 혹시 퍼즐을 풀다가 이해가 안 되거나 궁금한 것이 있으면 헬로소프트 홈페이지(http://hellosoft.co.kr)의 교재자료실을 이용해 주세요.

그럼 이제 재미있는 언플러그드 컴퓨팅 퍼즐을 통해 컴퓨터 과학과 컴퓨팅 사고력의 세계로 출발해 볼까요?

비버챌린지 소개

비버챌린지는 2004년 리투아니아에서 시작되어 2015년 기준 전 세계 44개국 130만 명의 초, 중, 고등학교 학생들이 참여하는 전 세계적인 컴퓨팅사고력(Computational Thinking) 대회입니다.

원래 이름은 리투아니아어로 비버를 뜻하는 베브라스(Bebras) 챌린지이며, 귀여운 비버 캐릭터가 겪게 되는 실생활의 다양한 문제를 컴퓨팅사고력과 컴퓨터 과학 지식을 이용하여 푸는 문제해결력 중심의 시험입니다.

Bebras Challenge 캐릭터

2017년 기준으로 프랑스 59만 명, 이탈리아 41만 명, 독일 34만 명, 영국 14만 명의 학생들이 참가할 정도로 유럽에서는 코딩교육의 효과를 측정하는 대표적인 대회로 성장하고 있습니다.

Bebras Challenge 주소 : http://bebraschallenge.org

국내 비버챌린지 주소 : http://bebras.kr

우리나라도 2017년부터 정식 회원국으로 인정받아 한국어로 시험을 실시합니다. 시험은 매년 11월 둘째 주부터 약 2주 동안 온라인으로 진행되는데 참가자는 이 기간 동안 비버챌린지 홈페이지에 접속해서 45분 동안 15문제의 객관식 문제를 풀게 됩니다.

이 책에 수록된 100가지 퍼즐은 비버 챌린지의 컴퓨팅 사고력 문제 유형과 컴퓨터 과학 지식을 결합한 것입니다. 이 책이 비버 챌린지를 준비하는 학생들과 바람직한 코딩교육을 희망하는 많은 분들에게 도움이 되었으면 합니다.

Bebras is registered in the US Patent and Trademark Office.

이 책의 차례

1장 정보의 표현

1_크기가 달라지는 집 ···············16
2_0과 1로 바꾸기 ·····················17
3_전기 스위치로 수 표현하기 ····18
4_손가락으로 수 표현하기 ·········19
5_몸으로 수 표현하기 ················20
6_이진수 모양 더하기 ················21
7_바이너리 퍼즐(0과 1 채우기) ···22
8_픽셀 그림 그리기 ···················23
9_컬러 픽셀 그림 그리기 ············24
10_픽셀 그림 문제 만들기 ··········26
11_벡터 그림 그리기 ··················27
12_벡터 그림 문제 만들기 ··········28
13_압축된 그림 그리기 ···············29
14_압축된 컬러 그림 그리기 ·······30
15_나의 그림 압축하기 ···············31
16_16진수 픽셀 그림 그리기 ······32
17_16진수 픽셀 그림 조합하기 ···33
18_내 이름을 숫자로 바꾸기 ·······35
19_팔찌 주인 찾기 ·····················36
20_이니셜 팔찌 만들기 ···············37
21_주소방식으로 글자 압축하기 ··38
22_사전방식으로 글자 압축하기 ··39
23_상형문자 해석하기 ···············40
24_이진수 압축 글자 해석하기 ···41
25_무대조명 색상 만들기 ···········42
26_좌표를 이용해 그림 그리기 ···43
27_벡터방식으로 그림 그리기 ····44

2장 자료의 구조

28_변수 논리 퍼즐 풀기 ·············48
29_복면산 퍼즐 풀기 ··················49
30_사칙연산 스도쿠 풀기 ···········50
31_자리 바꾸기 게임 ··················51
32_그림 조각 순서 맞추기 ··········52
33_책상 위에 순서 맞추기 ··········53
34_함께 모여 단어 만들기 ··········54
35_배틀십 침몰 게임 ··················55
36_픽셀 옮겨 그림 찾기 ·············56
37_하노이의 탑 퍼즐 풀기 ··········57
38_남녀 성비 문제 풀기 ·············58
39_상대팀 관계도 찾기 게임 ······59
40_지하철 목적지 맞추기 ···········60
41_SNS 동물 스타 찾기 ············61
42_화살표 따라 길 찾아가기 ······62
43_AND 비트연산 그림 그리기 ···63
44_OR 비트연산 그림 그리기 ·····64
45_둘이 함께 AND 연산 그림 그리기 ···65
46_둘이 함께 OR 연산 그림 그리기 ·····67
47_셋이 함께 비트연산 그림 그리기 ····69

3장 알고리즘

48_토끼가 찾은 당근 세기 ·········74
49_멧돼지 사냥으로 장비 착용하기 ···75
50_요리 시간 단축하기 ··············76

51_꽃을 찾는 무당벌레……77
52_반복으로 도형 그리기……78
53_자동차 경주 순위 알아맞히기……79
54_주사위로 음식 메뉴 정하기……80
55_상자 속에 과일 알아맞히기……81
56_동물농장 울타리 만들기……82
57_함수로 그림 그리기……83
58_붕붕 날아가는 꿀벌……84
59_아기 펭귄 점프하기……85
60_개구리 시냇물 건너가기……86
61_모래시계 두 개로 시간 측정하기……87
62_다른 크기의 통으로 물 만들기……88
63_원숭이 바나나 찾기……89
64_의사코드로 스무고개 게임 만들기……90
65_주차장 차단기 만들기……91
66_계산으로 숫자 맞추기……92
67_아이스크림 자판기……93
68_사진 보정 순서 찾기……94
69_로봇 프로그램으로 선 그리기……95
70_동물카드로 생각한 숫자 맞추기……96
71_밑줄로 단어 맞추기 게임……97
72_CCTV 범행 사진 찾기……98
73_스무고개 점수 따기 게임……99
74_숨겨진 사탕 찾기 게임……100
75_가장 무거운 수박 찾기……101
76_상대방 암호 찾기 게임……102
77_신용카드 위변조 확인하기……103
78_송전탑 연결하기……104
79_제주도 관광하기……105
80_칼국수 레시피 만들기……106
81_무인 택배 차량 운행하기……107
82_주말 농장 물건 담기……108
83_헨젤과 그레텔의 미로 탈출……109
84_둘이 함께 토끼 미로 탈출……110
85_비밀 공유하기 활동……112

4장 프로그래밍

86_그림 표현하기 퍼즐……116
87_그림 표현하기 게임……117
88_칠교놀이 모양 만들기 퍼즐……118
89_칠교놀이 모양 만들기 게임……119
90_설명 듣고 종이접기 퍼즐……120
91_설명 듣고 종이접기 게임……121
92_아바타 게임……122
93_픽셀 기호 코딩 퍼즐……123
94_픽셀 기호 코딩 게임……124
95_자동차 코딩 퍼즐……125
96_자동차 코딩 게임……126
97_컵 쌓기 코딩 퍼즐……127
98_컵 쌓기 코딩 게임……128
99_크레인으로 책 옮기기 퍼즐……129
100_크레인으로 책 옮기기 게임……130

해답 및 풀이

1장_정보의 표현……134
2장_자료의 구조……157
3장_알고리즘……174
4장_프로그래밍……215

Easy_언플러그드 컴퓨팅

1장
정보의 표현

1_크기가 달라지는 집
2_0과 1로 바꾸기
3_전기 스위치로 수 표현하기
4_손가락으로 수 표현하기
5_몸으로 수 표현하기
6_이진수 모양 더하기
7_바이너리 퍼즐(0과 1 채우기)
8_픽셀 그림 그리기
9_컬러 픽셀 그림 그리기
10_픽셀 그림 문제 만들기
11_벡터 그림 그리기
12_벡터 그림 문제 만들기
13_압축된 그림 그리기
14_압축된 컬러 그림 그리기

15_나의 그림 압축하기
16_16진수 픽셀 그림 그리기
17_16진수 픽셀 그림 조합하기
18_내 이름을 숫자로 바꾸기
19_팔찌 주인 찾기
20_이니셜 팔찌 만들기
21_주소방식으로 글자 압축하기
22_사전방식으로 글자 압축하기
23_상형문자 해석하기
24_이진수 압축 글자 해석하기
25_무대조명 색상 만들기
26_좌표를 이용해 그림 그리기
27_벡터방식으로 그림 그리기

1 크기가 달라지는 집

유형	1인 퍼즐	컴퓨터과학	정보표현 > 디지털과 아날로그
난이도	★★	컴퓨팅 사고력	분해하기, 데이터분석, 추상화

시온이는 자신만의 독특한 삼각형 집을 짓고 싶었습니다. 방, 거실, 주방, 화장실로 이루어진 집을 지었는데 구조를 바꾸니 이상한 일이 일어났습니다. 분명히 방, 거실, 주방, 화장실의 크기는 똑같은데 구조가 바뀌니 빈 공간이 생겨났습니다. 도대체 이 삼각형 집에는 무슨 비밀이 숨겨져 있을까요?

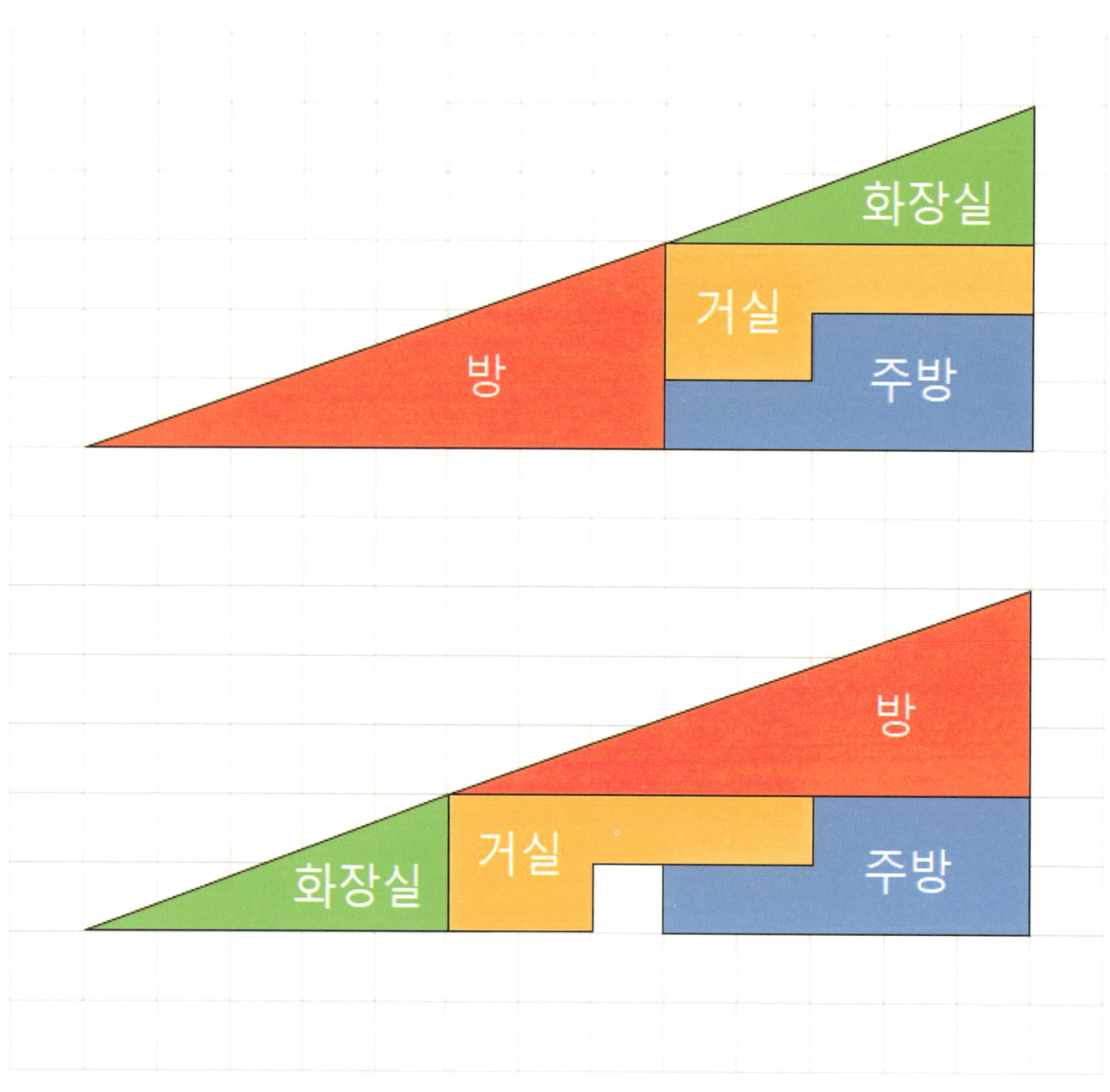

2. 0과 1로 바꾸기

유형	1인 퍼즐	컴퓨터과학	정보표현 〉 숫자표현(이진수)
난이도	★	컴퓨팅 사고력	분해하기, 패턴찾기, 데이터표현

컴퓨터는 처음에 만들어질 때 전기가 통하거나(ON), 통하지 않는(OFF) 두 가지의 상태로 모든 정보를 나타냅니다. 컴퓨터는 전기가 통하는 상태를 1(참) 또는 0(거짓)의 숫자로 표현합니다. 아래의 그림을 보고 각각의 그림이 나타내는 숫자를 적어 보세요.

예시

■ □　1　0

■ □ □ ■ □ ■ □ ■
( ) ( ) ( ) ( ) ( ) ( ) ( ) ( )

예시

1　0

( ) ( ) ( ) ( ) ( ) ( ) ( ) ( )

예시

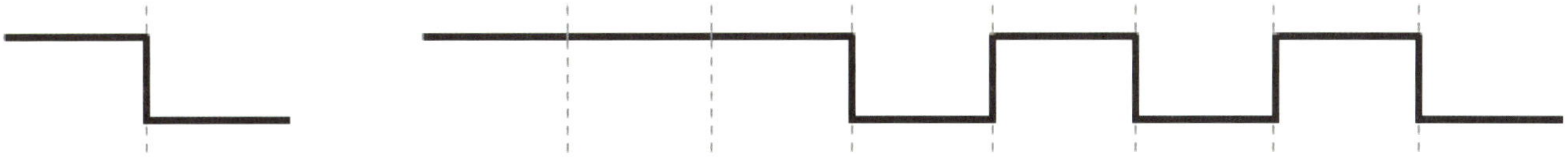

1　0

( ) ( ) ( ) ( ) ( ) ( ) ( ) ( )

이번에는 반대로 0과 1의 숫자를 그림으로 바꾸어 보겠습니다. 아래의 상자 안에 각각의 숫자에 해당하는 그림을 그려 넣어 보세요.

예시

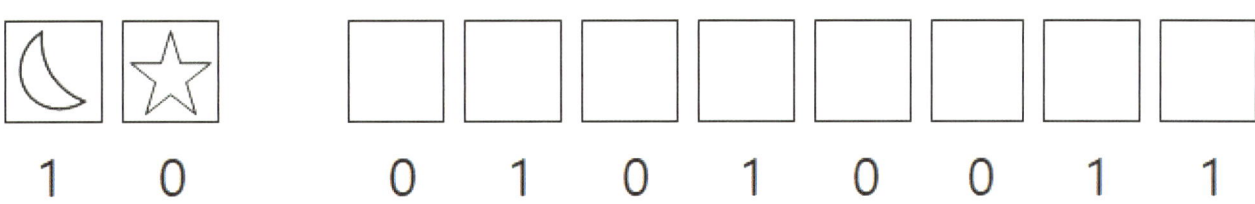

☾ ☆
1　0　　0　1　0　1　0　0　1　1

3. 전기 스위치로 수 표현하기

유형	1인 퍼즐, 활동	컴퓨터과학	정보표현 〉 숫자표현(이진수)
난이도	★	컴퓨팅 사고력	데이터분석, 패턴찾기, 패턴공식화

시온이는 점의 개수가 다른 전등 5개를 이용해서 수를 표현하고자 합니다. 각각의 전등에는 LED 전구가 16개, 8개, 4개, 2개, 1개가 있습니다. 스위치를 올리면(스위치를 1에 놓으면) 스위치에 연결된 전등이 켜지고, 스위치를 내리면(스위치를 0에 놓으면) 스위치에 연결된 전등이 꺼집니다.

시온이가 숫자 10을 나타내기 위해 스위치를 조작한 그림은 아래와 같습니다.

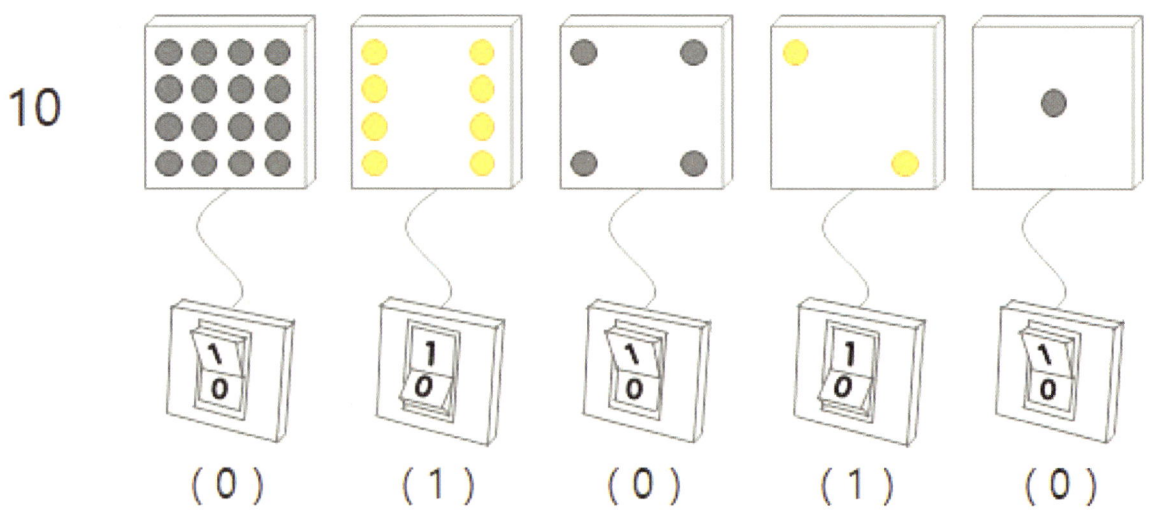

시온이가 숫자 15를 나타내기 위해서는 스위치를 어떻게 조작해야 할까요? 괄호 안에 1과 0의 숫자를 적어 보세요.

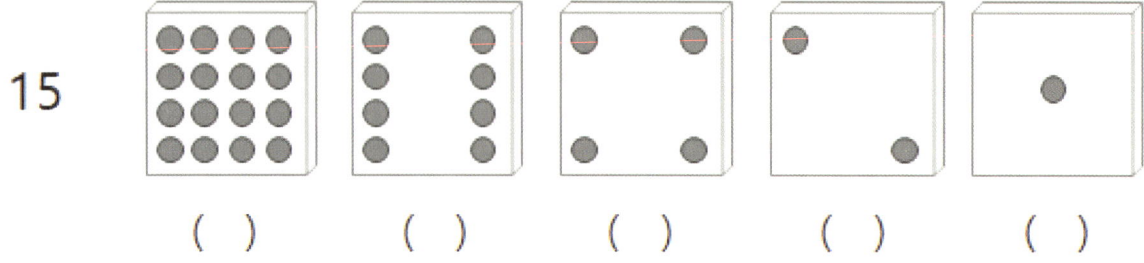

만약 전등이 아래와 같이 켜진다면 어떤 숫자를 나타내는 것일까요? 괄호 안에 적어 보세요.

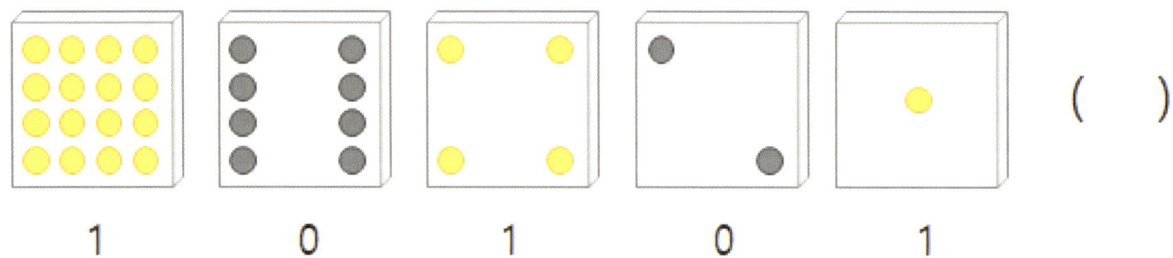

4 손가락으로 수 표현하기

유형	1인 퍼즐, 활동	컴퓨터과학	정보표현 > 숫자표현(이진수)
난이도	★	컴퓨팅 사고력	분해하기, 패턴찾기, 시뮬레이션

이번에는 시온이가 스위치 대신에 장갑을 이용해서 다섯 개의 전등을 조작하는 장치를 만들었습니다. 장갑에 달린 센서를 통해서 각각의 손가락을 펴면 전등이 켜지고(ON), 손가락을 접으면 전등이 꺼지게(OFF) 만들었습니다.

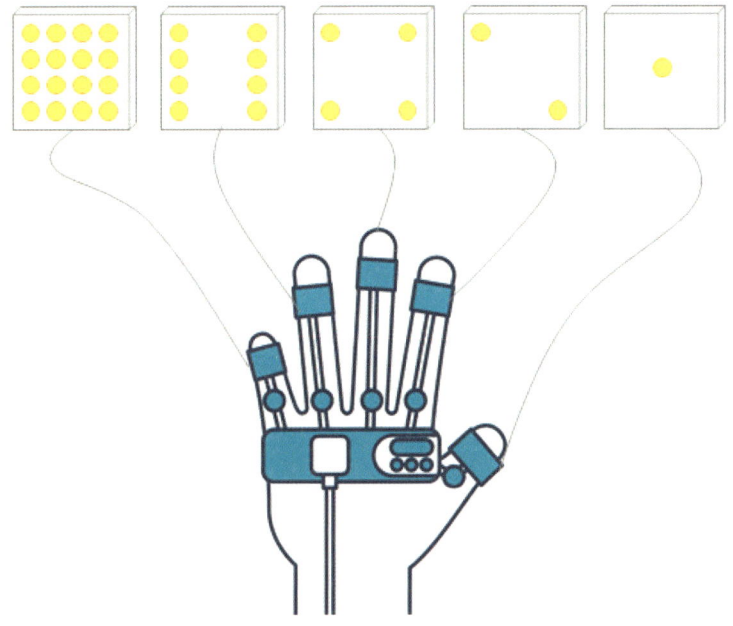

이 장갑을 끼고 다섯 손가락을 모두 접으면 다섯 개의 전등이 모두 꺼져서 0을 나타내고, 다섯 손가락을 모두 펴면 다섯 개의 전등이 모두 켜져서 31을 나타내게 됩니다. 아래 그림에서 각각의 손 모양이 나타내는 수를 알아보고 두 수를 더한 합을 괄호 안에 적어 보세요.

= (0)   = (31)

+ = (   )   + = (   )

+ = (   )   + = (   )

5 몸으로 수 표현하기

유형	1인 퍼즐, 활동	컴퓨터과학	정보표현 > 숫자표현(이진수)
난이도	★	컴퓨팅 사고력	패턴찾기, 데이터표현, 시뮬레이션

시온이와 친구들은 점 16개, 8개, 4개, 2개, 1개가 그려진 종이카드를 위로 들거나, 내리는 방법으로 수를 표현하는 규칙을 만들었습니다. 위로 들려진 종이카드에 그려진 점의 개수를 세는 방법으로 수를 표현합니다. 예를 들어 아래와 같이 종이카드를 들면 숫자 5를 나타냅니다.

다음 그림처럼 아이들이 종이카드를 들었을 때 나타내는 수를 괄호 안에 적어 보세요.

이 퍼즐은 5명이 한 모둠이 되어 게임으로 진행할 수 있습니다. 모둠별로 빠르게 숫자 세기 게임을 진행해 보세요. 가장 빠르게 0부터 31까지의 수를 차례대로 만든 모둠이 우승합니다.

6 이진수 모양 더하기

유형	1인 퍼즐, 활동	컴퓨터과학	정보표현 〉숫자표현(이진수)
난이도	★	컴퓨팅 사고력	데이터분석, 패턴찾기, 알고리즘설계

시온이는 수를 0부터 511까지의 수를 표현할 수 있는 바코드를 만들었습니다. 이 바코드는 가로 3칸, 세로 3칸으로 이루어져 있으며 각 칸이 차례대로 1, 2, 4, 8, 16, 32, 64, 128, 256을 의미합니다. 이 중에서 검은색으로 칠해진 칸에 해당하는 수를 모두 더하면 바코드가 나타내는 수가 됩니다.

이 바코드는 아래 그림과 같이 서로 더할 수 있습니다.

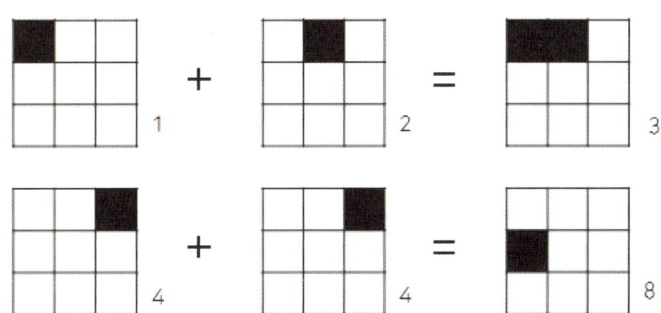

마찬가지로 다음의 그림을 보고 바코드를 서로 더해서 빈 바코드를 색칠해 보세요.

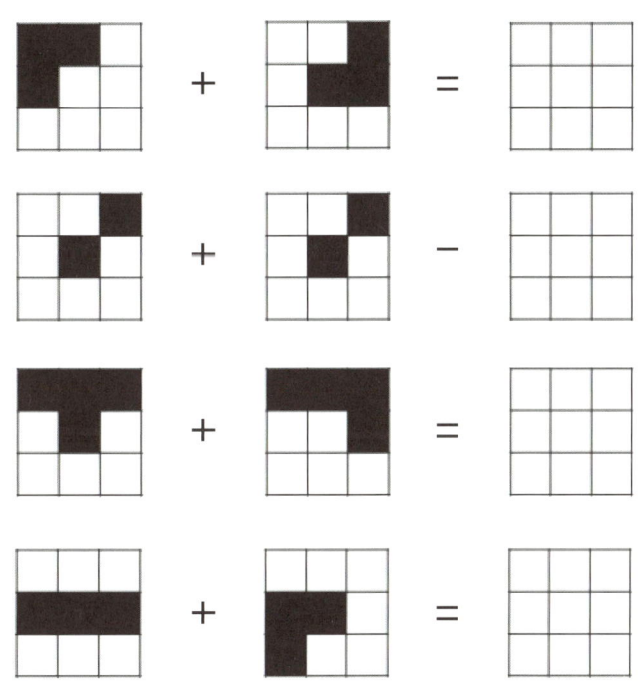

7 바이너리 퍼즐(0과 1 채우기)

유형	1인 퍼즐, 활동	컴퓨터과학	정보표현 〉숫자표현(이진수)
난이도	★	컴퓨팅 사고력	분해하기, 패턴찾기, 시뮬레이션

바이너리 퍼즐은 스도쿠와 비슷한 유형의 논리사고력 퍼즐로 오직 숫자 0과 1만 사용합니다. 퍼즐을 푸는 규칙은 아래와 같습니다.

❶ 모든 칸은 0 또는 1로 채워져야 합니다.
❷ 가로 또는 세로로 같은 숫자가 3개 이상 연속될 수 없습니다.
❸ 가로 또는 세로로 한 줄에 있는 0과 1의 개수는 서로 같아야 합니다.
❹ 해답은 오직 한 가지뿐입니다.

위의 규칙을 이용하여 아래의 퍼즐을 풀어 보세요.

8 픽셀 그림 그리기

유형	1인 퍼즐	컴퓨터과학	정보표현 〉 그림표현 〉 픽셀
난이도	★	컴퓨팅 사고력	분해하기, 데이터분석, 데이터표현

컴퓨터가 그림을 저장하는 일반적인 방법은 픽셀(Pixel)방식입니다. 픽셀 방식은 그림을 여러 개의 칸으로 쪼갠 후에 각각의 칸을 0또는 1로 저장하는 방식입니다.

 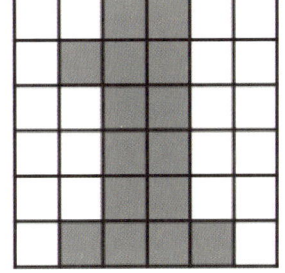

각각의 칸에 숫자가 1이면 색을 칠하고, 0이면 색을 칠하지 않는 방법으로 그림을 완성해 보세요.

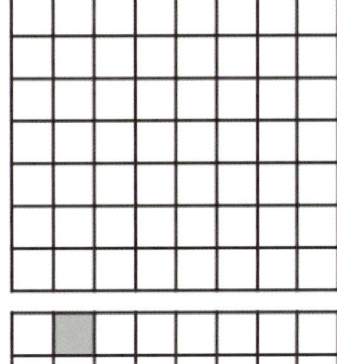

이번에는 숫자만 나열되어 있습니다. 숫자 한 줄이 그림 두 줄로 바뀝니다. 그림을 완성해 보세요.

```
00011111 01111000
11111111 10000001
10100101 10000001
10011001 01111110
```

 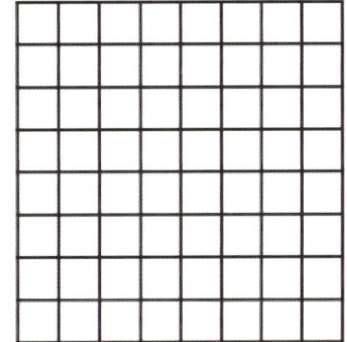

9 컬러 픽셀 그림 그리기

유형	1인 퍼즐	컴퓨터과학	정보표현〉그림표현〉픽셀
난이도	★	컴퓨팅 사고력	분해하기, 데이터분석, 데이터표현

픽셀 방식으로 컬러 그림을 나타낼 때는 0과 1 대신 각각의 컬러에 해당하는 컬러 코드가 사용됩니다. 아래의 그림은 컬러 코드를 이용하여 숫자를 컬러 그림으로 바꾼 것입니다.

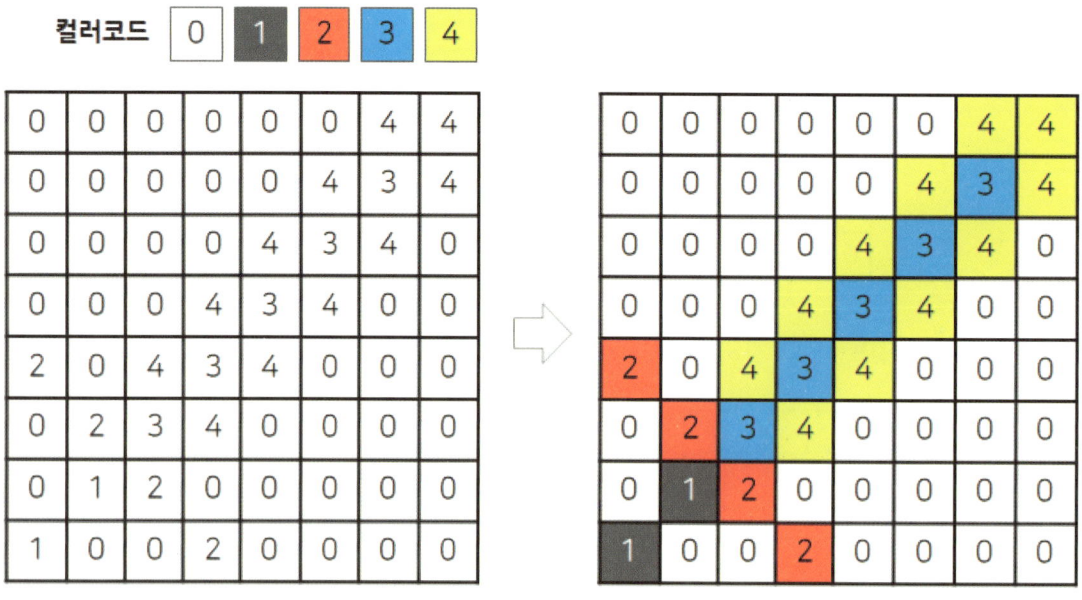

위와 같은 방식으로 색연필 등을 이용하여 다음의 그림에 색을 칠해 보세요. 어떤 그림이 숨어 있나요?

컬러코드 0 1 2 3 4

0	0	3	3	3	0	0	0
3	3	3	3	3	3	0	2
0	4	4	1	4	1	0	3
1	4	4	4	4	4	0	3
3	3	3	3	2	3	1	3
0	0	3	2	2	2	0	3
0	1	3	3	2	3	0	2
0	1	0	0	0	1	1	0

컬러코드 0 1 2 3 4

0	1	1	0	0	0	0	1	1	0
1	1	0	0	0	0	0	0	1	1
1	0	0	0	2	2	0	0	0	0
0	0	0	2	2	2	2	0	0	0
0	0	2	2	2	3	3	2	0	0
0	0	3	2	3	3	3	3	0	0
0	0	0	3	3	3	3	0	0	0
0	0	0	0	3	3	0	0	0	0
1	1	0	0	0	0	0	0	1	1
0	1	1	0	0	0	0	1	1	0

컬러코드 0 1 2 3 4

4	4	4	4	1	1	1	1	4	4	4	4
4	4	1	1	3	3	3	3	1	1	4	4
4	1	2	2	3	3	3	3	2	2	1	4
4	1	2	2	3	3	3	3	2	2	1	4
1	3	3	3	3	3	3	3	3	3	3	1
1	3	3	3	3	1	1	3	3	3	3	1
1	1	3	3	1	0	0	1	3	3	1	1
1	0	1	1	1	0	0	1	1	1	0	1
4	1	0	0	0	1	1	0	0	0	1	4
4	1	0	0	0	0	0	0	0	0	1	4
4	4	1	1	0	0	0	0	1	1	4	4
4	4	4	4	1	1	1	1	4	4	4	4

컬러코드 0 1 2 3 4

0	0	0	0	0	2	2	2	2	2	0	0	0	0	0
0	0	0	0	2	2	2	2	2	2	2	2	0	0	0
0	0	0	0	1	1	1	4	4	1	4	0	0	0	0
0	0	0	1	4	1	4	4	4	1	4	4	0	0	0
0	0	0	1	4	1	1	4	4	4	1	4	4	0	0
0	0	0	0	1	4	4	4	4	1	1	1	0	0	0
0	0	0	0	0	4	4	4	4	4	0	0	0	0	0
0	0	0	0	2	2	3	2	2	3	2	0	0	0	0
0	0	0	2	2	2	3	2	2	3	2	2	0	0	0
0	0	2	2	2	2	3	3	3	2	2	2	2	0	0
0	0	4	4	2	3	4	3	3	3	2	4	4	0	0
0	0	4	4	4	3	3	3	3	3	4	4	4	0	0
0	0	4	4	3	3	3	3	3	3	3	4	4	0	0
0	0	0	0	3	3	3	0	0	3	3	3	0	0	0
0	0	0	1	1	1	0	0	0	0	1	1	1	0	0
0	0	1	1	1	1	0	0	0	0	1	1	1	1	0

10 픽셀 그림 문제 만들기

유형	2인 협동 퍼즐	컴퓨터과학	정보표현 〉 그림표현 〉 픽셀
난이도	★★	컴퓨팅 사고력	분해하기, 알고리즘설계, 시뮬레이션

두 명이서 함께 하는 미션활동입니다. 다음과 같은 방법으로 진행하세요.

❶ 먼저 1번 판에 색을 칠하여 픽셀 그림을 그립니다.
❷ 2번 판에 1번 판에서 그린 픽셀 그림을 0과 1의 숫자로 바꾸어 적습니다.
❸ 1번 판을 종이 등으로 가린 후 친구에게 전달합니다.
❹ 친구는 1번 판은 보지 않고, 2번 판만 보고 3번 판에 픽셀 그림을 그려 완성합니다.
❺ 그림이 완성되면 1번 판과 3번 판을 비교해 봅니다. 만약 틀린 곳이 있다면 왜 그렇게 되었는지 살펴봅니다.

1. 픽셀 그림 그리기

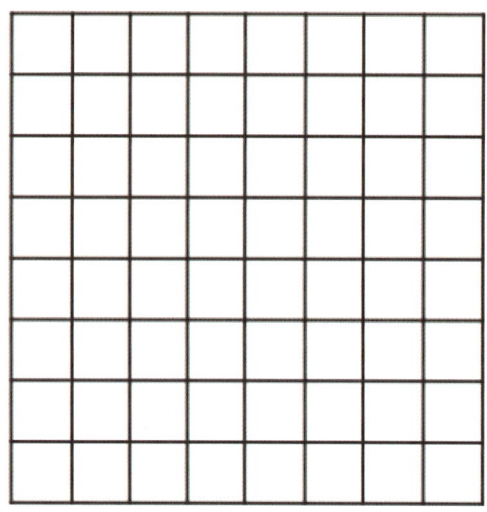

픽셀 그림 예시

2. 숫자로 바꾸기

3. 다시 그림으로 바꾸기

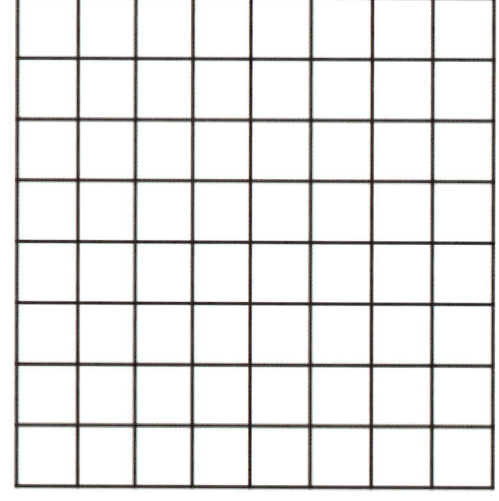

11 벡터 그림 그리기

유형	1인 퍼즐	컴퓨터과학	정보표현 > 그림표현 > 벡터
난이도	★	컴퓨팅 사고력	분해하기, 데이터분석, 데이터표현

컴퓨터가 그림을 표현하는 다른 방법은 벡터방식입니다. 현수막이나 대형광고판에 들어가는 커다란 그림은 픽셀방식으로 저장하면 파일의 크기가 많이 커지기 때문에, 좌표를 연결하는 벡터방식을 사용합니다. 아래 그림은 좌표 6개를 선으로 연결하여 나타낸 그림입니다.

좌표 연결하기

1번 선: F8, C5, F2, I5
2번 선: C2, I2

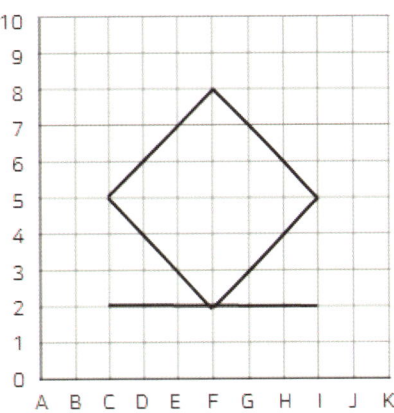

위의 방식을 이용하여 아래의 좌표를 바둑판에 표시하고 서로 연결해 보세요. 어떤 그림이 숨어 있나요?

좌표 연결하기

1번 선: H9, D5, F5, D1, I6, G6, H9

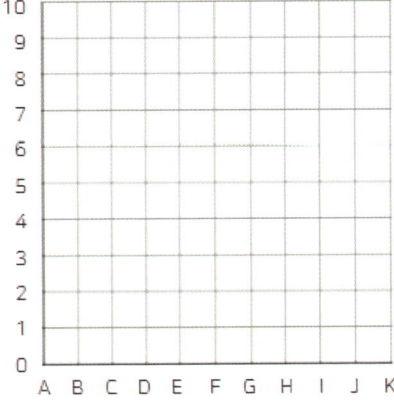

좌표 연결하기

1번 선: D9, B7, A4, C1, F0, I1, K4, J7, H9, D9
2번 선: D9, B10, A8, B7
3번 선: H9, J10, K8, J7
4번 선: D6, C4, D3, E5, D6
5번 선: H6, G5, H3, I4, H6
6번 선: F0, F1, E2, G2, F1

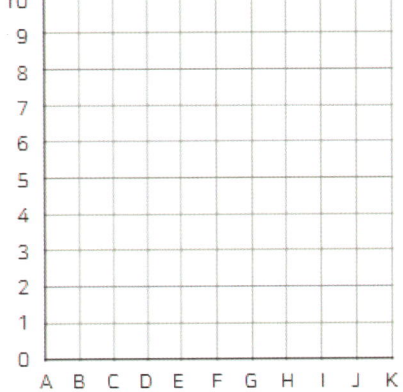

1장 정보의 표현 **27**

12 벡터 그림 문제 만들기

유형	2인 협동 퍼즐	컴퓨터과학	정보표현 > 그림표현 > 벡터
난이도	★★	컴퓨팅 사고력	분해하기, 알고리즘설계, 시뮬레이션

두 명이서 함께 하는 미션활동입니다. 다음과 같은 방법으로 진행하세요.

❶ 먼저 1번 판에 교차점을 선으로 연결하여 벡터 그림을 그립니다.
❷ 2번 판에 1번 판에서 그린 벡터 그림을 좌표로 바꾸어 적습니다.
❸ 1번 판을 종이 등으로 가린 후 친구에게 전달합니다.
❹ 친구는 1번 판은 보지 않고, 2번 판만 보고 3번 판에 벡터 그림을 그려 완성합니다.
❺ 그림이 완성되면 1번 판과 3번 판을 비교해 봅니다. 만약 틀린 곳이 있다면 왜 그렇게 되었는지 살펴봅니다.

1. 벡터 그림 그리기

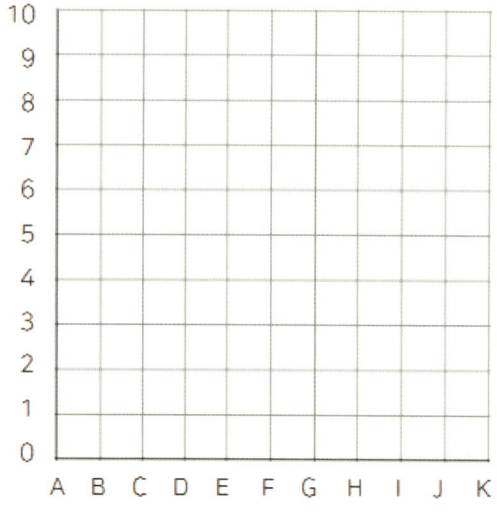

벡터 그림 예시

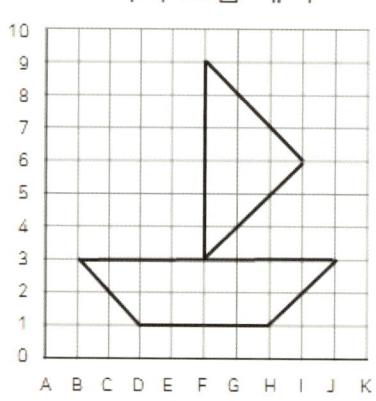

2. 좌표로 바꾸기

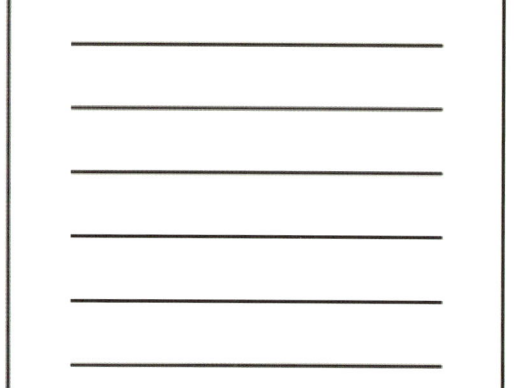

3. 다시 그림으로 바꾸기

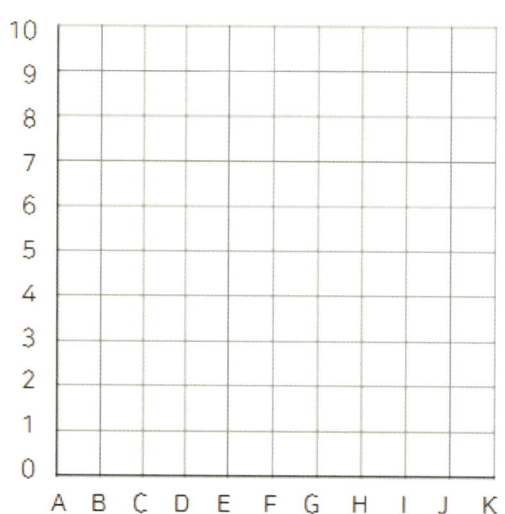

13 압축된 그림 그리기

유형	1인 퍼즐	컴퓨터과학	정보표현 > 그림표현 > 압축
난이도	★★	컴퓨팅 사고력	데이터분석, 패턴찾기, 데이터표현

아래 그림은 연속길이 부호화라는 방식으로 압축된 숫자를 다시 픽셀 그림으로 복원한 것입니다. 연속길이 부호화 방식의 규칙은 다음과 같습니다.

❶ 줄의 첫 번째 숫자가 0이면 흰색부터 시작하고, 아니면 검은색부터 시작합니다.

❷ 하나의 숫자는 검은색 또는 흰색 칸이 연속된 길이를 나타냅니다. 예를 들어 2, 2, 2, 2는 검은색 2칸, 흰색 2칸, 검은색 2칸, 흰색 2칸을 의미합니다.

❸ 한 줄에 있는 숫자들의 합은 항상 8입니다.

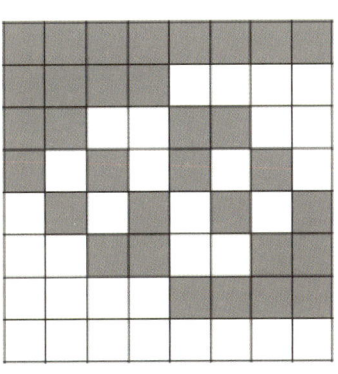

```
8
4, 4
2, 2, 2, 2
1, 1, 1, 1, 1, 1, 1, 1,
0, 1, 1, 1, 1, 1, 1, 1, 1
0, 2, 2, 2, 2
0, 4, 4
0, 8
```

위의 규칙을 이용하여 아래의 압축된 숫자를 이용해 원본 그림을 복원해 보세요.

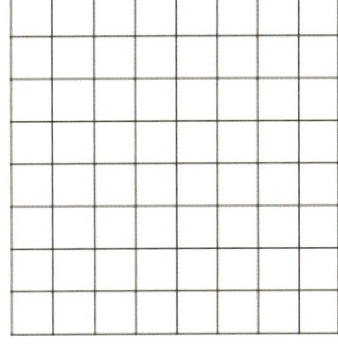

```
4, 4
4, 4
2, 2, 2, 2
2, 1, 1, 1, 1, 2
0, 2, 1, 1, 1, 1, 2
0, 2, 2, 2, 2
0, 4, 4
0, 4, 4
```

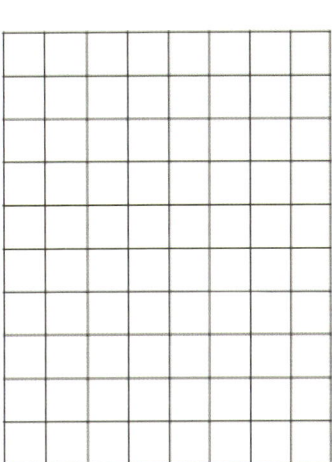

```
0, 4, 2, 2
0, 4, 2, 2
0, 3, 2, 3
0, 2, 4, 2
0, 1, 1, 1, 2, 1, 1, 1
0, 1, 1, 1, 2, 2, 1
0, 3, 3, 2
0, 1, 2, 2, 1, 2
1, 4, 1, 2
0, 5, 2, 1
```

14 압축된 컬러 그림 그리기

유형	1인 퍼즐	컴퓨터과학	정보표현 〉그림표현 〉압축
난이도	★★★	컴퓨팅 사고력	데이터분석, 패턴찾기, 데이터표현

아래 그림은 연속길이 부호화 방식으로 압축된 정보를 다시 컬러 그림으로 복원한 것입니다. 컬러 그림을 연속길이 부호화방식으로 압축할 때는 연속되는 칸 앞에 컬러 코드가 추가됩니다.

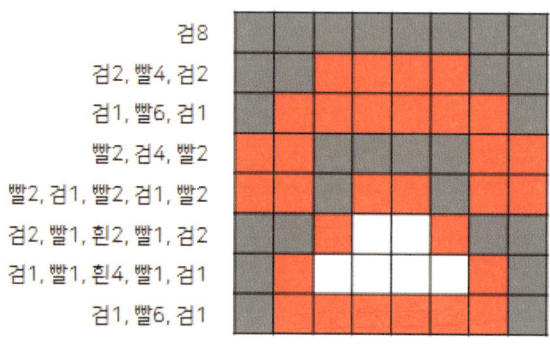

검8
검2, 빨4, 검2
검1, 빨6, 검1
빨2, 검4, 빨2
빨2, 검1, 빨2, 검1, 빨2
검2, 빨1, 흰2, 빨1, 검2
검1, 빨1, 흰4, 빨1, 검1
검1, 빨6, 검1

위의 규칙을 이용하여 아래의 압축된 정보로 원래의 컬러 그림을 복원해 보세요. 사용된 컬러는 검은색, 흰색, 빨간색, 파란색, 노란색 다섯 가지입니다.

검2, 흰4, 검2
검1, 흰1, 노4, 흰1, 검1
흰1, 노1, 파1, 노1, 파1, 노2, 흰1
흰1, 노1, 파1, 노1, 파1, 노2, 흰1
흰1, 노4, 빨1, 노1, 흰1
흰1, 노1, 빨3, 노2, 흰1
검1, 흰1, 노4, 흰1, 검1
검2, 흰4, 검2

검2, 흰3, 파5, 흰3, 검3
검3, 흰1, 파2, 흰3, 파2, 흰1, 검4
검4, 파2, 흰1, 파1, 흰1, 파2, 검5
검3, 파9, 검4
검3, 파3, 흰1, 파1, 흰1, 파3, 검4
검3, 파1, 노1, 파5, 노1, 파1, 검1, 빨3
검4, 노2, 흰3, 노2, 검2, 빨3
검2, 빨5, 노3, 파1, 검1, 빨4
검1, 빨1, 흰5, 빨1, 파4, 흰1, 빨2, 검1
빨1, 흰2, 빨3, 흰2, 빨1, 흰1, 파2, 흰3, 검1
빨1, 흰1, 빨1, 파3, 빨1, 흰1, 빨1, 파2, 검5
빨1, 흰1, 빨1, 파1, 흰1, 파1, 빨1, 흰1, 빨1, 빨1, 검5
빨1, 흰1, 빨1, 파3, 빨1, 흰1, 빨1, 파3, 검4
빨1, 흰2, 빨3, 흰2, 빨1, 파4, 검3
검1, 빨1, 흰1, 빨1, 검2, 빨4, 검2
검2, 빨5, 검3, 빨5, 검1

15 나의 그림 압축하기

유형	2인 협동 퍼즐	컴퓨터과학	정보표현 > 그림표현 > 압축
난이도	★★★	컴퓨팅 사고력	분해하기, 알고리즘설계, 시뮬레이션

두 명이서 함께 하는 미션활동입니다. 다음과 같은 방법으로 진행하세요.

① 먼저 1번 판에 색을 칠하여 픽셀 그림을 그립니다.
② 2번 판에 1번 판에서 그린 픽셀 그림을 연속길이 부호화방식으로 압축하여 숫자로 표현합니다.
③ 1번 판을 종이 등으로 가린 후 친구에게 전달합니다.
④ 친구는 1번 판은 보지 않고, 2번 판만 보고 3번 판에 픽셀 그림을 그려 완성합니다.
⑤ 그림이 완성되면 1번 판과 3번 판을 비교해 봅니다. 만약 틀린 곳이 있다면 왜 그렇게 되었는지 살펴봅니다.

1. 픽셀 그림 그리기

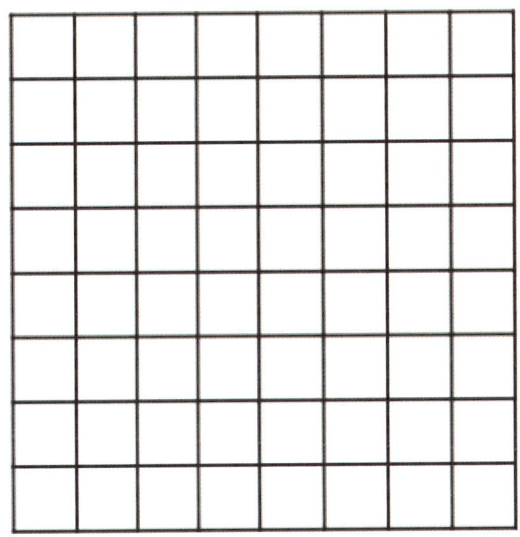

픽셀 그림 예시

2. 연속길이 부호화로 압축하기

3. 다시 그림으로 바꾸기

16 16진수 픽셀 그림 그리기

유형	1인 퍼즐	컴퓨터과학	정보표현 > 그림표현 > 압축
난이도	★★	컴퓨팅 사고력	데이터분석, 패턴찾기, 데이터표현

컴퓨터가 사용하는 2진수는 사람이 알아보기 힘들기 때문에 프로그래머들은 2진수 4개를 묶어 표현하는 16진수를 더 자주 사용합니다. 16진수는 0부터 9까지의 숫자와 A(10), B(11), C(12), D(13), E(14), F(15) 등 문자 6개를 이용하여 0부터 15까지 수를 나타냅니다. 아래의 그림은 16진수로 표현된 정보를 2진수 패턴으로 바꾸어 8X8 도트매트릭스에 표현한 것입니다.

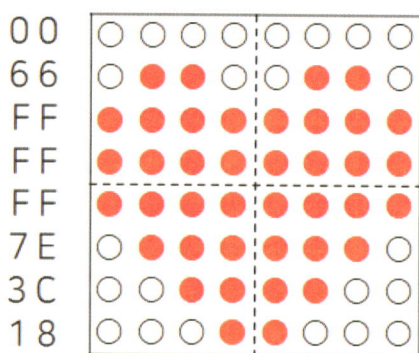

위와 같은 방법으로 16진수를 2진수 패턴으로 바꾸어 도트매트릭스에 표현해 보세요.

17 16진수 픽셀 그림 조합하기

유형	2인 모둠 게임	컴퓨터과학	정보표현 〉 그림표현 〉 압축
난이도	★★★	컴퓨팅 사고력	데이터분석, 패턴찾기, 시뮬레이션

모둠으로 이루어지는 미션 활동입니다. 다음과 같은 방법으로 진행하세요.

❶ 1명~6명을 한 모둠으로 하여 두 모둠 이상을 만듭니다.
❷ 모둠별로 A4용지 6장과 색연필을 준비합니다.
❸ A4용지를 반으로 접는 것을 5번 반복합니다. 그러면 가로 4칸, 세로 8칸의 무늬가 만들어 집니다.
❹ 아래의 표에 가~바까지 6개의 종이판마다 8개의 16진수가 적혀 있습니다.
❺ 각각의 알파벳을 이용하여 A4용지 6장에 16진수 픽셀 그림을 그립니다.
❻ 6개의 그림판을 가로 3장, 세로 2장의 형태로 배치하여 큰 그림을 완성합니다.
❼ 작은 그림이 뒤섞여 있으므로 이리저리 배치하면서 큰 그림을 찾아야 합니다.
❽ 그림판은 뒤집지 않습니다. 먼저 큰 그림을 찾는 모둠이 우승합니다.

아래는 위와 같은 방법으로 큰 그림(하트)을 완성한 예시입니다.

가	나	다	라	마	바
0	F	F	0	0	F
0	E	7	C	3	F
9	E	7	E	7	F
9	C	3	E	7	F
F	8	1	F	F	F
F	0	0	F	F	F
F	0	0	F	F	6
F	0	0	F	F	6

앞서 설명한 규칙을 이용하여 아래의 알파벳으로 큰 그림을 완성해 보세요.

가	나	다	라	마	바
0	1	0	8	8	4
1	F	F	4	2	7
2	1	0	2	2	4
4	1	5	1	5	4
4	9	A	9	A	4
5	2	5	5	5	2
7	4	2	F	F	1
4	8	8	1	0	0

가	나	다	라	마	바
F	0	3	5	E	0
8	0	6	7	B	0
D	0	8	2	9	0
D	0	0	2	8	0
D	2	1	7	C	2
7	2	3	7	6	2
0	3	2	F	2	E
0	0	2	F	2	8

가	나	다	라	마	바
0	F	F	E	3	1
0	B	B	F	7	3
0	B	B	F	7	3
0	C	7	7	7	F
0	F	F	F	7	7
0	F	E	E	3	7
1	F	E	C	1	3
F	F	C	D	1	1

18 내 이름을 숫자로 바꾸기

유형	1인 퍼즐	컴퓨터과학	정보표현 > 글자표현 > 유니코드
난이도	★	컴퓨팅 사고력	분해하기, 알고리즘설계, 데이터표현

컴퓨터는 글자를 저장할 때도 숫자로 바꾸어 저장합니다. 글자마다 고유한 숫자코드를 가지고 있는데 이것을 유니코드(Uni-Code)라고 부릅니다. 글자가 숫자로 바뀌는 방법은 일정한 규칙이 있습니다. 규칙을 이용하여 자신의 이름을 숫자코드로 바꾸어 보고 인터넷으로 확인해 봅시다.

❶ 한글 글자 하나를 선택합니다.
❷ 글자를 초성, 중성, 종성으로 나눕니다. 초성은 자음, 중성은 모음, 종성은 받침에 해당합니다.
❸ 아래의 표에서 각각의 초성, 중성, 종성에 해당하는 번호를 찾아냅니다. 만약 받침이 없는 글자라면 종성 번호는 0이 됩니다.
❹ 아래의 유니코드 계산식에 초성, 중성, 종성에 해당하는 번호를 넣습니다.
❺ 스마트폰 계산기 또는 컴퓨터의 계산기를 이용하여 계산합니다.
❻ 계산하여 나온 숫자를 네이버 또는 구글 검색창에 &#숫자; 형태로 입력하여 검색하고 결과를 확인합니다.
❼ 같은 방법으로 자신의 이름을 모두 유니코드 숫자로 바꾸어 보세요.

번호	0	1	2	3	4	5	6	7	8	9	10	11	12	13	14	15	16	17	18	19	20	21	22	23	24	25	26	27
초성	ㄱ	ㄲ	ㄴ	ㄷ	ㄸ	ㄹ	ㅁ	ㅂ	ㅃ	ㅅ	ㅆ	ㅇ	ㅈ	ㅉ	ㅊ	ㅋ	ㅌ	ㅍ	ㅎ									
중성	ㅏ	ㅐ	ㅑ	ㅒ	ㅓ	ㅔ	ㅕ	ㅖ	ㅗ	ㅘ	ㅙ	ㅚ	ㅛ	ㅜ	ㅝ	ㅞ	ㅟ	ㅠ	ㅡ	ㅢ	ㅣ							
종성		ㄱ	ㄲ	ㄳ	ㄴ	ㄵ	ㄶ	ㄷ	ㄹ	ㄺ	ㄻ	ㄼ	ㄽ	ㄾ	ㄿ	ㅀ	ㅁ	ㅂ	ㅄ	ㅅ	ㅆ	ㅇ	ㅈ	ㅊ	ㅋ	ㅌ	ㅍ	ㅎ

유니코드 계산식=44,032+(28×21×초성번호)+(28×중성번호)+종성번호

(예시)

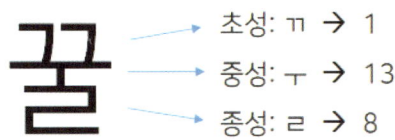

→ 초성: ㄲ → 1
→ 중성: ㅜ → 13
→ 종성: ㄹ → 8

유니코드 = 44,032 + (28 × 21 × 1)
        + (28 × 13) + 8
        = 44,992

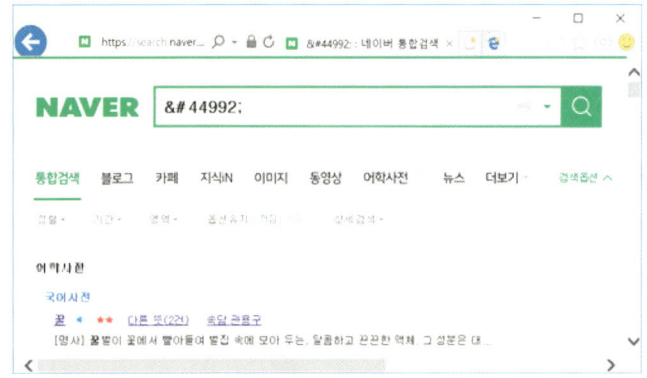

위와 같은 방식으로 자신의 이름을 유니코드로 바꾸어 보세요.

글자	계산식	유니코드
	44,032+(28×21×___)+(28×___)+___	
	44,032+(28×21×___)+(28×___)+___	
	44,032+(28×21×___)+(28×___)+___	
	44,032+(28×21×___)+(28×___)+___	

19 팔찌 주인 찾기

유형	1인 퍼즐	컴퓨터과학	정보표현 > 글자표현 > 아스키코드
난이도	★	컴퓨팅 사고력	분해하기, 추상화, 데이터표현

시온이는 교실에서 아래 그림과 같은 팔찌를 주웠습니다. 팔찌는 파란색 구슬이 3개가 있고, 그 사이에 검은색과 흰색 구슬이 섞여서 5개가 들어가 있었습니다. 팔찌의 주인이 누군지 고민하던 시온이는 수업시간에 배운 알파벳 코드가 생각났습니다. 알파벳 코드는 알파벳마다 1부터 26까지의 숫자를 지정해 놓고, 숫자를 2진수 패턴으로 표현한 것입니다. 시온이는 이 알파벳코드를 이용해서 팔찌의 주인에게 팔찌를 찾아 주었습니다.

팔찌의 주인은 아래 다섯 명 중에 한명입니다. 누구일까요?

❶ 최시온   ❷ 박진호   ❹ 김서윤   ❸ 임지안   ❺ 이효연

A	B	C	D	E	F	G	H	I	J	K	L	M	N	O	P	Q	R	S	T	U	V	W	X	Y	Z
1	2	3	4	5	6	7	8	9	10	11	12	13	14	15	16	17	18	19	20	21	22	23	24	25	26

```
0  ○○○○○     7  ○○●●●     14 ○●●●○     21 ●○●○●
1  ○○○○●     8  ○●○○○     15 ○●●●●     22 ●○●●○
2  ○○○●○     9  ○●○○●     16 ●○○○○     23 ●○●●●
3  ○○○●●     10 ○●○●○     17 ●○○○●     24 ●●○○○
4  ○○●○○     11 ○●○●●     18 ●○○●○     25 ●●○○●
5  ○○●○●     12 ○●●○○     19 ●○○●●     26 ●●○●○
6  ○○●●○     13 ○●●○●     20 ●○●○○
```

20 이니셜 팔찌 만들기

유형	1인 퍼즐	컴퓨터과학	정보표현 > 글자표현 > 아스키코드
난이도	★★	컴퓨팅 사고력	데이터분석, 패턴찾기, 데이터표현

아스키코드는 알파벳 대소문자와 숫자, 특수기호 등으로 나타내는 표현하는 가장 기초적인 세계표준 문자코드입니다. 아스키 코드에서 알파벳은 2진수 8개의 패턴으로 표현됩니다. 아래 그림은 아스키코드의 2진수 패턴으로 LOVE를 나타낸 예시입니다.

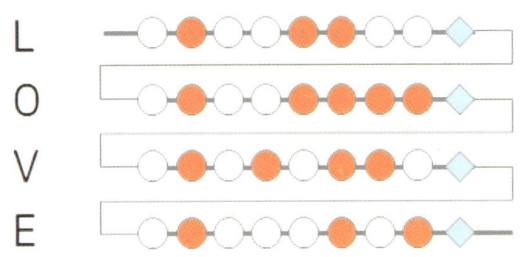

알파벳	아스키코드 2진수 패턴	알파벳	아스키코드 2진수 패턴	알파벳	아스키코드 2진수 패턴
A	○●○○○○○●	J	○●○○●○●○	S	○●○●○○●●
B	○●○○○○●○	K	○●○○●○●●	T	○●○●○●○○
C	○●○○○○●●	L	○●○○●●○○	U	○●○●○●○●
D	○●○○○●○○	M	○●○○●●○●	V	○●○●○●●○
E	○●○○○●○●	N	○●○○●●●○	W	○●○●○●●●
F	○●○○○●●○	O	○●○○●●●●	X	○●○●●○○○
G	○●○○○●●●	P	○●○●○○○○	Y	○●○●●○○●
H	○●○○●○○○	Q	○●○●○○○●	Z	○●○●●○●○
I	○●○○●○○●	R	○●○●○○●○		

위의 아스키코드 2진수 패턴을 이용하여 자신의 이름 이니셜을 나타내 보세요. 먼저 알파벳을 적고 해당하는 패턴을 찾아 구슬을 색칠하면 됩니다. 만약 끈과 비즈(구슬)가 있다면 패턴을 이용해서 자신만의 팔찌 또는 목걸이를 만들어 보세요.

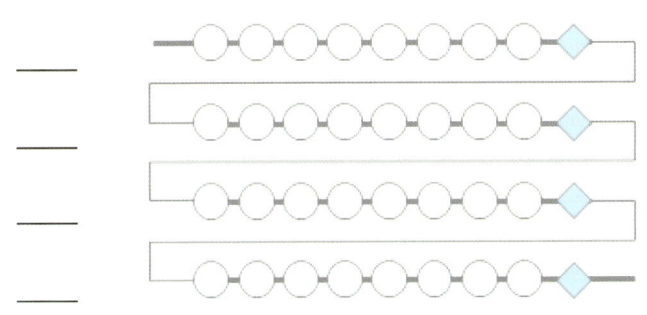

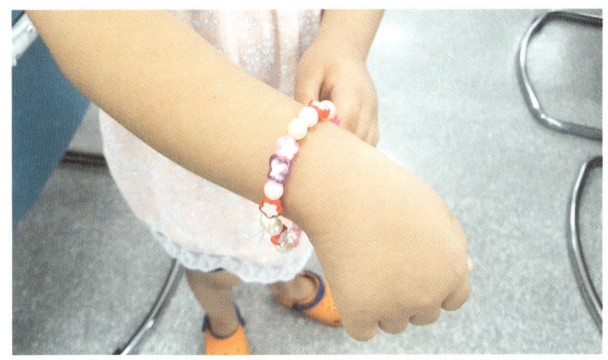

21 주소방식으로 글자 압축하기

유형	1인 퍼즐	컴퓨터과학	정보표현 〉 글자표현 〉 압축
난이도	★	컴퓨팅 사고력	분해하기, 패턴찾기, 데이터표현

컴퓨터가 글을 압축하는 방식 중의 하나는 반복되는 글자 대신에 최초에 나왔던 글자의 위치를 저장하는 것입니다. 아래의 그림에서 비어 있는 글자 칸은 화살표가 가리키는 글자를 찾아 넣으면 본래의 문장을 찾을 수 있습니다.

위와 같은 규칙을 이용하여 아래의 그림에서 압축된 문장을 다시 복원해 보세요.

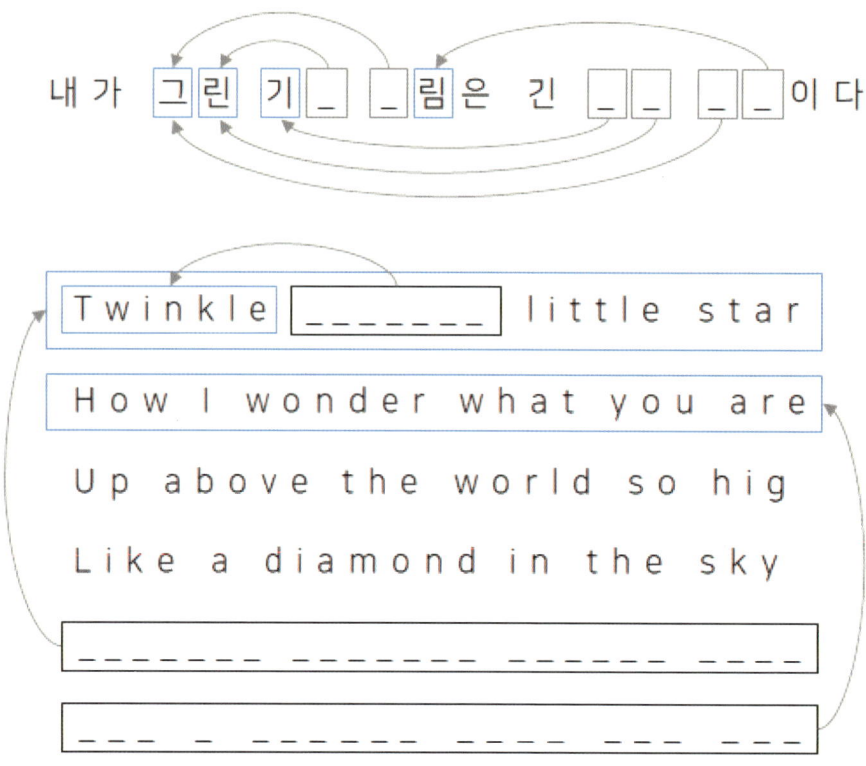

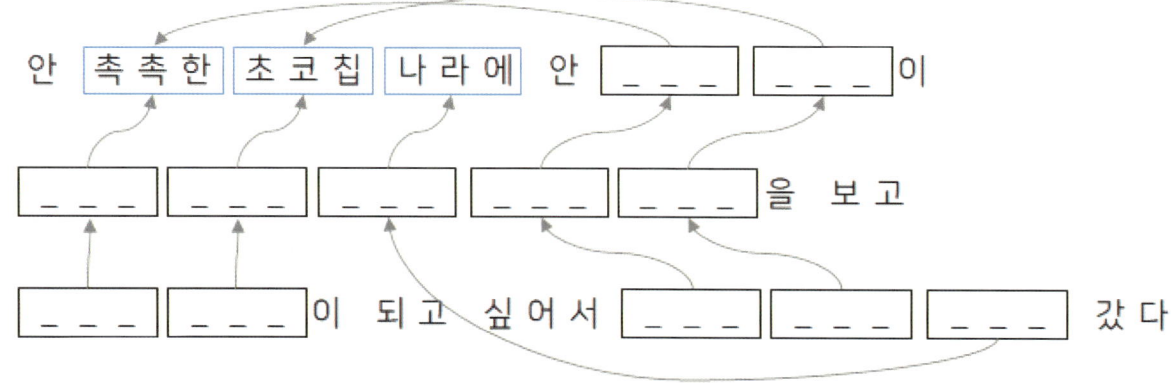

22 사전방식으로 글자 압축하기

유형	1인 퍼즐	컴퓨터과학	정보표현 > 글자표현 > 압축
난이도	★	컴퓨팅 사고력	분해하기, 패턴찾기, 데이터표현

컴퓨터가 글을 압축하는 방식 중의 하나는 자주 반복되는 글자를 사전으로 만들어 사용하는 것입니다. 아래의 그림에서 압축된 문장의 기호를 사전에서 찾아 글자로 바꾸어 주면 본래의 문장이 나타납니다.

기호	글자
@	풍당
#	돌을
$	던지자

압축된 문장
@@
#$
누나 몰래
#$

풍당 풍당
돌을 던지자
누나 몰래
돌을 던지자

위와 같은 규칙을 이용하여 아래의 그림에서 압축된 문장을 다시 복원해 보세요.

기호	글자
@	다람
#	알밤
$	줍는
%	다람쥐
&	보름

압축된 문장
@@%#$%
&&달밤에#$%

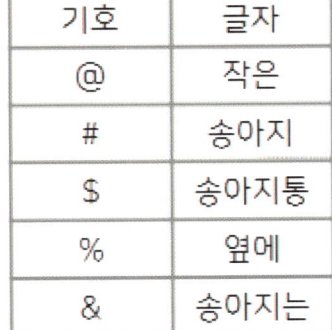

압축된 문장
@#$%
큰##밥이 있고
큰#$%
@##밥이 있다
@&큰##밥%
@#$물을 먹고
큰#@##밥%
큰#$물을 먹었다

23 상형문자 해석하기

유형	1인 퍼즐	컴퓨터과학	정보표현 〉 글자표현 〉 압축
난이도	★★★	컴퓨팅 사고력	분해하기, 패턴찾기, 데이터표현

이집트 상형문자에 관심이 많은 시온이는 일기장에 날씨 대신에 자기만의 상형문자 기호를 적기로 했습니다. 새와 발 문양을 조합하여 날씨를 나타냈는데, 아래와 같이 기호를 조합하여 의미를 만들었습니다.

기호	의미
🦶	비
🦅 🦶	바람
🦅 🦅	구름
🦶 🦅 🦶	안개
🦅 🦶 🦅	눈

그런데 일기장을 쓰는 도중에 문제가 생겼습니다. 아래 그림과 같이 날씨를 표현할 경우에 한 가지가 아닌 4가지의 의미를 동시에 갖게 되었습니다.

위의 기호를 번역할 때 해석되는 4가지의 의미는 무엇일까요?

번호	기호	의미
1	🦅🦶 | 🦅🦶 | 🦅🦶 | 🦅🦅	바람, 바람, 바람, 구름
2	🦅🦶 🦶 🦅 🦶 🦅🦅	
3	🦅🦶 🦅 🦶 🦅🦅	
4	🦅🦶 🦶 🦅🦶 🦅🦅	

24 이진수 압축 글자 해석하기

유형	1인 퍼즐	컴퓨터과학	정보표현 〉글자표현 〉압축
난이도	★★	컴퓨팅 사고력	분해하기, 패턴찾기, 데이터표현

허프만 부호화(Huffman Coding) 알고리즘은 대표적인 사전방식 글자 압축 방법입니다. 이 방법을 사용하면 문장의 의미가 중복되지 않을 뿐만 아니라 많이 반복되는 글자일수록 작은 이진수 코드로 표현되어 데이터의 양을 크게 줄일 수 있습니다. 허프만 부호화로 압축된 문장을 해석하기 위해서는 이진수를 앞에서부터 하나씩 끊어서 사전에서 찾아봅니다. 만약 사전에 해당하는 이진수 코드가 있으면 글자로 바꾸고, 없으면 이진수를 하나 더 추가하여 다시 사전에서 찾아봅니다.

아래의 그림은 허프만 부호화로 압축된 문장을 사전에서 찾아 글자로 바꾼 예시입니다.

이진수	글자
10	_
00	책
01	철
111	상
110	수

압축된 문장
0111010001 1110011000 111

01 / 110 / 10 / 00 / 111
/ 10 / 01 / 10 / 00 / 111

철수_책상_철_책상

위와 같은 방법을 사용하여 아래 그림의 압축된 문장을 해독해 보세요.

이진수	글자	이진수	글자
000	I	101	S
001	R	111	_
010	T	1100	H
011	Y	11010	A
100	O	11011	D

압축된 문장
0101001101111101001 111110101010000101 111100010111111000 00101010100001011

문장: _____

이진수	글자	이진수	글자
00	멍	1100	네
01	꿀	10110	고
100	이	10111	도
111	_	11010	는
1010	하	11011	해

압축된 문장
000010011001110101 100110101110000110 111011111010111010 1011101101100110 011100001001101011 101011101110111111 000010101100

문장: _____

25 무대조명 색상 만들기

유형	1인 퍼즐	컴퓨터과학	정보표현 > 컬러표현
난이도	★★	컴퓨팅 사고력	분해하기, 패턴찾기, 데이터표현

시온이는 학교 학예회 연극에서 조명을 담당하게 되었습니다. 학교 강당에는 빨간색, 초록색, 파란색 빛을 내는 조명이 각각 하나씩 있으며 이 빛을 혼합하여 여러 가지 색을 만들 수 있습니다.

극의 흐름에 따라서 무대의 조명은 5분마다 바뀌어야 하고, 필요한 색상은 파란색, 청록색, 노란색, 다홍색, 검정색, 흰색 순입니다.

아래의 그림은 빛의 삼원색을 나타낸 것으로 각각의 조명 빛을 혼합했을 때 나타나는 색을 알 수 있습니다. 시온이는 각각의 시간동안 빨간색, 초록색, 파란색 조명을 어떻게 켜고 꺼야 할까요?

빨간색(R)	초록색(G)	파란색(B)	혼합 색상
Off	Off	Off	검정색
Off	Off	On	파란색
Off	On	Off	초록색
Off	On	On	청록색
On	Off	Off	빨간색
On	Off	On	다홍색
On	On	Off	노란색
On	On	On	흰색

빛의 삼원색을 이용하여 조명을 켜거나 꺼서 시간별로 필요한 무대조명 색상을 만들어 보세요.

시간	무대 색상	빨간색 조명	초록색 조명	파란색 조명
시작	파란색			
5분 후	청록색			
10분 후	노란색			
15분 후	다홍색			
20분 후	검정색			
25분 후	흰색			

26 좌표를 이용해 그림 그리기

유형	1인 퍼즐	컴퓨터과학	정보표현 〉 위치표현 〉 좌표
난이도	★★	컴퓨팅 사고력	분해하기, 알고리즘설계, 시뮬레이션

컴퓨터는 화면 위의 위치를 나타내기 위해서 좌표를 사용합니다. 대표적인 교육용 프로그래밍 언어인 스크래치에서는 좌우를 나타내는 X축과 상하를 나타내는 Y축을 사용합니다.

화면 한 가운데가 0이고, 오른쪽으로 가면 X좌표가 점점 늘어나서 최대 240까지, 왼쪽으로 가면 X좌표가 점점 줄어들어서 최소 -240까지 바뀝니다.

반대로 위로 가면 Y좌표가 점점 늘어나서 최대 180까지, 아래로 가면 Y좌표가 점점 줄어들어서 최소 -180까지 바뀝니다. 화면상의 물체의 위치는 X좌표와 Y좌표를 조합해서 표현합니다.

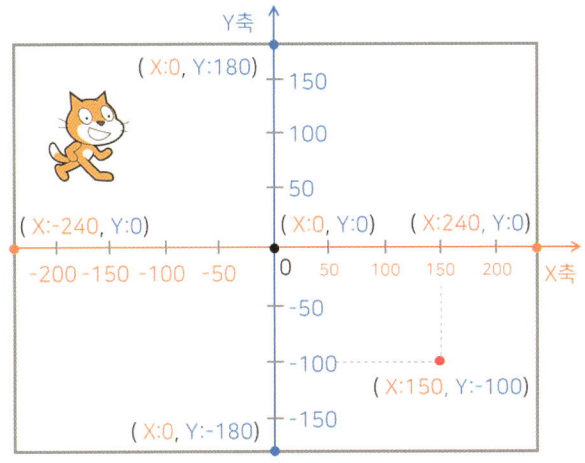

아래는 스크래치의 펜 블록 명령어를 이용해서 도형을 그린 것입니다. 펜을 내리고 좌표를 이동하면서 선을 그리게 됩니다.

 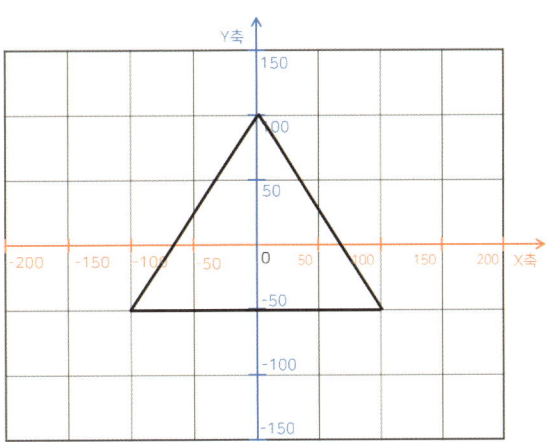

동일한 방법으로 아래의 블록 명령어를 이용해 좌표평면에 선을 그려 보세요. 어떤 도형이 나타날까요?

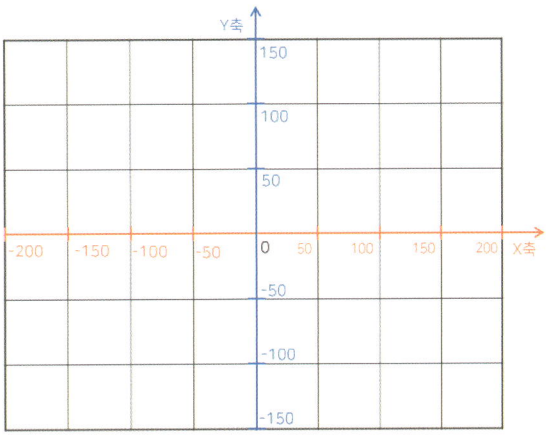

벡터방식으로 그림 그리기

유형	1인 퍼즐	컴퓨터과학	정보표현 〉 위치표현 〉 벡터
난이도	★★	컴퓨팅 사고력	분해하기, 알고리즘설계, 시뮬레이션

컴퓨터 화면상의 물체를 이동시키는 방법에는 벡터 방식이 있습니다. 벡터 방식은 이동할 방향을 바라보고, 그 방향으로 일정한 거리만큼 이동하는 방법입니다. 대표적인 교육용 프로그래밍 언어인 스크래치에서는 위쪽을 0°로 기준을 잡고, 오른쪽 방향으로 회전하면서 각도가 커지게 됩니다. 오른쪽은 90°, 아래쪽은 180°, 왼쪽은 270°가 됩니다. 반대로 왼쪽 방향으로 회전하면서 각도를 마이너스로 표현하기도 합니다. 왼쪽은 -90°, 아래쪽은 -180°, 오른쪽은 -270°로 표현할 수 있습니다.

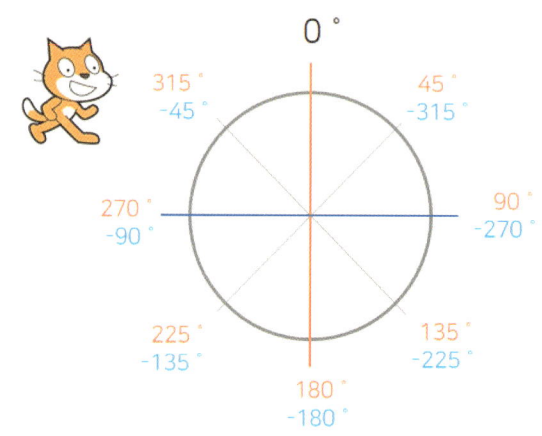

아래는 스크래치의 펜 블록 명령어를 이용해서 도형을 그린 것입니다. 펜을 내리면 바라보는 방향으로 일정한 길이만큼 이동하면서 선을 그리게 됩니다.

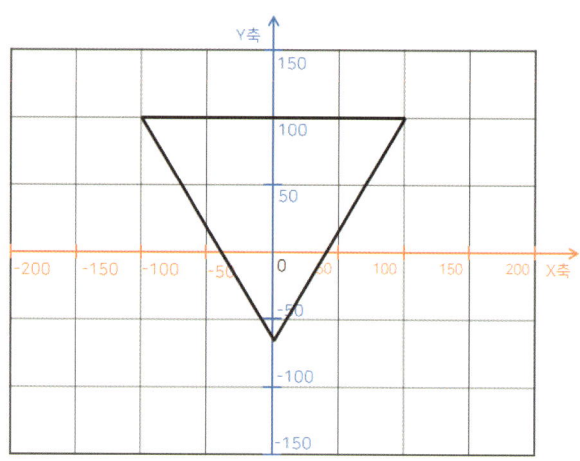

동일한 방법으로 아래의 블록 명령어를 이용해 좌표평면에 선을 그려 보세요. 어떤 도형이 나타날까요?

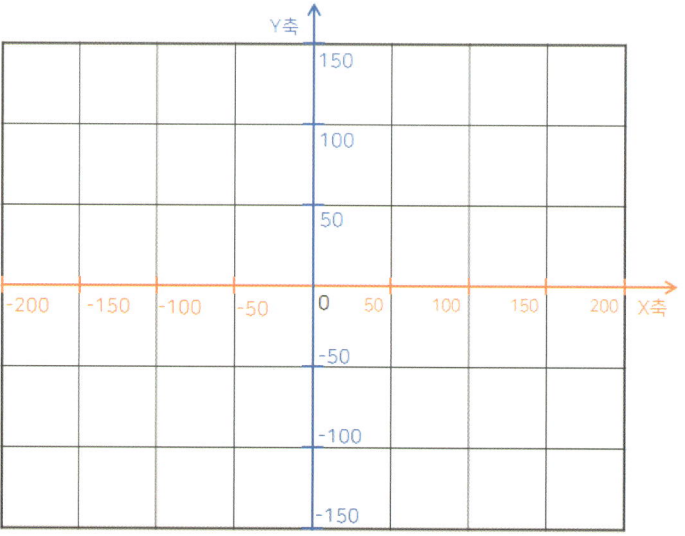

Easy_언플러그드 컴퓨팅

2장 자료의 구조

28_변수 논리 퍼즐 풀기
29_복면산 퍼즐 풀기
30_사칙연산 스도쿠 풀기
31_자리 바꾸기 게임
32_그림 조각 순서 맞추기
33_책상 위에 순서 맞추기
34_함께 모여 단어 만들기
35_배틀쉽 침몰 게임
36_픽셀 옮겨 그림 찾기
37_하노이의 탑 퍼즐 풀기

38_남녀 성비 문제 풀기
39_상대팀 관계도 찾기 게임
40_지하철 목적지 맞추기
41_SNS 동물 스타 찾기
42_화살표 따라 길 찾아가기
43_AND 비트연산 그림 그리기
44_OR 비트연산 그림 그리기
45_둘이 함께 AND 연산 그림 그리기
46_둘이 함께 OR 연산 그림 그리기
47_셋이 함께 비트연산 그림 그리기

28 변수 논리 퍼즐 풀기

유형	1인 퍼즐	컴퓨터과학	자료구조 〉 단순구조 〉 변수
난이도	★★	컴퓨팅 사고력	데이터분석, 패턴찾기, 시뮬레이션

컴퓨터는 수를 더하거나 저장하기 위해 변수를 사용합니다. 변수는 숫자뿐만 아니라 문자, 문자열 등을 임시로 저장하는 공간입니다. 변수에는 언제든지 값을 넣고 뺄 수 있지만 한 순간에는 오직 하나의 값만 가지게 됩니다.

변수 논리 퍼즐은 각각의 변수에 들어있는 수를 찾아내는 퍼즐입니다. 아래의 그림에서 알파벳 A, B, C, D, E는 변수입니다. 이 변수 안에는 숫자 1, 2, 3, 4, 5가 한 개씩 들어가 있습니다.

아래 그림에서 변수 힌트를 살펴보면, 1번 힌트에서 A와 C는 1또는 3입니다. 그런데 2번 힌트에서 C는 1이 될 수 없으므로 결국 A는 1, C는 3, 따라서 B는 2가 됩니다. 3번 힌트에서 D는 5가 되고 남은 변수인 E는 4가 됩니다.

변수 힌트

1. $A + C = 4$
2. $A + B = C$
3. $A + D = 6$

변수

	A	B	C	D	E
1	o	x	x	x	x
2	x	o	x	x	x
값 3	x	x	o	x	x
4	x	x	x	x	o
5	x	x	x	o	x

위와 같은 방식으로 변수 힌트를 보고 각각의 변수가 가지고 있는 수를 찾아 표시해 보세요.

변수 힌트

1. $A + C + E = 6$
2. $C + E = A$
3. $A + B + C = 10$

변수

	A	B	C	D	E
1					
2					
값 3					
4					
5					

변수 힌트

1. $B + C > 8$
2. $A + C + D = 9$
3. $C + D = 7$

변수

	A	B	C	D	E
1					
2					
값 3					
4					
5					

29 복면산 퍼즐 풀기

유형	1인 퍼즐	컴퓨터과학	자료구조 > 단순구조 > 변수
난이도	★★	컴퓨팅 사고력	데이터분석, 패턴찾기, 시뮬레이션

복면산은 수학퍼즐 중의 하나로, 문자를 이용하여 표현된 수식에서 각각의 문자가 나타내는 수를 찾아내는 퍼즐입니다. 숫자가 문자 뒤로 숨어 있다고 해서 복면을 쓰고 있는 연산, 즉 복면산이라고 부르게 되었습니다.

복면산 퍼즐에서 각각의 알파벳은 하나의 변수로 0부터 9까지의 숫자 중에 하나가 들어가 있습니다. 같은 알파벳은 같은 숫자를 의미하며 다른 알파벳은 다른 숫자를 의미합니다.

아래의 그림에서 수식을 찾아보면, 두 자리 수와 한 자리 수를 더해서 나올 수 있는 최대값은 108(99+9)이고, 최소값은 100이므로 M은 1이 되고, O는 0이 됩니다. 그리고 두 자리 수에 한 자리 수를 더해서 자리올림이 발생하려면 두 자리 수는 최소 91(91+9=100)이 되어야 하므로 A는 9가 됩니다. 9와 더해서 11이 되어야 하므로 남은 변수 S는 2가 됩니다.

```
   A S          9 2
 + A         +   9
 -----       -----
 M O M       1 0 1
```

위와 같은 방식으로 아래의 복면산 퍼즐을 풀어 보세요. 정답은 오직 하나입니다.

```
   M E
 + M E
 -----
 B E E
```

```
     I
 + D I D
 -------
   T O O
```

```
   N O
   G U N
 +   N O
 -------
 H U N T
```

30 사칙연산 스도쿠 풀기

유형	1인 퍼즐	컴퓨터과학	자료구조 > 단순구조 > 변수
난이도	★★	컴퓨팅 사고력	데이터분석, 패턴찾기, 시뮬레이션

사칙연산 스도쿠는 기본적인 스도쿠 규칙과 사칙연산 계산이 결합된 변형 퍼즐 중의 하나입니다. 사칙연산 스도쿠에서 각각의 칸은 하나의 변수입니다. 사칙연산 스도쿠는 아래의 규칙을 가지고 있습니다.

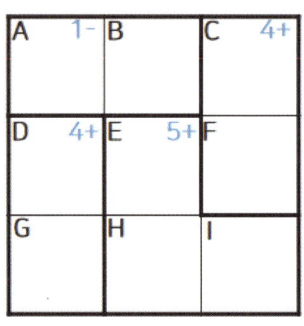 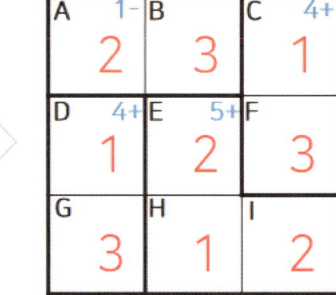

❶ 각각의 변수에는 1, 2, 3 중에 하나의 숫자가 들어갑니다(4×4퍼즐에는 1, 2, 3, 4가 들어갑니다).
❷ 가로 세로로 같은 줄에 있는 변수 3개는 서로 다른 수가 들어갑니다(같은 줄에 같은 수가 올 수 없습니다).
❸ 굵은 테두리 안에 같이 있는 변수끼리는 파란색으로 표시된 연산기호로 계산하면 파란색의 결과가 나옵니다.

예시 그림을 살펴보면, 같은 테두리 안에 있는 C와 F를 서로 더하면 4가 됩니다(C+F=4).
같은 줄에 같은 수가 올 수 없으므로 C와 F는 1 또는 3이 됩니다. 그러면 I는 1과 3이 중복해서 올 수 없으므로 무조건 2가 됩니다.
위와 같은 규칙을 이용하여 아래의 사칙연산 스도쿠 퍼즐을 풀어 보세요. 정답은 오직 한가지입니다.

31 자리 바꾸기 게임

유형	5인 모둠 게임	컴퓨터과학	자료구조 > 선형구조 > 배열
난이도	★★	컴퓨팅 사고력	패턴찾기, 알고리즘설계, 패턴일반화

모둠으로 이루어지는 미션 활동입니다. 아래와 같은 규칙에 따라 진행하세요.

❶ 1단계는 5명씩 한 모둠으로 만듭니다.
❷ 의자 5개를 일렬로 세웁니다. 모둠장을 한 명 뽑습니다.
❸ 의자 5개 중에서 가운데 자리는 비워두고 양쪽에 모둠장을 제외한 4명이 앉습니다.
❹ 왼쪽과 오른쪽에 있는 사람을 구분하기 위해 왼쪽에 있는 2명은 책을 듭니다.
❺ 왼쪽에 책을 들고 앉아 있는 2명과 오른쪽에 아무것도 없이 앉아 있는 2명이 서로 자리를 바꾸는 것이 미션입니다. 단, 자리를 이동할 때는 다음과 같은 규칙이 있습니다.

이동 규칙 1. 한 번에 한 명씩 빈자리로 이동할 수 있습니다.
이동 규칙 2. 빈자리 바로 옆에 있는 사람이 빈자리로 한 칸 이동할 수 있습니다.
이동 규칙 3. 빈자리 한 칸 건너서 앉아 있는 사람이 한 칸을 점프해서 빈자리로 이동할 수 있습니다.

❻ 미션을 수행하기 위해 필요한 가장 적은 이동 횟수를 찾는 모둠이 우승입니다.
❼ 2단계는 7명이 한 모둠이 됩니다. 의자 7개를 일렬로 세우고, 모둠장을 제외한 6명이 가운데 의자를 제외하고 양쪽에 앉습니다. 이번에는 왼쪽에 있는 3명과 오른쪽에 있는 3명이 자리를 바꾸어야 합니다. 규칙은 1단계와 동일합니다.

1번 2번 3번 4번 5번

방법을 찾았다면 아래의 표에 이동하는 순서를 기록해 보세요. 왼쪽에 있는 의자부터 1, 2, 3, 4, 5번으로 번호를 지정해 놓으면 기록하기 편합니다.

1단계(2명, 2명 자리 바꾸기)		
	번이	번으로
	번이	번으로
	번이	번으로
	번이	번으로
	번이	번으로
	번이	번으로
	번이	번으로
	번이	번으로

2단계(3명, 3명 자리 바꾸기)		
	번이	번으로
	번이	번으로
	번이	번으로
	번이	번으로
	번이	번으로
	번이	번으로
	번이	번으로
	번이	번으로
	번이	번으로
	번이	번으로
	번이	번으로
	번이	번으로
	번이	번으로
	번이	번으로
	번이	번으로

32 그림 조각 순서 맞추기

유형	1인 퍼즐	컴퓨터과학	자료구조 > 선형구조 > 배열
난이도	★	컴퓨팅 사고력	분해하기, 추상화, 패턴찾기

소영이는 바다에 가서 재미있게 물놀이를 하고 사진을 찍어 왔습니다. 그런데 미술시간에 공작을 하면서 실수로 사진을 잘게 오려버렸습니다. 사진을 원래대로 되돌리기 위해서는 잘린 사진을 어떤 순서대로 붙여야 할까요?

진호가 부모님과 함께 공원에서 찍은 사진도 실수로 잘렸습니다. 사진을 원래대로 되돌리려면 어떤 순서로 놓아야 할까요?

33 책상 위에 순서 맞추기

유형	1인 퍼즐	컴퓨터과학	자료구조 > 선형구조 > 배열
난이도	★	컴퓨팅 사고력	분해하기, 추상화, 패턴찾기

책상 위에 학용품이 다음과 같이 놓여 있습니다. 가장 밑에 있는 것부터 순서대로 말해 봅시다.

학용품 순서(맨 아래부터) : _____

책상 위에 색종이가 다음과 같이 놓여 있습니다. 색종이를 위에서부터 하나씩 빼고자 합니다. 어떤 색종이부터 들어 올려야 하는지 순서대로 말해 봅시다.

색종이 순서(맨 위부터) : _____

34 함께 모여 단어 만들기

유형	6인 모둠 게임	컴퓨터과학	자료구조 > 선형구조 > 배열
난이도	★★	컴퓨팅 사고력	분해하기, 패턴찾기, 데이터표현

모둠으로 이루어지는 미션 활동입니다. 아래와 같은 규칙에 따라 진행하세요.

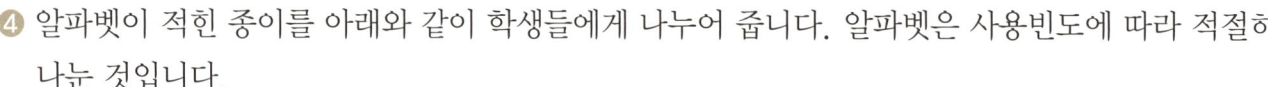

❶ 6명 또는 12명으로 한 모둠을 만듭니다.

❷ 각 모둠에 A4용지 26장을 나누어 줍니다.

❸ A4용지 한 장에 알파벳을 하나씩 크게 적습니다. A부터 Z까지 26장이 됩니다.

❹ 알파벳이 적힌 종이를 아래와 같이 학생들에게 나누어 줍니다. 알파벳은 사용빈도에 따라 적절히 나눈 것입니다.

6명 모둠	
1번 학생	T V Y D
2번 학생	E K U L
3번 학생	N J M C
4번 학생	O B S G
5번 학생	A Q H F X
6번 학생	I P R W Z

12명 모둠			
1번 학생	T V	7번 학생	Y D
2번 학생	E K	8번 학생	U L
3번 학생	N J	9번 학생	M C
4번 학생	O B	10번 학생	S G
5번 학생	A Q	11번 학생	H F X
6번 학생	I P	12번 학생	W Z

❺ 선생님이 아래에 있는 영어단어를 제시하면 학생들은 자신이 가지고 있는 알파벳을 들고 순서대로 서서 해당 단어를 만들어야 합니다. 단, 자신이 가지고 있는 알파벳을 다른 사람에게 줄 수는 없습니다.

❻ 단어를 먼저 완성한 모둠이 우승합니다.

❼ 단어를 제시하는 방법을 다양하게 할 수 있습니다.

방법 1. 영어 단어를 그대로 발음합니다.

방법 2. 글자 수와 알파벳 한, 두 개만 알려주고 유추하도록 합니다. 예) S__D__T : STUDENT

방법 3. 스피드 퀴즈처럼 단어를 설명하고 맞추도록 합니다.

　　　예) 집안에 있는 뜰이나 꽃밭 : GARDEN

❽ 아래는 최대한 알파벳이 중복되지 않는 단어 목록입니다.

주제	시간	장소	사람	초등 교과서	중1 교과서
영어 단어	DAY	HOME	MOTHER	THING	SUBJECT
	NIGHT	GARDEN	FATHER	TRAIN	BEAUTIFUL
	MONTH	TOWN	FIREMAN	PICTURE	PROJECT
	YEAR	CITY	FAMILY	FISH	FAVORITE
	TIME	COUNTRY	MAN	GAME	ANSWER
	STORY	LAND	WOMAN	SOUND	BEHIND
	HISTORY	SEA	SON	FLOWER	FAMOUS
	TODAY	EARTH	DAUGHTER	MUSIC	OUTSIDE
	LIFE	HOUSE	POLICE	LIGHT	SURFACE
	NEWS	STORE	UNCLE	QUESTION	NERVOUS

35 배틀쉽 침몰 게임

유형	2인 게임	컴퓨터과학	자료구조 > 선형구조 > 2차원배열
난이도	★★	컴퓨팅 사고력	데이터수집, 데이터분석, 패턴찾기

배틀쉽 게임은 해외에서 유명한 보드게임 중에 하나로 두 명이 함께 하는 1:1 게임입니다. 자신의 진영에 함선을 배치하고 서로 상대방을 공격하여 먼저 상대방의 모든 함선을 침몰시키면 이기게 됩니다.

게임방법은 아래와 같습니다.

❶ 함선 배치 : 나의 진영에 함선 4개를 배치합니다. 전함은 5칸, 구축함은 4칸, 잠수함은 3칸, 경기정은 2칸입니다. 함선은 가로, 세로, 대각선으로 이어서 배치할 수 있습니다. 함선의 길이는 게임판 가운데에 나와 있습니다. 함선은 서로 붙거나 교차할 수 있지만, 동일한 칸에 두 개 이상의 함선을 겹쳐서 배치할 수 없습니다. 상대방이 내 함선의 위치를 예측하기 어렵게 배치해야 게임에서 이길 수 있습니다.

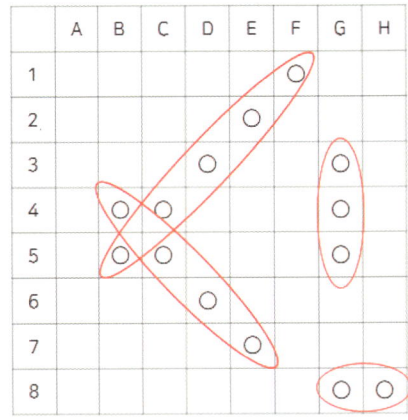

❷ 공격하기 : 가위바위보를 통해 이긴 사람부터 공격합니다. 공격은 좌표를 찍어서 말합니다. 예를 들어 'C5'라고 말한 후 공격합니다.

❸ 수비하기 : 수비하는 사람은 상대방 공격의 성공여부를 알려줘야 합니다. 만약 공격 받은 자리에 전함이 있다면 '맞았습니다.' 라고 말하고, 없다면 '안 맞았습니다.'라고 말합니다. 어떤 전함에 맞았는지는 알려주지 않습니다. 공격당한 좌표는 나의 진영에 'X'로 표시합니다. 만약 하나의 함선이 위치한 모든 칸이 공격당했을 경우에는 상대방에게 '○○○ 침몰했습니다.'와 같이 알려주어야 합니다.

❹ 공격 확인하기 : 공격한 사람은 성공 여부를 상대방 진영에 기록합니다. 공격이 성공했다면 'O'를 실패했다면 'X'를 표시합니다.

❺ 게임 진행하기 : 만약 공격이 성공하면 한 번 더 공격할 수 있습니다. 계속해서 공격을 성공하면 계속해서 공격할 수 있습니다. 공격이 실패할 때까지 계속 공격할 수 있기 때문에 잘못하면 한 번에 모든 전함이 침몰할 수도 있습니다. 게임을 진행하여 상대방의 모든 전함을 침몰시키는 사람이 승리합니다.

나의 진영
(나의 함선 배치 및 상대방의 공격을 표시)

상대방 진영
(나의 공격 결과를 표시)

함선
1. 전함 5칸
2. 구축함 4칸
3. 잠수함 3칸
4. 경비정 2칸

2장 자료의 구조 **55**

36 픽셀 옮겨 그림 찾기

유형	1인 퍼즐	컴퓨터과학	자료구조 > 선형구조 > 큐
난이도	★★	컴퓨팅 사고력	분해하기, 데이터분석, 데이터표현

시온이는 8×8 픽셀 그림을 한줄 씩 비틀어 놓은 암호 그림을 발견했습니다. 암호 그림에서 각각의 가로 줄을 오른쪽에 적혀진 숫자만큼 왼쪽으로 이동시키면 본래의 그림이 나타납니다. 예를 들면, 아래 그림에서 A가로줄은 왼쪽으로 한 칸, B가로줄은 왼쪽으로 두 칸을 옮기는 방식으로 H줄까지 모든 줄을 옮기면 오른쪽과 같이 사람 얼굴 그림이 나타납니다.

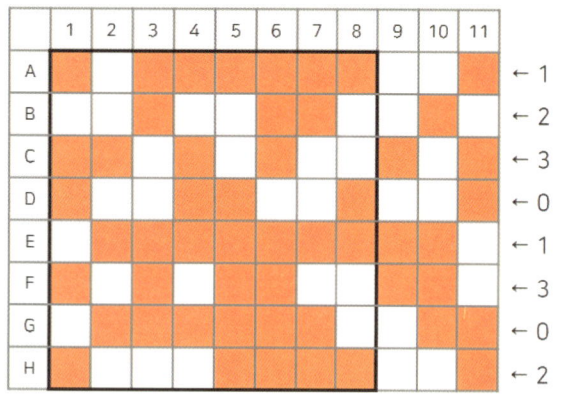
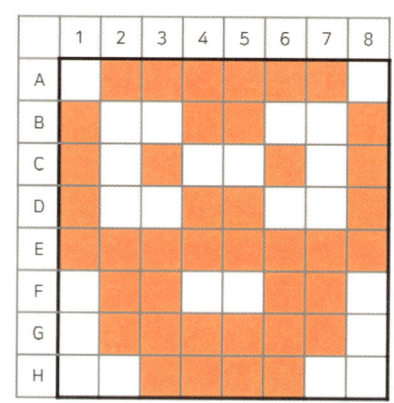

위와 같은 방법을 이용하여 다음의 암호 그림을 해독하여 숨겨진 그림을 찾아내 보세요.

37 하노이의 탑 퍼즐 풀기

유형	1인 퍼즐	컴퓨터과학	자료구조 > 선형구조 > 스택
난이도	★★★	컴퓨팅 사고력	데이터수집, 패턴찾기, 알고리즘설계

하노이의 탑은 퍼즐의 일종으로 한 기둥에 꽂혀 있는 원판들을 그 순서 그대로 다른 기둥으로 옮기는 퍼즐입니다. 원판을 옮길 때는 두 가지 규칙이 있습니다.

규칙 1. 한 번에 하나의 원판만 옮길 수 있습니다.

규칙 2. 큰 원판을 작은 원판 위에 올리면 안 됩니다.

아래의 그림에서 1번, 2번 원판이 기둥 A에 꽂혀 있습니다. 두 원판을 기둥 C에 순서 그대로 옮기려면 1번 원판을 A에서 C로 옮기고, 2번 원판을 A에서 C로 옮깁니다. 그리고 1번 원판을 B에서 C로 옮기면 됩니다.

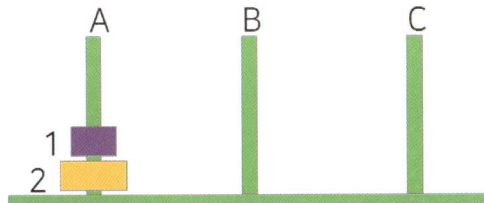

2개 원판 옮기기					
1	번 원판을	A	에서	B	로 이동
2	번 원판을	A	에서	C	로 이동
1	번 원판을	B	에서	C	로 이동

위와 같은 방식으로 원판 3개와 원판 4개를 A기둥에서 C기둥으로 옮기기 위해서는 어떤 순서대로 옮겨야 할까요? 아래에 적어 보세요. 퍼즐을 해결하는 최소한의 이동 횟수는 원판 3개일 때는 7번, 원판 4개일 때는 15번입니다.

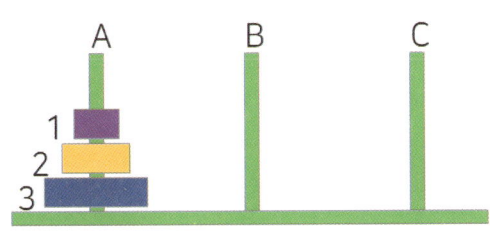

3개 원판 옮기기					
	번 원판을		에서		로 이동
	번 원판을		에서		로 이동
	번 원판을		에서		로 이동
	번 원판을		에서		로 이동
	번 원판을		에서		로 이동
	번 원판을		에서		로 이동
	번 원판을		에서		로 이동

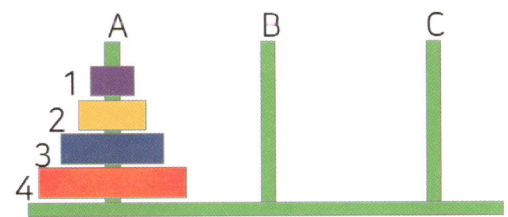

4개 원판 옮기기					
	번 원판을		에서		로 이동
	번 원판을		에서		로 이동
	번 원판을		에서		로 이동
	번 원판을		에서		로 이동
	번 원판을		에서		로 이동
	번 원판을		에서		로 이동
	번 원판을		에서		로 이동
	번 원판을		에서		로 이동
	번 원판을		에서		로 이동
	번 원판을		에서		로 이동
	번 원판을		에서		로 이동
	번 원판을		에서		로 이동
	번 원판을		에서		로 이동
	번 원판을		에서		로 이동
	번 원판을		에서		로 이동

2장 자료의 구조

38 남녀 성비 문제 풀기

유형	1인 퍼즐	컴퓨터과학	자료구조 > 비선형구조 > 트리
난이도	★★	컴퓨팅 사고력	분해하기, 데이터분석, 패턴찾기

이 퍼즐은 세계적인 IT기업인 구글의 전화 인터뷰 질문으로 유명한 문제입니다. 전화 인터뷰이므로 질문을 듣고 바로 답을 해야 합니다.

어떤 나라의 사람들은 모두 딸을 극단적으로 좋아해서 결혼을 하면 딸을 낳을 때까지 아이를 낳는다고 합니다. 예를 들어, 만약 첫째 아이가 딸이면 부부는 더 이상 아이를 낳지 않습니다.

하지만 첫째가 아들이면 부부는 둘째를 낳습니다. 둘째가 딸이면 더 이상 아이를 낳지 않습니다. 둘째가 아들이면 다시 셋째를 낳습니다. 이런 방법으로 딸을 낳을 때까지 계속해서 아이를 낳습니다.

현재 초등학교의 남녀 성비는 5:5입니다. 만약 위와 같은 문화가 30년 동안 지속된다면 30년 후에 이 초등학교의 남녀성비는 어떻게 될까요? 단, 아들과 딸이 태어날 확률은 50:50으로 같습니다.

문제를 풀면서 아래의 그림을 완성해 보세요. 이 나라의 결혼한 부부가 1,000쌍이라고 가정하고 시뮬레이션을 해봅니다. 원 안에 태어나는 아이들의 수를 넣어 보세요. 모든 원을 채운 후 딸과 아들의 수를 서로 비교해 보세요.

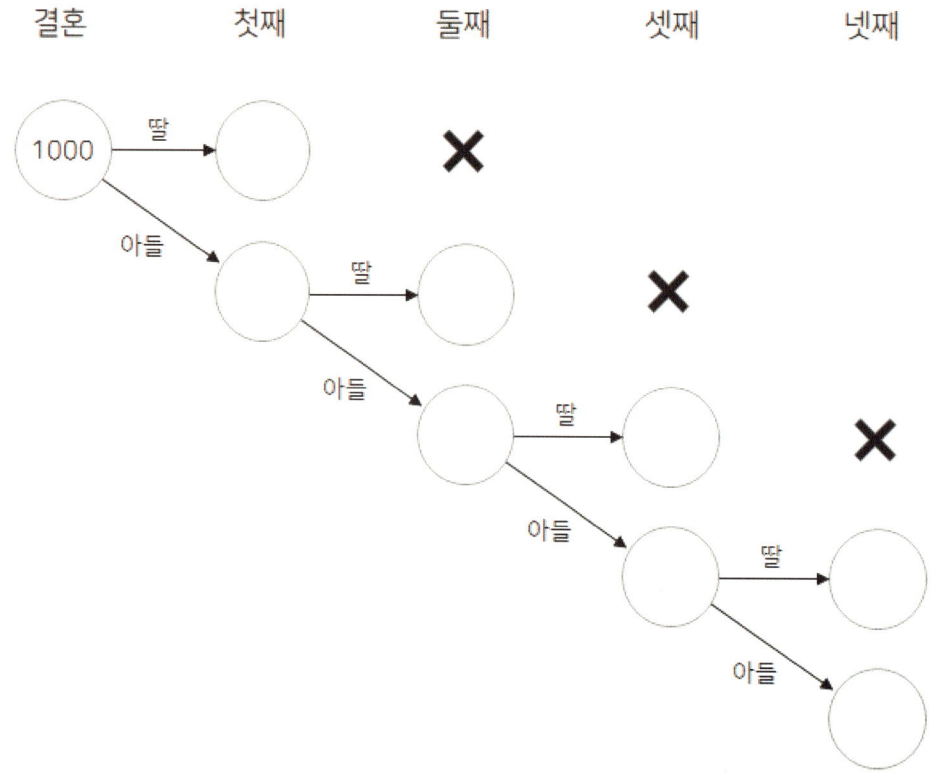

39 상대팀 관계도 찾기 게임

유형	12인 모둠 게임	컴퓨터과학	자료구조 > 비선형구조 > 트리
난이도	★★	컴퓨팅 사고력	데이터수집, 패턴찾기, 데이터표현

모둠으로 이루어지는 미션 활동입니다. 아래와 같은 규칙에 따라 진행하세요.

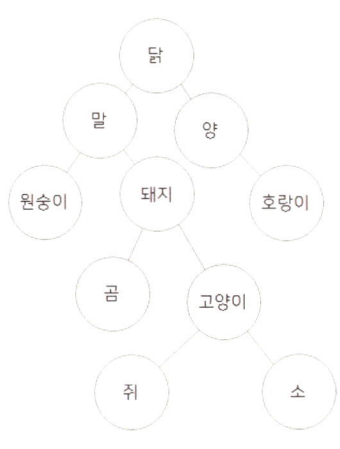

① 전체 인원을 2개의 모둠으로 만들고, 모둠장을 뽑는다.
② 모둠장은 A4종이 2장을 준비한다.
③ 모둠장은 종이 한 장에 오른쪽과 같은 트리 모양을 그린다. 트리의 모양은 자유롭게 만들 수 있다. 원의 개수는 자신을 포함해 모둠인원 수 만큼 그린다.
④ 원 안에 주제에 해당하는 각각의 캐릭터를 넣는다. 모둠장은 맨 위에 위치한다.
⑤ 모둠장은 자신의 모둠원에게 각각의 캐릭터와 바로 위에 있는 캐릭터를 알려준다.
⑥ 모둠원은 자신의 캐릭터와 바로 위에 있는 캐릭터를 적어두거나 외워야 한다. 예를 들면, 돼지 캐릭터의 바로 위에는 말 캐릭터가 있다.
⑦ 게임이 시작되면 아이들은 돌아다니면서 상대방 모둠 중 한 아이에게 '누구 좋아하세요?'와 같은 질문을 한다.
⑧ 그러면 질문을 받은 아이는 '게임에서 이기면 알려줄게요.'라고 말하고, 탕수육(찹쌀떡), 참참참, 묵찌빠, 하나빼기 미니게임 중에 하나를 선택한다.
⑨ 둘이 미니게임을 하여 진 사람은 이긴 사람에게 '저는 ○○○인데, ○○○을 좋아합니다.'라고 말하고 헤어진다. 똑같은 상대와 연속해서 미니게임을 할 수는 없다.
⑩ 게임에서 이긴 사람은 얻은 정보를 모둠장에게 알려준다.
⑪ 모둠장은 각각의 정보를 취합하여 상대 모둠의 모든 캐릭터가 있는 관계도를 그린다.
⑫ 상대 모둠의 캐릭터 관계도를 더 빨리 정확하게 그린 모둠이 승리한다.

주제	동물	봄꽃	유럽국가-수도
질문 예시	누구랑 같이 왔어요?	누구를 좋아해요?	어디에서 왔어요?
답변 예시	저는 쥐인데 소랑 같이 왔어요.	저는 복수초인데 산철쭉을 좋아해요.	저는 아테네사람인데 암스테르담에서 왔어요
캐릭터	쥐	복수초	그리스-아테네
	소	산철쭉	네덜란드-암스테르담
	호랑이	개나리	노르웨이-오슬로
	토끼	벚나무	독일-베를린
	용	민들레	스웨덴-스톡홀름
	뱀	목련	스페인-마드리드
	말	달래	이탈리아-로마
	양	유채	체코-프라하
	원숭이	영산홍	터키-앙카라
	닭	모란	포루투칼-리스본
	개	패랭이꽃	폴란드-바르샤바
	돼지	산달래	프랑스-파리
	고양이	튤립	핀란드-헬싱키
	제비	찔레꽃	헝가리-부다페스트
	곰	수선화	스위스-베른

40 지하철 목적지 맞추기

유형	1인 퍼즐	컴퓨터과학	자료구조 > 비선형구조 > 그래프
난이도	★★	컴퓨팅 사고력	데이터분석, 추상화, 시뮬레이션

다음은 시온이의 오늘 일기입니다.

"오늘은 외삼촌 집에 가서 놀고 왔습니다. 우리 집은 목동역 근처에 있습니다. 외삼촌 집에 가기 위해서 목동역에서 지하철을 탔습니다. 다섯 정거장을 간 후에 다른 지하철 노선으로 갈아탔습니다. 다시 두 정거장을 간 후에 다른 노선으로 갈아탔습니다. 한 정거장을 더 가서 다시 갈아탔습니다. 마지막으로 세 정거장을 지나 역에서 내려서 외삼촌 집에 갔습니다."

위의 일기에 따르면 시온이의 외삼촌 집이 위치한 지하철역은 어디일까요?

시온이가 외삼촌 집을 찾아가는 과정에서 지나치는 역을 아래에 적어 보세요.

순서	행동	지하철 역
1	출발	
2	다섯 정거장 지나서 환승	
3	두 정격장 지나서 환승	
4	한 정거장 지나서 환승	
5	세 정거장 지나서 내리기	

41 SNS 동물 스타 찾기

유형	1인 퍼즐	컴퓨터과학	자료구조 〉 비선형구조 〉 그래프
난이도	★★	컴퓨팅 사고력	데이터분석, 패턴찾기, 시뮬레이션

동물 친구들이 SNS를 하고 있습니다. 이 SNS에서는 내가 사진을 올리면 내 친구의 친구까지 사진을 볼 수 있습니다. 예를 들면 아래 그림처럼 친구가 맺어져 있을 때, 양이 사진을 올리면 양의 친구인 닭과 개구리가 사진을 볼 수 있고, 또 닭의 친구인 팬더곰이 사진을 볼 수 있습니다. 하지만 그 너머에 있는 돼지는 사진을 볼 수 없습니다.

아래 그림은 동물 친구들의 현재 친구 관계도입니다. 선으로 서로 연결된 동물들은 서로 친구입니다. 각각의 동물 친구들이 자신의 사진을 올렸을 때, 가장 많은 동물들이 사진을 보게 되는 동물은 누구일까요? 이 SNS에서 가장 영향력이 큰 동물 스타를 찾아보세요.

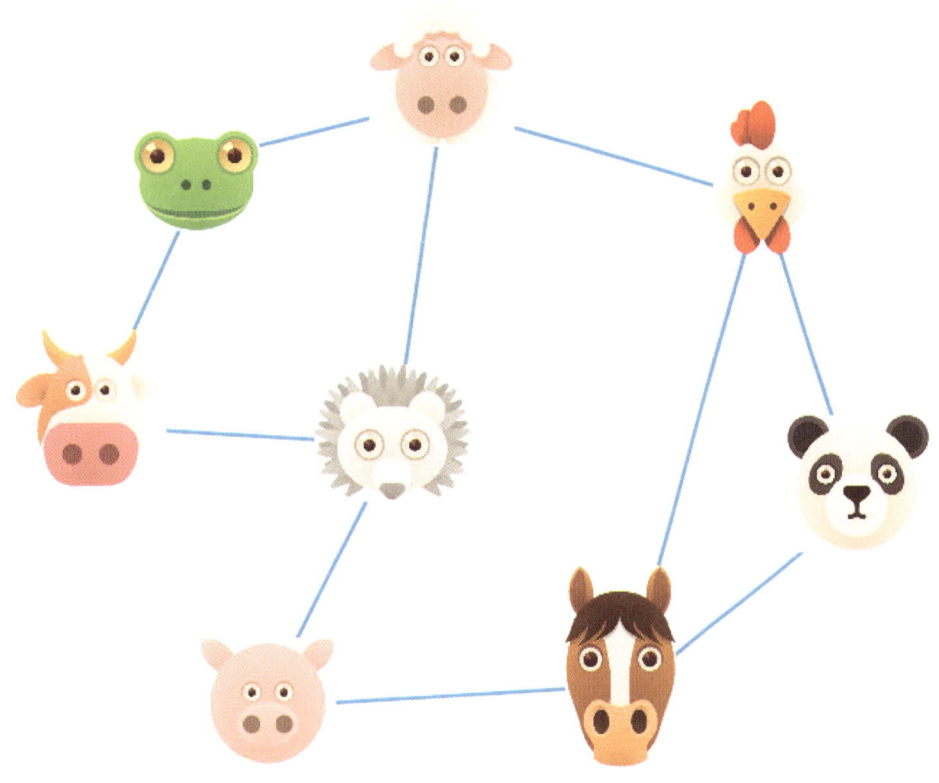

42 화살표 따라 길 찾아가기

유형	1인 퍼즐	컴퓨터과학	자료구조 > 비선형구조 > 그래프
난이도	★★★	컴퓨팅 사고력	데이터수집, 데이터분석, 패턴찾기

소영이네 집은 누구나 찾아가기 쉽습니다. 동네 어디에서 출발하든지 도로위에 있는 화살표 색상을 따라 파란색, 빨간색, 파란색 순서대로 이동하면 무조건 소영이네 집에 도착하게 됩니다.

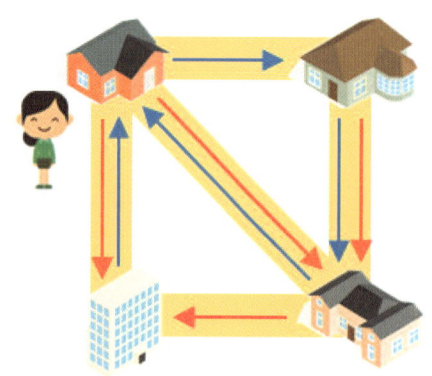

오늘은 시온이네 집에 친구 서윤이가 놀러오기로 했습니다. 그런데 서윤이가 시온이네 집을 못 찾겠다고 연락이 왔습니다. 그리고 자신이 현재 어디에 있는지도 모르겠다고 합니다. 시온이는 서윤이에게 도로위에 있는 화살표 색상을 따라서 ○○색, ○○색, ○○색으로 이동하는 것을 3번 반복해서 총 9번을 움직이면 어디에서 출발하든지 무조건 자기 집에 도착한다고 했습니다. 그리고 서윤이가 시온이의 말대로 화살표를 따라가자 놀랍게도 정말 시온이네 집에 도착하게 되었습니다.
그렇다면 과연 시온이가 말한 ○○색, ○○색, ○○색은 무엇일까요?

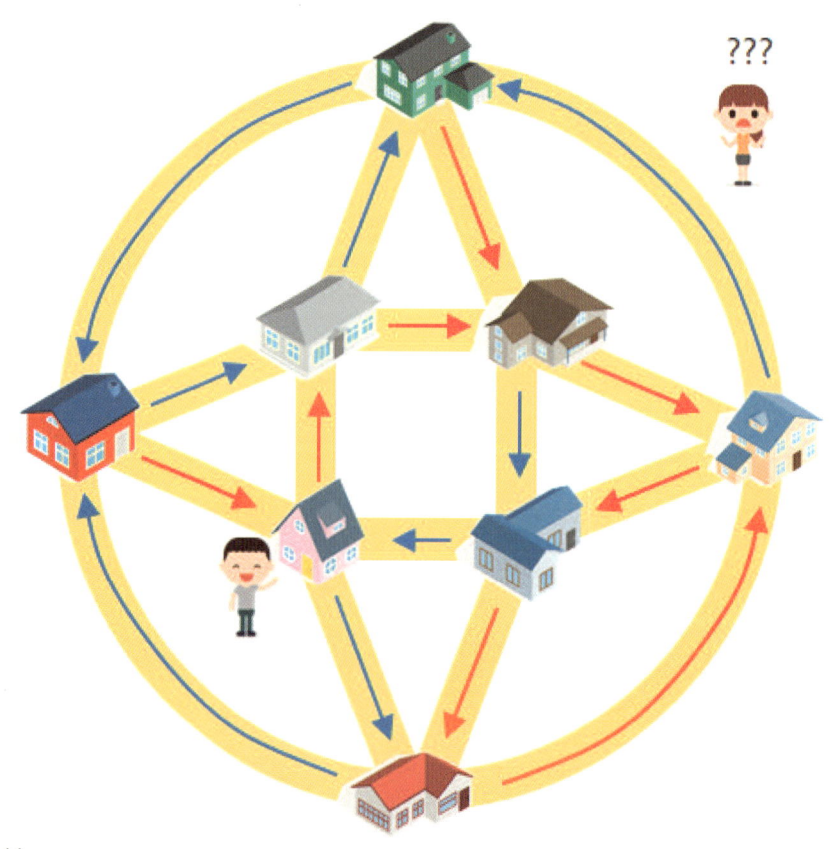

43 AND 비트연산 그림 그리기

유형	1인 퍼즐	컴퓨터과학	자료구조 〉 논리연산 〉 비트연산
난이도	★★	컴퓨팅 사고력	분해하기, 데이터분석, 데이터표현

컴퓨터는 결합되어 있는 정보에서 특정한 정보만 뽑아낼 때 AND 비트연산을 이용합니다. 예를 들어 주민등록번호에서 7번째 자리 수만 추출하면 그 사람의 성별을 알 수 있습니다.

AND 비트연산은 같은 자리에 있는 두 수가 모두 1일 때만 결과가 1이 되는 연산입니다. 아래의 그림은 두 개의 2차원 배열을 AND 비트연산 하여 숨겨진 그림을 찾아낸 것입니다. 그림에서 A1 자리는 각각 0과 1입니다. 두 수가 모두 1이 아니기 때문에 결과값은 0이 됩니다. 반대로 B1의 자리는 둘 다 1이기 때문에 결과값이 1이 됩니다. 결과표에서 값이 1인 픽셀에만 색을 칠하면 숨겨진 그림이 나타납니다.

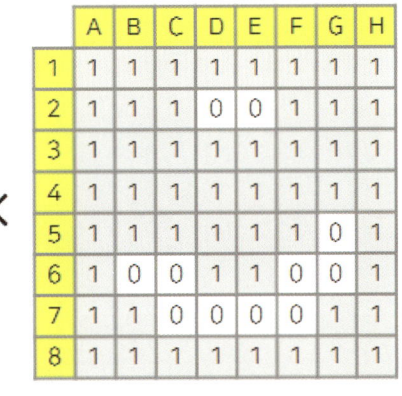

위와 같은 규칙을 이용하여 아래의 두 그림을 AND 비트연산 하여 숨겨진 그림을 찾아내 봅시다.

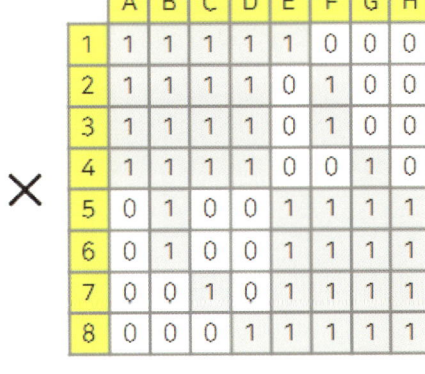

OR 비트연산 그림 그리기

유형	1인 퍼즐	컴퓨터과학	자료구조 > 논리연산 > 비트연산
난이도	★★	컴퓨팅 사고력	분해하기, 데이터분석, 데이터표현

컴퓨터는 원래의 정보에 특정한 정보를 추가할 때 OR 비트연산을 이용합니다. 예를 들어 내가 촬영한 사진에 붉은 빛을 넣고 싶다면 사진에 있는 색상정보에 붉은색을 추가하면 사진이 전체적으로 붉어집니다.

OR 비트연산은 같은 자리에 있는 두 수 중에 하나라도 1이면 결과가 1이 되는 연산입니다. 두 수가 모두 1이어도 결과가 1이 됩니다. 아래의 그림은 두 개의 2차원 배열을 OR 비트연산 하여 숨겨진 그림을 찾아낸 것입니다. 그림에서 A1의 자리는 모두 0입니다. 1이 하나로 없기 때문에 결과값은 0이 됩니다. 반대로 C1의 자리는 각각 0과 1이기 때문에 결과값이 1이 됩니다. 결과표에서 값이 1인 픽셀에만 색을 칠하면 숨겨진 그림이 나타납니다.

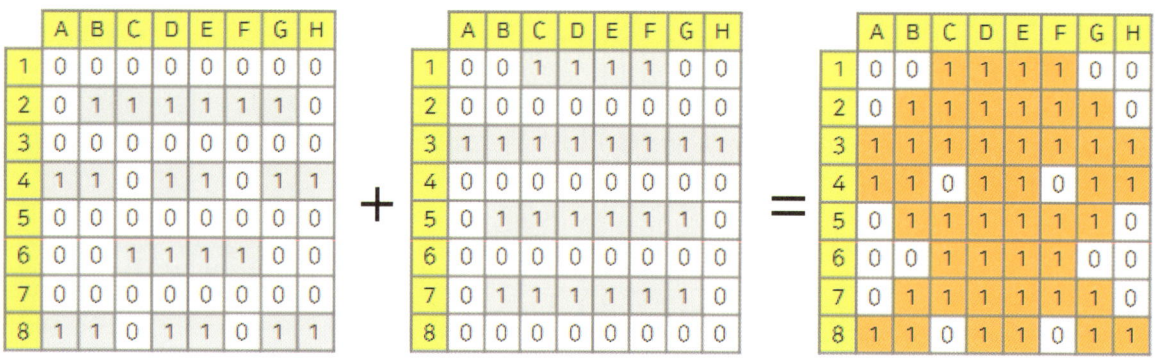

위와 같은 규칙을 이용하여 아래의 두 그림을 OR 비트연산 하여 숨겨진 그림을 찾아내 봅시다.

45 둘이 함께 AND 연산 그림 그리기

유형	2인 협동 퍼즐	컴퓨터과학	자료구조 > 논리연산 > 비트연산
난이도	★★★	컴퓨팅 사고력	분해하기, 데이터분석, 데이터표현

두 명이서 함께 하는 미션활동입니다. 한 명은 B1, B2 그림이 있는 53페이지를 펴고, 다른 한 명은 C1, C2 그림이 있는 54페이지를 펴세요. 그리고 아래의 규칙에 따라 진행하세요.

❶ 아래의 그림은 A1 그림과 A2 그림을 AND 비트연산 하여 숨겨진 그림을 찾아낸 예시입니다. AND 비트연산은 같은 자리에 있는 두 수가 모두 1일 때만 결과가 1이 되는 연산입니다.

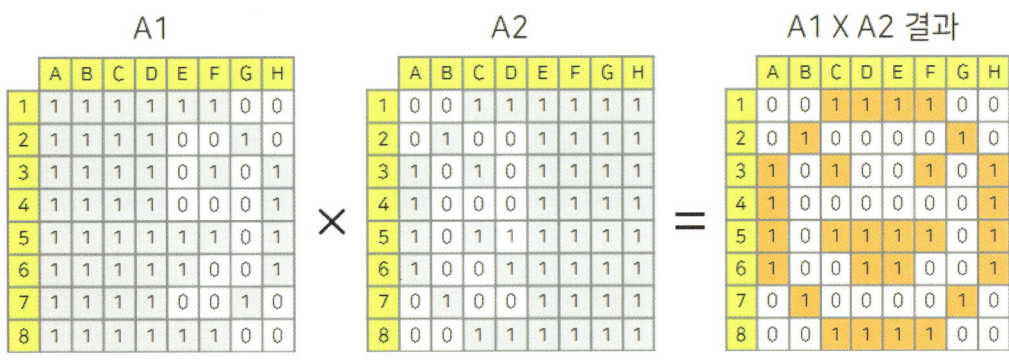

❷ 여러분은 서로 다른 사람의 그림은 보지 않고, 자신의 그림만 보면서 대화를 통해 숨겨진 그림을 찾아내야 합니다. 두 그림을 AND 비트연산 한 후 결과값이 1인 픽셀만 색칠하면 숨겨진 그림이 나타납니다.

❸ B1 그림과 C1 그림을 대화를 통해 AND 비트연산 하여 숨겨진 그림을 찾아내 보세요.

B1

	A	B	C	D	E	F	G	H
1	1	0	1	0	1	0	1	0
2	1	1	1	0	1	0	1	0
3	1	1	1	0	1	0	1	0
4	1	0	1	1	1	1	1	1
5	1	0	1	1	1	1	1	1
6	1	0	1	1	1	1	1	1
7	1	0	1	0	1	0	1	1
8	1	1	1	0	1	0	1	1

B1 X C1 결과

	A	B	C	D	E	F	G	H
1								
2								
3								
4								
5								
6								
7								
8								

❹ 같은 방법으로 B2 그림과 C2 그림을 대화를 통해 AND 비트연산 하여 숨겨진 그림을 찾아내 보세요.

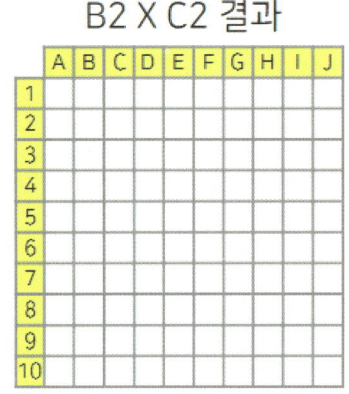

두 명이서 함께 하는 미션활동입니다. 한 명은 B1, B2 그림이 있는 53페이지를 펴고, 다른 한 명은 C1, C2 그림이 있는 54페이지를 펴세요. 그리고 아래의 규칙에 따라 진행하세요.

❶ 아래의 그림은 A1 그림과 A2 그림을 AND 비트연산 하여 숨겨진 그림을 찾아낸 예시입니다. AND 비트연산은 같은 자리에 있는 두 수가 모두 1일 때만 결과가 1이 되는 연산입니다.

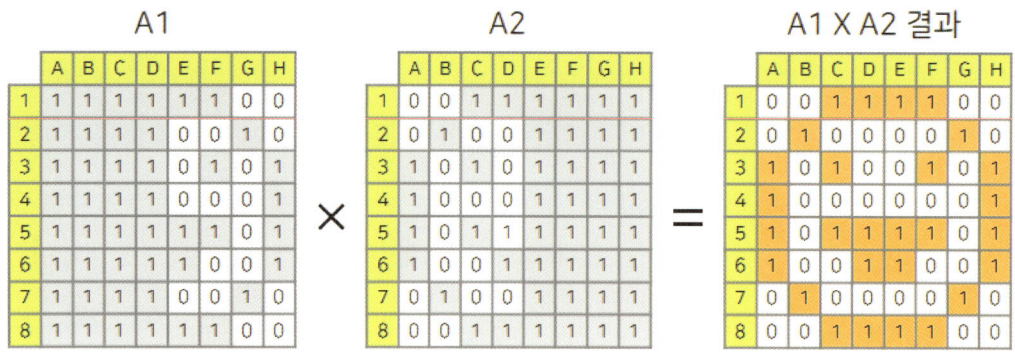

❷ 여러분은 서로 다른 사람의 그림은 보지 않고, 자신의 그림만 보면서 대화를 통해 숨겨진 그림을 찾아내야 합니다. 두 그림을 AND 비트연산 한 후 결과값이 1인 픽셀만 색칠하면 숨겨진 그림이 나타납니다.

❸ B1 그림과 C1 그림을 대화를 통해 AND 비트연산 하여 숨겨진 그림을 찾아내 보세요.

C1

	A	B	C	D	E	F	G	H
1	0	1	1	1	0	1	0	1
2	1	1	1	1	0	1	0	1
3	1	1	1	1	0	1	0	1
4	0	1	1	1	1	1	1	1
5	0	1	1	1	1	1	1	1
6	0	1	1	1	1	1	1	1
7	0	1	1	1	0	1	0	1
8	0	1	1	1	0	1	1	1

B1 X C1 결과

	A	B	C	D	E	F	G	H
1								
2								
3								
4								
5								
6								
7								
8								

❹ 같은 방법으로 B2 그림과 C2 그림을 대화를 통해 AND 비트연산 하여 숨겨진 그림을 찾아내 보세요.

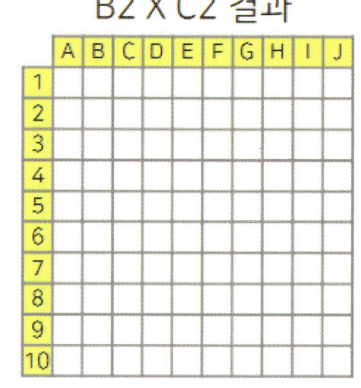

46 둘이 함께 OR 연산 그림 그리기

유형	2인 협동 퍼즐	컴퓨터과학	자료구조 〉 논리연산 〉 비트연산
난이도	★★★	컴퓨팅 사고력	분해하기, 데이터분석, 데이터표현

두 명이서 함께 하는 미션활동입니다. 한 명은 E1, E2 그림이 있는 55페이지를 펴고, 다른 한 명은 F1, F2 그림이 있는 56페이지를 펴세요. 그리고 아래의 규칙에 따라 진행하세요.

❶ 아래의 그림은 D1 그림과 D2 그림을 OR 비트연산 하여 숨겨진 그림을 찾아낸 예시입니다. OR 비트연산은 같은 자리에 있는 두 수 중에 하나만 1이어도 결과가 1이 되는 연산입니다.

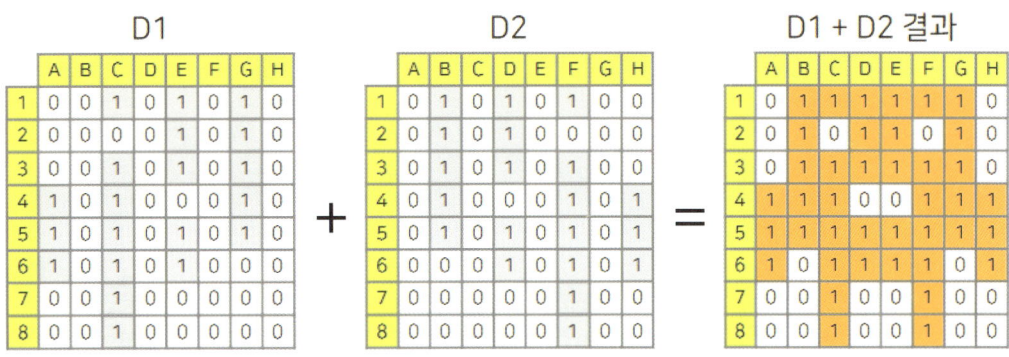

❷ 여러분은 서로 다른 사람의 그림은 보지 않고, 자신의 그림만 보면서 대화를 통해 숨겨진 그림을 찾아내야 합니다. 두 그림을 OR 비트연산 한 후 결과값이 1인 픽셀만 색칠하면 숨겨진 그림이 나타납니다.

❸ E1 그림과 F1 그림을 대화를 통해 OR 비트연산 하여 숨겨진 그림을 찾아내 보세요.

E1

	A	B	C	D	E	F	G	H
1	0	0	0	0	1	1	0	0
2	0	0	1	1	0	0	0	0
3	0	0	0	0	1	1	0	1
4	1	0	1	1	0	0	0	0
5	0	0	0	0	1	1	1	1
6	0	1	1	1	0	0	0	0
7	0	0	0	0	1	0	0	1
8	0	0	0	0	0	0	0	0

E1 + F1 결과

	A	B	C	D	E	F	G	H
1								
2								
3								
4								
5								
6								
7								
8								

❹ 같은 방법으로 E2 그림과 F2 그림을 대화를 통해 OR 비트연산 하여 숨겨진 그림을 찾아내 보세요.

E2

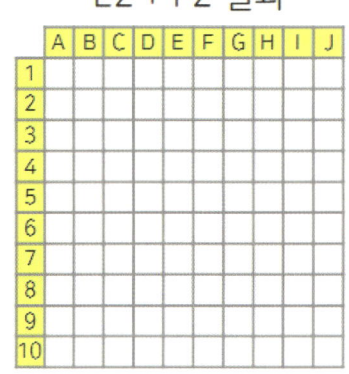

E2 + F2 결과

	A	B	C	D	E	F	G	H	I	J
1										
2										
3										
4										
5										
6										
7										
8										
9										
10										

두 명이서 함께 하는 미션활동입니다. 한 명은 E1, E2 그림이 있는 55페이지를 펴고, 다른 한 명은 F1, F2 그림이 있는 56페이지를 펴세요. 그리고 아래의 규칙에 따라 진행하세요.

❶ 아래의 그림은 D1 그림과 D2 그림을 OR 비트연산 하여 숨겨진 그림을 찾아낸 예시입니다. OR 비트연산은 같은 자리에 있는 두 수 중에 하나만 1이어도 결과가 1이 되는 연산입니다.

❷ 여러분은 서로 다른 사람의 그림은 보지 않고, 자신의 그림만 보면서 대화를 통해 숨겨진 그림을 찾아내야 합니다. 두 그림을 OR 비트연산 한 후 결과값이 1인 픽셀만 색칠하면 숨겨진 그림이 나타납니다.

❸ E1 그림과 F1 그림을 대화를 통해 OR 비트연산 하여 숨겨진 그림을 찾아내 보세요.

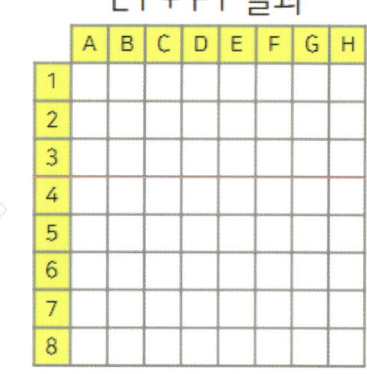

❹ 같은 방법으로 E2 그림과 F2 그림을 대화를 통해 OR 비트연산 하여 숨겨진 그림을 찾아내 보세요.

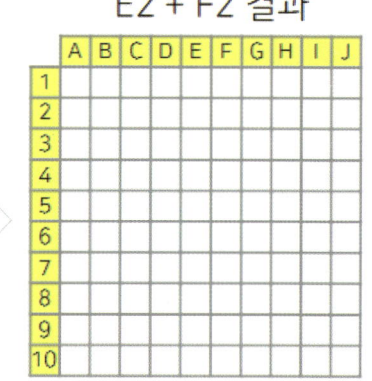

47 셋이 함께 비트연산 그림 그리기

유형	3인 협동 퍼즐	컴퓨터과학	자료구조 > 논리연산 > 비트연산
난이도	★★★	컴퓨팅 사고력	분해하기, 데이터분석, 데이터표현

세 명이서 함께 하는 미션활동입니다. 한 명은 H1, H2 그림이 있는 57페이지를 펴고, 다른 한 명은 I1, I2 그림이 있는 58페이지를 펴고, 마지막 한 명은 J1, J2 그림이 있는 59페이지를 펴세요. 그리고 아래의 규칙에 따라 진행하세요.

❶ 아래의 그림은 G1, G2, G3 그림을 OR 비트연산 하여 숨겨진 그림을 찾아낸 예시입니다. OR 비트연산은 같은 자리에 있는 두 수 중에 하나만 1이어도 결과가 1이 되는 연산입니다.

❷ 여러분은 서로 다른 사람의 그림은 보지 않고, 자신의 그림만 보면서 대화를 통해 숨겨진 그림을 찾아내야 합니다. 세 그림을 비트연산 한 후 결과값이 1인 픽셀만 색칠하면 숨겨진 그림이 나타납니다.

❸ H1, I1, J1 그림을 대화를 통해 OR 비트연산 하여 숨겨진 그림을 찾아내 보세요.

❹ 이번에는 H2, I2, J2 그림을 대화를 통해 AND 비트연산 하여 숨겨진 그림을 찾아내 보세요.

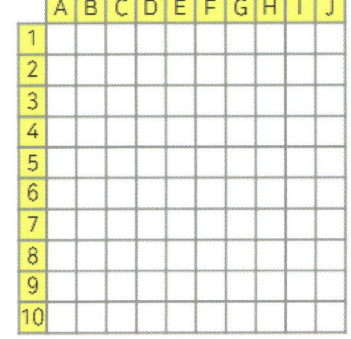

2장 자료의 구조

세 명이서 함께 하는 미션활동입니다. 한 명은 H1, H2 그림이 있는 57페이지를 펴고, 다른 한 명은 I1, I2 그림이 있는 58페이지를 펴고, 마지막 한 명은 J1, J2 그림이 있는 59페이지를 펴세요. 그리고 아래의 규칙에 따라 진행하세요.

❶ 아래의 그림은 G1, G2, G3 그림을 OR 비트연산 하여 숨겨진 그림을 찾아낸 예시입니다. OR 비트연산은 같은 자리에 있는 두 수 중에 하나만 1이어도 결과가 1이 되는 연산입니다.

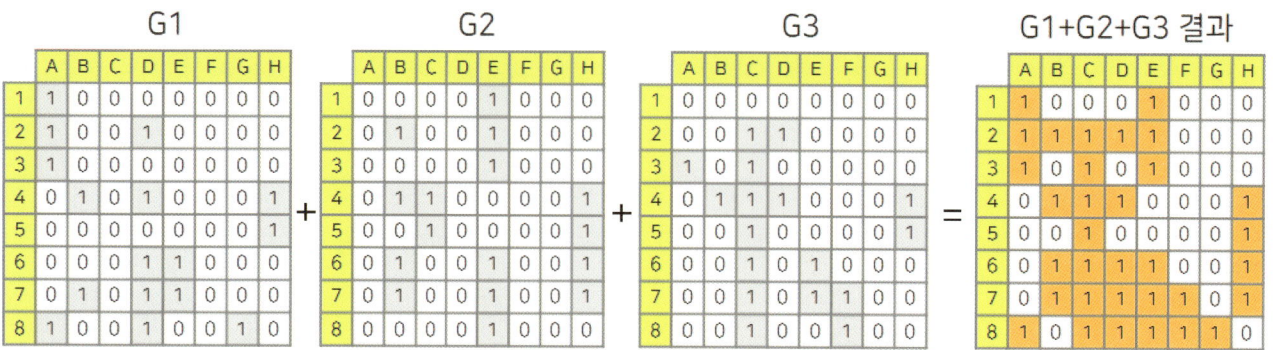

❷ 여러분은 서로 다른 사람의 그림은 보지 않고, 자신의 그림만 보면서 대화를 통해 숨겨진 그림을 찾아내야 합니다. 세 그림을 비트연산 한 후 결과값이 1인 픽셀만 색칠하면 숨겨진 그림이 나타납니다.

❸ H1, I1, J1 그림을 대화를 통해 OR 비트연산 하여 숨겨진 그림을 찾아내 보세요.

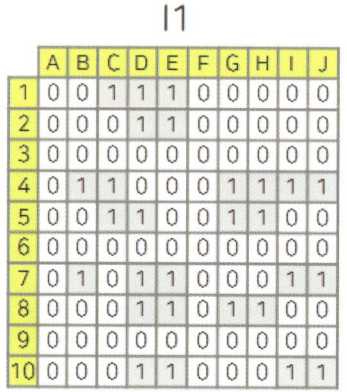
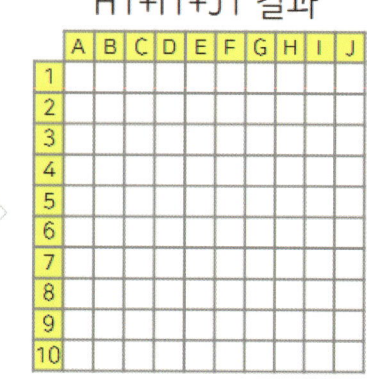

❹ 이번에는 H2, I2, J2 그림을 대화를 통해 AND 비트연산 하여 숨겨진 그림을 찾아내 보세요.

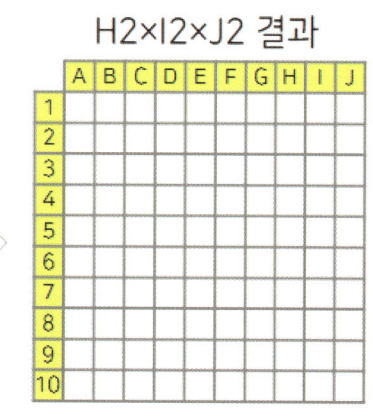

세 명이서 함께 하는 미션활동입니다. 한 명은 H1, H2 그림이 있는 57페이지를 펴고, 다른 한 명은 I1, I2 그림이 있는 58페이지를 펴고, 마지막 한 명은 J1, J2 그림이 있는 59페이지를 펴세요. 그리고 아래의 규칙에 따라 진행하세요.

❶ 아래의 그림은 G1, G2, G3 그림을 OR 비트연산 하여 숨겨진 그림을 찾아낸 예시입니다. OR 비트연산은 같은 자리에 있는 두 수 중에 하나만 1이어도 결과가 1이 되는 연산입니다.

❷ 여러분은 서로 다른 사람의 그림은 보지 않고, 자신의 그림만 보면서 대화를 통해 숨겨진 그림을 찾아내야 합니다. 세 그림을 비트연산 한 후 결과값이 1인 픽셀만 색칠하면 숨겨진 그림이 나타납니다.

❸ H1, I1, J1 그림을 대화를 통해 OR 비트연산 하여 숨겨진 그림을 찾아내 보세요.

❹ 이번에는 H2, I2, J2 그림을 대화를 통해 AND 비트연산 하여 숨겨진 그림을 찾아내 보세요.

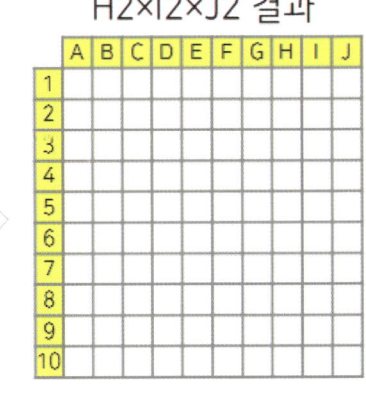

3장

알고리즘

48_토끼가 찾은 당근 세기
49_멧돼지 사냥으로 장비 착용하기
50_요리 시간 단축하기
51_꽃을 찾는 무당벌레
52_반복으로 도형 그리기
53_자동차 경주 순위 알아맞히기
54_주사위로 음식 메뉴 정하기
55_상자 속에 과일 알아맞히기
56_동물농장 울타리 만들기
57_함수로 그림 그리기
58_붕붕 날아가는 꿀벌
59_아기 펭귄 점프하기
60_개구리 시냇물 건너가기
61_모래시계 두 개로 시간 측정하기
62_다른 크기의 통으로 물 만들기
63_원숭이 바나나 찾기
64_의사코드로 스무고개 게임 만들기
65_주차장 차단기 만들기
66_계산으로 숫자 맞추기

67_아이스크림 자판기
68_사진 보정 순서 찾기
69_로봇 프로그램으로 선 그리기
70_동물카드로 생각한 숫자 맞추기
71_밑줄로 단어 맞추기 게임
72_CCTV 범행 사진 찾기
73_스무고개 점수 따기 게임
74_숨겨진 사탕 찾기 게임
75_가장 무거운 수박 찾기
76_상대방 암호 찾기 게임
77_신용카드 위변조 확인하기
78_송진딥 연결하기
79_제주도 관광하기
80_칼국수 레시피 만들기
81_무인 택배 차량 운행하기
82_주말 농장 물건 담기
83_헨젤과 그레텔의 미로 탈출
84_둘이 함께 토끼 미로 탈출
85_비밀 공유하기 활동

48 토끼가 찾은 당근 세기

유형	1인 퍼즐	컴퓨터과학	알고리즘 > 구조 > 순차
난이도	★	컴퓨팅 사고력	분해하기, 패턴찾기, 시뮬레이션

귀여운 아기 토끼들이 숲 속에서 당근을 찾아 움직이고 있습니다.

아기 토끼들이 움직인 방향은 아래와 같습니다. 아기 토끼들은 각각 몇 개의 당근을 찾았을까요?

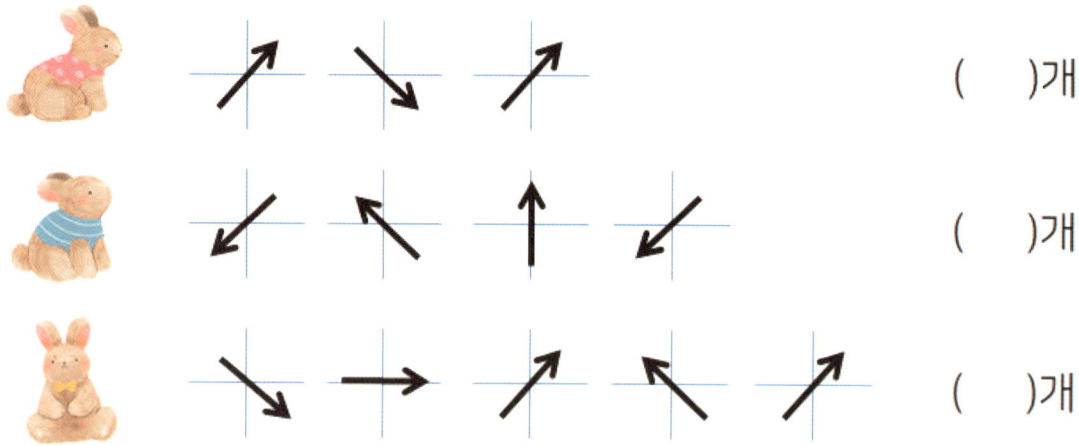

아래는 아기 토끼들이 살고 있는 숲의 지도입니다.

49 멧돼지 사냥으로 장비 착용하기

유형	1인 퍼즐	컴퓨터과학	알고리즘 > 구조 > 순차
난이도	★★	컴퓨팅 사고력	분해하기, 데이터분석, 시뮬레이션

시온이가 즐겨하는 게임에서는 멧돼지를 사냥하여 무기나 방패와 같은 장비로 교환할 수 있습니다. 각각의 장비의 가치는 아래와 같습니다.

① 단검 1개=멧돼지 3마리

② 석궁 1개=멧돼지 2마리+단검 1개

③ 방패 1개=멧돼지 1마리+석궁 1개

④ 갑옷 1개=단검 1개+석궁 1개+방패 2개

시온이가 게임 상에서 단검, 석궁, 방패, 갑옷을 각각 1개씩 모두 착용하려면 멧돼지를 몇 마리 잡아야 할까요?

50 요리 시간 단축하기

유형	1인 퍼즐	컴퓨터과학	알고리즘 > 구조 > 순차
난이도	★★	컴퓨팅 사고력	분해하기, 알고리즘설계, 시뮬레이션

시온이는 캠핑장에서 친구들과 함께 잡채를 요리해 먹기로 했습니다. 잡채를 만드는 방법은 아래와 같습니다.

❶ 당근 데치고 채썰기(5분)

❷ 시금치 데치고 자르기(10분)

❸ 데친 당근, 시금치를 고기와 함께 볶기(15분)

❹ 당면 삶아서 찬물에 헹구기(20분)

❺ 모든 재료를 함께 섞어서 양념으로 볶기(10분)

캠핑장에서 가스버너 하나를 빌려서 요리를 한다면 잡채를 완성하는데 60분이 걸립니다. 하지만 예약된 버스를 타기 위해서는 잡채를 35분 안에 완성해야 합니다. 시온이가 35분 내에 잡채요리를 완성하기 위해서는 캠핑장에서 최소 몇 개의 가스버너를 빌려야 할까요?

51 꽃을 찾는 무당벌레

유형	1인 퍼즐	컴퓨터과학	알고리즘 > 구조 > 반복
난이도	★	컴퓨팅 사고력	분해하기, 알고리즘설계, 시뮬레이션

무당벌레가 꽃을 찾아다니고 있습니다. 아래는 대표적인 교육용 프로그래밍 언어인 엔트리 블록을 이용하여 무당벌레의 움직임을 나타낸 것입니다.

아래 그림에서 무당벌레는 위와 오른쪽으로 움직이는 것을 두 번 반복하여 2개의 꽃을 먹게 됩니다.

위의 예시를 참고하여, 아래의 블록대로 무당벌레가 움직였을 때 모두 몇 개의 꽃을 먹게 되는지 맞춰 보세요.

52 반복으로 도형 그리기

유형	1인 퍼즐	컴퓨터과학	알고리즘 > 구조 > 반복
난이도	★★	컴퓨팅 사고력	분해하기, 알고리즘설계, 시뮬레이션

컴퓨터나 로봇의 장점은 단순하고 반복적인 일을 잘 한다는 것입니다. 아래는 대표적인 교육용 프로그래밍 언어인 스크래치에서 반복 블록을 이용하여 도형을 그리는 예시입니다.

아래 그림에서 길이 5만큼 직선을 그리고 5° 회전하는 작업을 72번 반복하면 360°만큼 회전하는 원을 그릴 수 있습니다. 이것을 두 번 반복하면 아래 좌표처럼 같은 크기의 원이 2개 만들어 집니다.

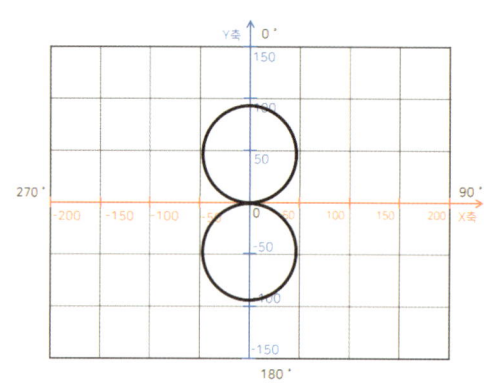

위의 예시를 참고하여, 아래의 블록을 실행하여 빈 공간에 도형을 그려 보세요.

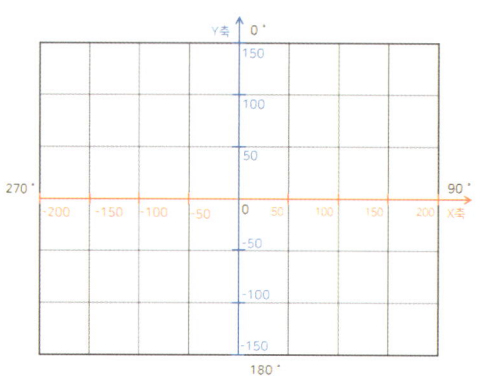

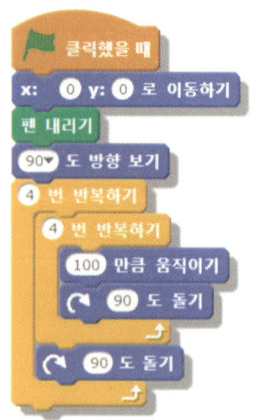
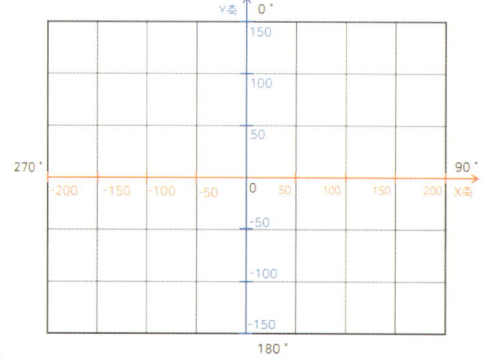

53 자동차 경주 순위 알아맞히기

유형	1인 퍼즐	컴퓨터과학	알고리즘 > 구조 > 반복
난이도	★	컴퓨팅 사고력	데이터분석, 패턴찾기, 시뮬레이션

오프로드 자동차 경주대회가 진행되고 있습니다.

마지막 언덕 하나를 남겨 놓고 파란색, 초록색, 빨간색 자동차가 순서대로 달리고 있습니다.

각각의 자동차는 특별한 능력치를 가지고 있습니다. 그 능력치는 아래와 같습니다.

❶ 초록색 자동차는 언덕을 올라가면서 차 한 대를 추월할 수 있습니다.

❷ 빨간색 자동차는 물웅덩이를 지나가면서 차 한 대를 추월할 수 있습니다.

❸ 파란 자동차는 언덕을 내려가면서 차 두 대를 추월할 수 있습니다.

세 자동차가 결승 라인에 도착했을 때 자동차의 순위는 어떻게 바뀔까요?

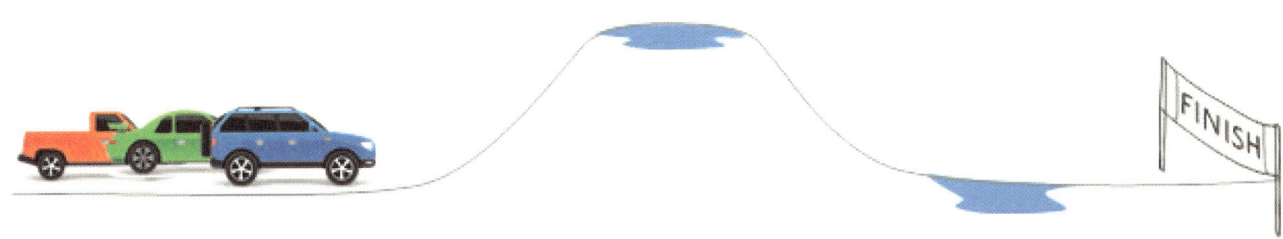

54 주사위로 음식 메뉴 정하기

유형	1인 퍼즐	컴퓨터과학	알고리즘 > 구조 > 조건
난이도	★★	컴퓨팅 사고력	분해하기, 데이터분석, 시뮬레이션

사람들은 때때로 무엇인가를 결정할 때 운에 맡기기도 합니다. 아래의 그림은 주사위를 던져서 숫자가 3보다 큰 4, 5, 6이 나오면 순대를 주문하고, 다른 수가 나오면 튀김을 주문하는 프로그램의 예시입니다.

위의 예시를 참고하여 아래의 문제를 풀어 보세요.

시온이는 친구들을 초대하여 생일파티를 하게 되었습니다. 어떤 음식을 먹을지 결정해야 하는데 자장면, 피자, 치킨으로 의견이 나뉘었습니다. 그래서 빨간색, 파란색, 노란색 주사위 3개를 동시에 던져 나오는 숫자를 이용해서 메뉴를 정하기로 했습니다. 그 규칙을 스크래치 블록으로 표현하면 아래의 그림과 같습니다.

위의 규칙대로 메뉴를 정한다고 했을 때, 아래의 6가지 주사위 조합 중에서 치킨을 주문하게 되는 경우는 무엇일까요?

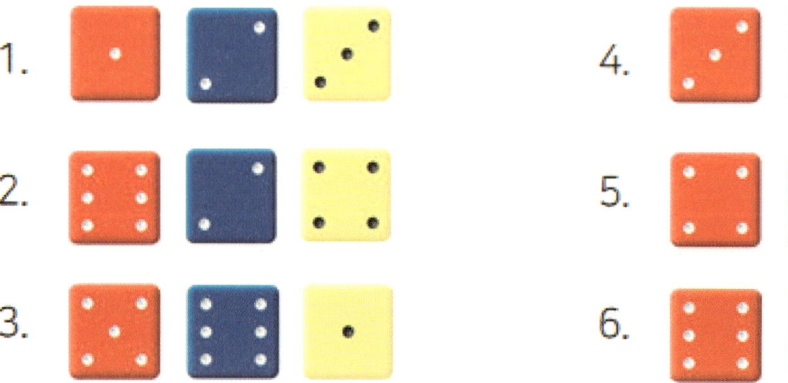

55 상자 속에 과일 알아맞히기

유형	1인 퍼즐	컴퓨터과학	알고리즘 > 구조 > 조건
난이도	★★	컴퓨팅 사고력	분해하기, 패턴찾기, 시뮬레이션

시온이는 과일을 키워서 인터넷으로 판매하고 있습니다. 오늘은 포도, 딸기, 사과를 한 상자씩 담아 택배로 발송해야 합니다. 그런데 시온이가 병원에 다녀오게 되어 그 일을 친구 지안이에게 대신 맡겼습니다.

병원에서 돌아온 시온이는 깜짝 놀랐습니다. 지안이가 과일을 모두 엉뚱한 상자에 넣었다는 것을 알게 되었습니다. 게다가 상자 두 개는 이미 택배로 보내버린 상태입니다.

시온이에게 남아 있는 상자는 사과상자에 포도가 넣어져 있습니다. 과연 시온이는 남아 있는 상자 하나의 과일을 보고, 이미 발송해버린 두 상자 속에 있는 과일이 무엇인지 모두 알아낼 수 있을까요?

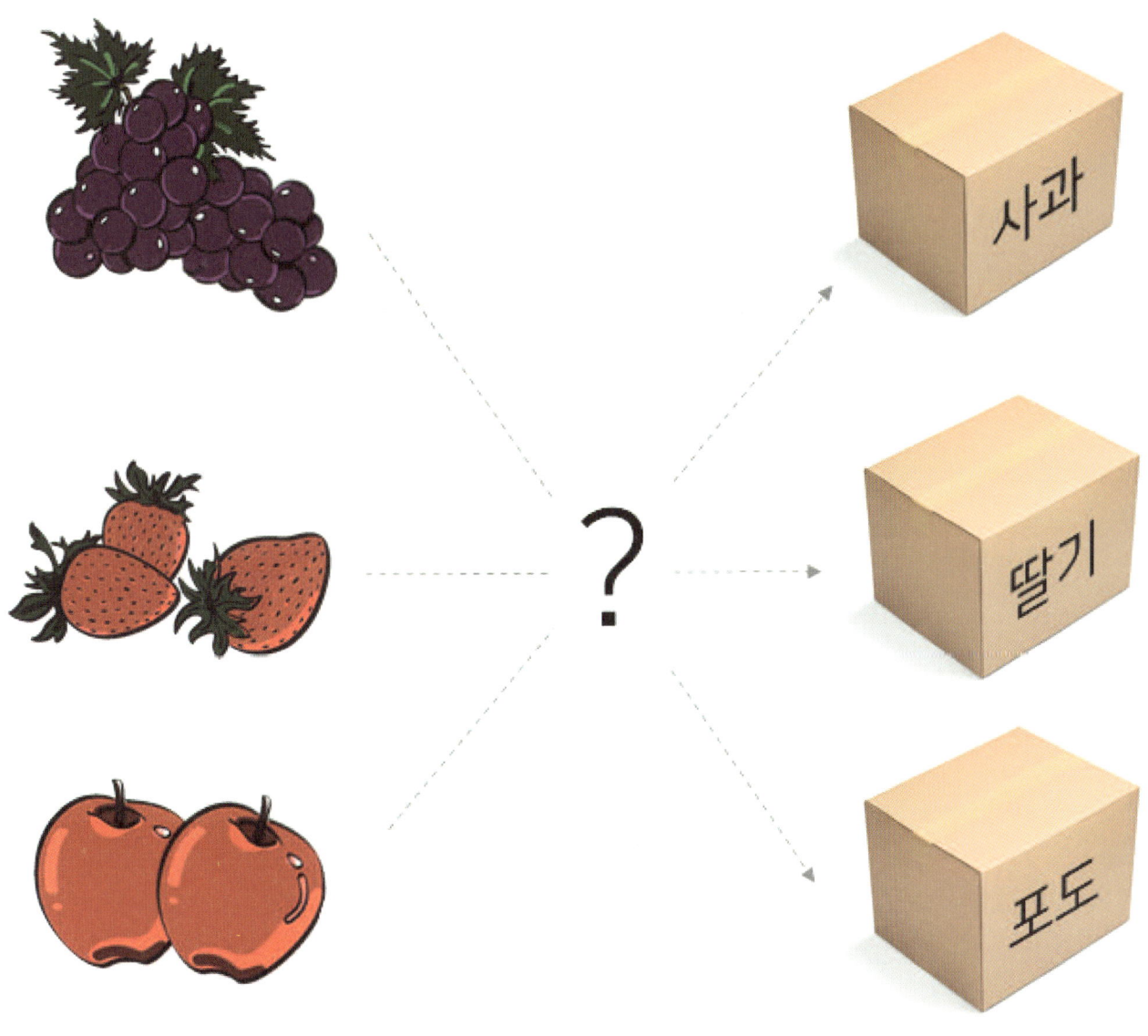

56 동물농장 울타리 만들기

유형	1인 퍼즐	컴퓨터과학	알고리즘 > 구조 > 조건
난이도	★★	컴퓨팅 사고력	데이터분석, 추상화, 알고리즘설계

태풍 때문에 동물농장에 있는 시설이 부서졌습니다. 농장 시설을 고치는 동안 동물들을 임시 울타리에 넣어 두려고 합니다. 농장에 있는 동물들은 각각 아래와 같은 특징이 있습니다.

❶ 당나귀는 오리와 함께 있는 걸 싫어한다.
❷ 닭은 황소나 당나귀를 보면 부리로 쫀다.
❸ 황소는 당나귀의 먹이를 뺏어 먹는다.
❹ 양은 황소와 함께 있어야 안심하고 잠을 잔다.
❺ 돼지는 양과 함께 있으면 밥을 먹지 않는다.
❻ 오리는 돼지와 함께 있는 걸 좋아한다.

위와 같은 동물들의 특성을 파악하여 모든 동물들이 사이좋게 지낼 수 있도록 하려면 몇 개의 울타리가 필요할까요? 최소한의 울타리 개수를 찾아내 보세요.

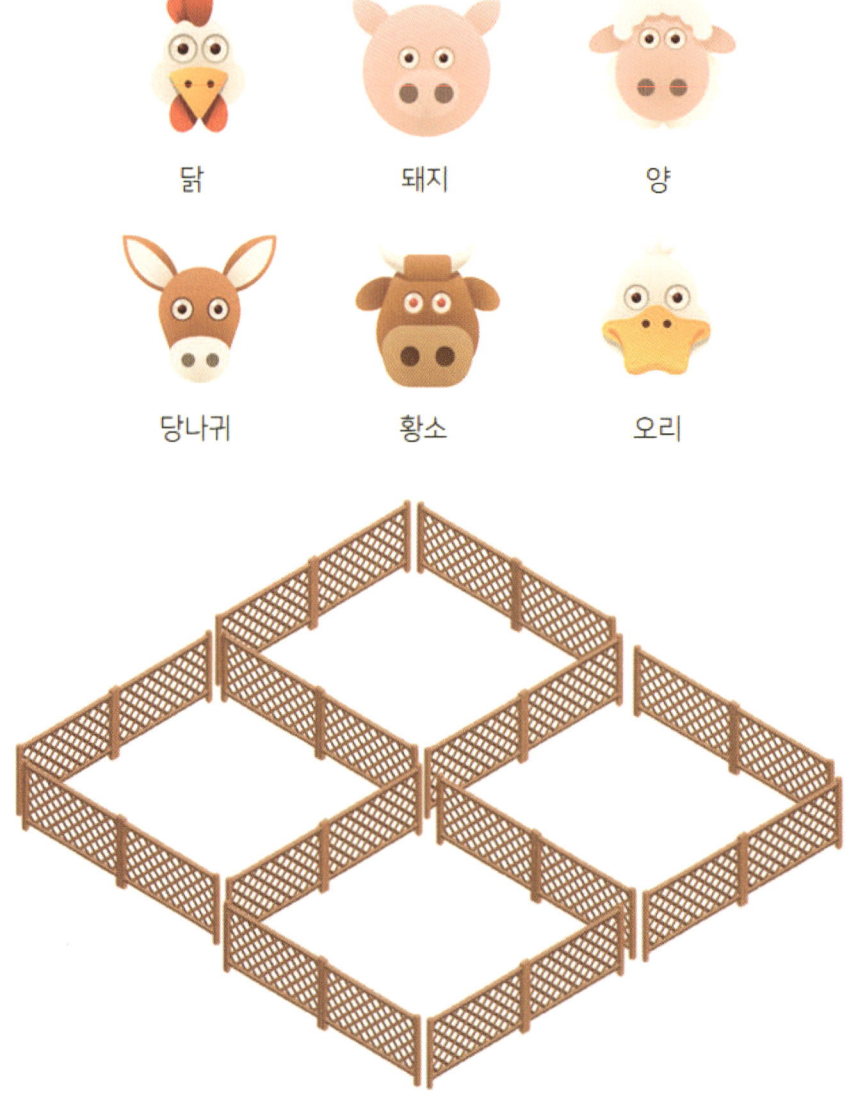

함수로 그림 그리기

유형	1인 퍼즐	컴퓨터과학	알고리즘 〉 구조 〉 조건
난이도	★★	컴퓨팅 사고력	분해하기, 알고리즘설계, 시뮬레이션

우리가 일을 할 때 중복되거나 반복되는 행동이 있으면 이런 것들을 모아 연속된 하나의 행동으로 만들 수 있습니다. 프로그램에서는 이것을 함수라고 부릅니다. 함수를 만들어 사용하면 프로그램을 더 간결하고 명확하게 만들 수 있습니다.

아래의 그림은 블록코딩에서 함수를 만들어 사용하는 예시입니다. 사각형을 그리는데 필요한 3개의 블록을 모아 '사각형 그리기'라는 블록을 만들고, 그 블록을 이용하여 사각형을 4개 그리는 프로그램입니다.

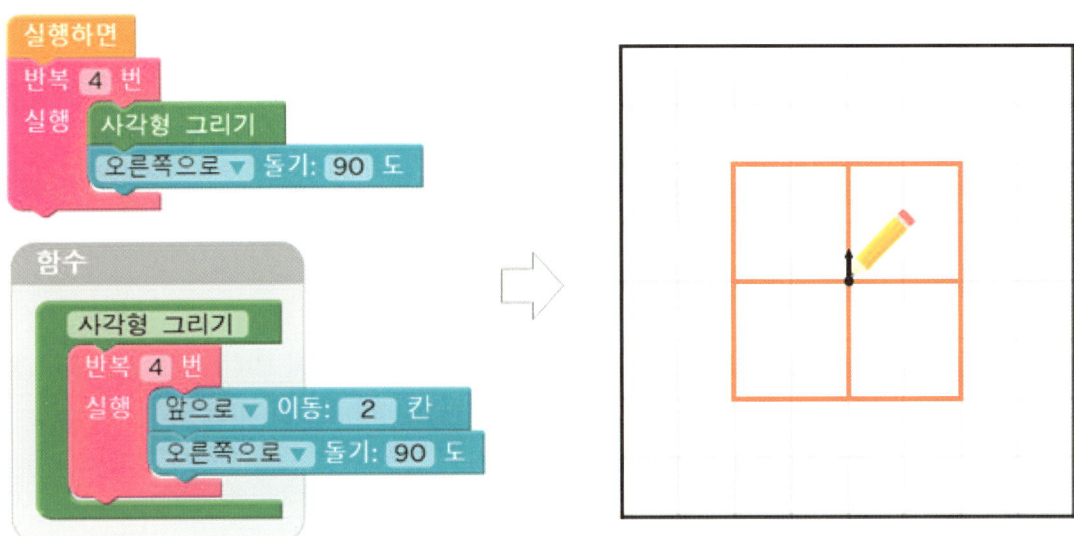

위의 예시를 참고하여 같은 방식으로 아래의 문제를 풀어 보세요.

아래의 그림은 '육각형 그리기' 함수를 이용하여 그림을 그리는 프로그램입니다. 프로그램을 실행하여 오른쪽 공간에 그림을 그려 보세요. 상자 안에 있는 삼각형은 내각이 60°인 정삼각형입니다.

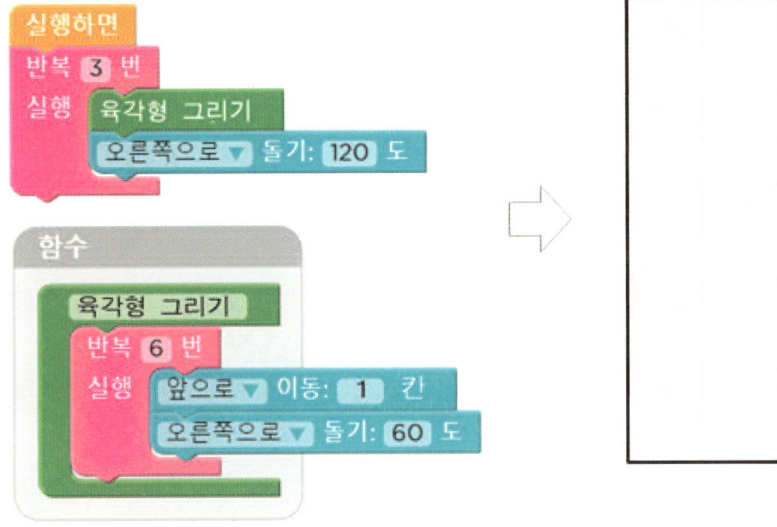

3장 알고리즘 **83**

58 붕붕 날아가는 꿀벌

유형	1인 퍼즐	컴퓨터과학	알고리즘 〉 구조 〉 조건
난이도	★★	컴퓨팅 사고력	분해하기, 알고리즘설계, 시뮬레이션

검은색 꽃을 정말 좋아하는 꿀벌이 있습니다. 이 꿀벌이 검은색 꽃의 꿀을 먹을 수 있도록 아래와 같은 프로그램을 만들었습니다. 프로그램을 실행하면 꿀벌이 점선을 따라 이동하면서 꿀을 따게 됩니다.
아래의 그림을 보면 중복되는 4개의 블록을 모아 '붕붕 날아가기'라는 사용자 정의 함수를 만들었습니다. 그리고 이 함수를 두 번 사용하여 프로그램을 간결하게 만들었습니다.

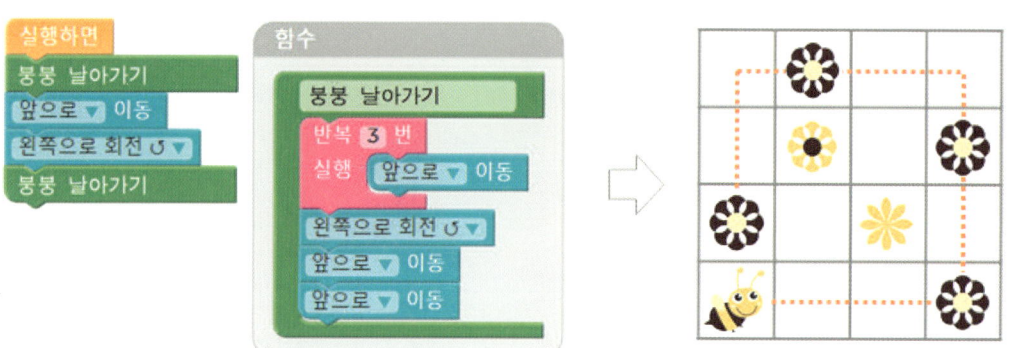

위의 예시를 참고하여 같은 방식으로 아래의 문제를 풀어 보세요.
꿀벌이 점선을 따라 이동하도록 하고 싶습니다. 아래의 그림에서 비어 있는 4개의 블록을 채워 넣어 프로그램을 완성해 보세요. 비어 있는 곳에 들어갈 블록은 아래의 두 가지 블록 중에 하나입니다.

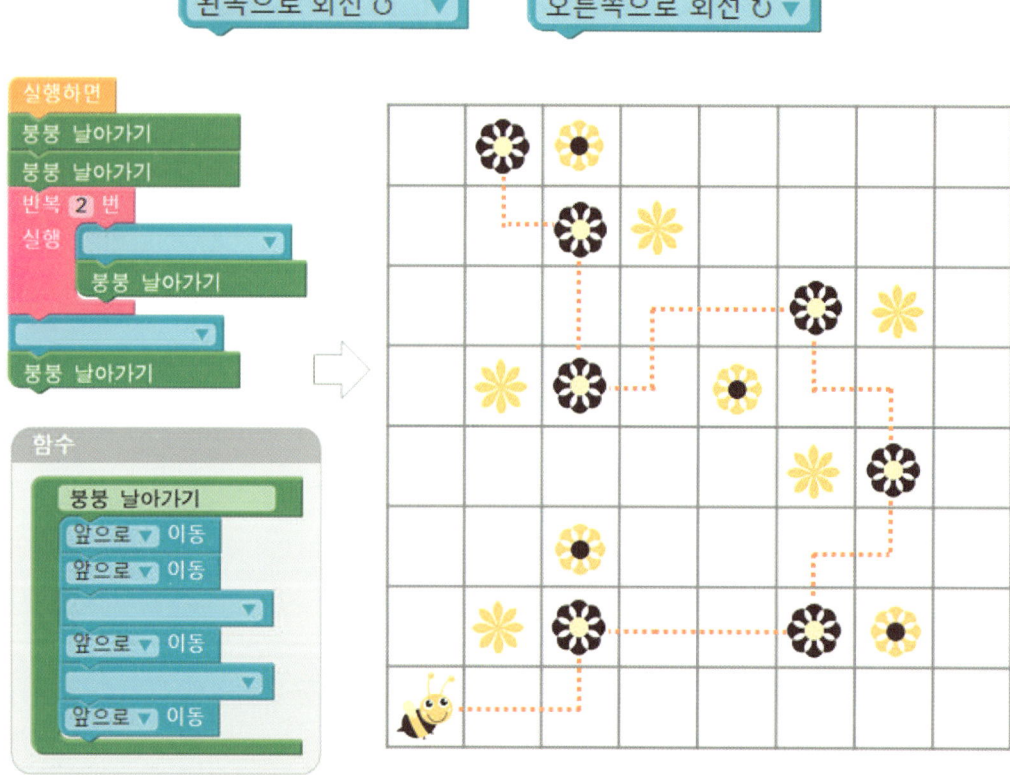

59 아기 펭귄 점프하기

유형	1인 퍼즐	컴퓨터과학	알고리즘 〉 구조 〉 재귀
난이도	★★	컴퓨팅 사고력	분해하기, 패턴찾기, 알고리즘설계

아기 펭귄이 얼음 징검다리를 건너 도착지까지 가고자 합니다. 아기 펭귄이 징검다리를 건너는 규칙은 다음과 같습니다.

❶ 앞으로(오른쪽으로)는 3칸씩 점프할 수 있습니다.
❷ 뒤로(왼쪽으로)는 2칸씩 점프할 수 있습니다.
❸ 한 번 밟은 얼음은 다시 밟을 수 없습니다.
❹ 모든 얼음을 한 번씩 밟고 도착지에 가야 합니다.

위의 규칙에 따라 아기 펭귄이 출발지에서 도착지까지 가려면 어떤 순서로 징검다리를 밟아야 할까요? 얼음 아래에 있는 알파벳을 이용해 나타내 보세요.

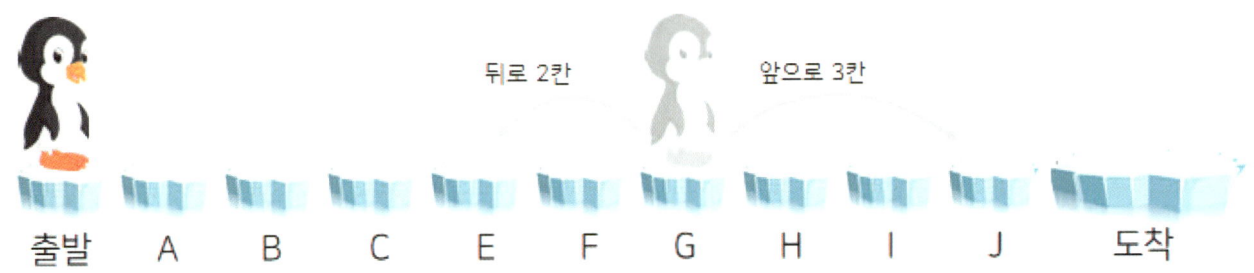

이번에는 또 다른 문제입니다.
아기 펭귄이 움직이는 규칙이 조금 바뀌었습니다.

❶ 앞으로(오른쪽으로)는 2칸씩 점프할 수 있습니다.
❷ 뒤로(왼쪽으로)는 3칸씩 점프할 수 있습니다.

위의 규칙에 따라 아기 펭귄이 출발지에서 도착지까지 가는 순서를 나타내 보세요.

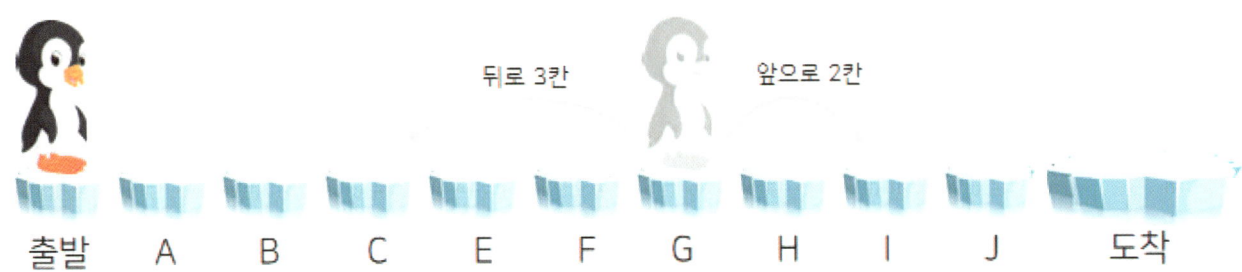

60. 개구리 시냇물 건너가기

유형	1인 퍼즐	컴퓨터과학	알고리즘 > 구조 > 재귀
난이도	★★	컴퓨팅 사고력	분해하기, 패턴찾기, 알고리즘설계

개구리가 연 잎을 이용해서 시냇물을 건너려고 합니다. 그런데 개구리가 움직일 때는 현재 앉아 있는 연잎에 적힌 숫자만큼만 왼쪽 또는 오른쪽으로 점프할 수 있습니다.

개구리는 제일 오른쪽 0이 적혀 있는 연앞까지 최단거리로 이동해야 합니다. 시작할 때 개구리가 앉아 있는 연잎에 숫자는 2입니다. 왼쪽으로는 갈 곳이 없기 때문에 오른쪽으로 2칸 이동합니다. 이동한 연잎에는 숫자 1이 적혀 있습니다. 개구리는 왼쪽 또는 오른쪽으로 1칸 이동할 수 있습니다. 아래의 표와 같이 개구리가 오른쪽으로 2칸, 왼쪽으로 1칸, 오른쪽으로 3칸을 이동하면 최단거리로 제일 오른쪽에 있는 연잎에 도착하게 됩니다.

시작	2	3	1	2	0
(오른쪽)	2	3	1	2	0
(왼쪽)	2	3	1	2	0
(오른쪽)	2	3	1	2	0

위의 예시를 참고하여 아래의 문제를 풀어 보세요. 아래의 그림과 같이 개구리가 최단거리로 제일 오른쪽에 있는 연잎에 가도록 하고 싶습니다. 개구리가 움직이는 순서를 아래의 표에 표시해 보세요.

시작	3	6	4	1	3	4	2	5	3	0
(오른쪽)	3	6	4	1	3	4	2	5	3	0
( )	3	6	4	1	3	4	2	5	3	0
( )	3	6	4	1	3	4	2	5	3	0
( )	3	6	4	1	3	4	2	5	3	0
( )	3	6	4	1	3	4	2	5	3	0
( )	3	6	4	1	3	4	2	5	3	0

61 모래시계 두 개로 시간 측정하기

유형	1인 퍼즐	컴퓨터과학	알고리즘 〉 표현 〉 자연어
난이도	★★	컴퓨팅 사고력	데이터분석, 알고리즘설계, 패턴일반화

시간이 서로 다른 두 개의 모래시계를 이용하면 다양한 시간을 측정할 수 있습니다. 아래의 그림은 11분짜리 모래시계와 7분짜리 모래시계를 이용하여 15분을 측정하는 예시입니다.

파란색(11분)   빨간색(7분)   15분

순서	행동	파란색 남은 시간	빨간색 남은 시간
1	시작하면 파란색과 빨간색 모래시계를 동시에 뒤집습니다.	11	7
2	7분 후 빨간색 모래가 다 떨어지면 시간 측정을 시작합니다.	④	0
3	4분 후 파란색 모래가 다 떨어지면 파란색 모래시계를 뒤집습니다.	⑪	0
4	11분 후 파란색 모래가 다 떨어지면 시간 측정을 종료합니다.	0	0

위의 표에서 오른쪽에는 각각의 행동을 마쳤을 때 파란색 모래시계와 빨간색 모래시계에 남아 있는 모래의 양이 표시되어 있습니다. 동그라미가 쳐진 4분과 11분을 합하여 15분을 측정하게 됩니다.

위의 예시를 참고하여 아래의 문제를 풀어 보세요.

아래의 표는 7분짜리 모래시계와 4분짜리 모래시계를 이용하여 9분을 측정하는 방법을 나타낸 것입니다. 아래의 표에는 모래시계의 남은 시간이 빈칸으로 되어 있습니다. 빈 칸에 들어갈 알맞은 수를 찾아 넣어 보세요.

파란색(7분)   빨간색(4분)   9분

순서	행동	파란색 남은 시간	빨간색 남은 시간
1	시작하면 파란색과 빨간색 모래시계를 동시에 뒤집습니다.	7	4
2	4분 후 빨간색 모래가 다 떨어지면 빨간색 모래시계를 뒤집습니다.	3	4
3	3분 후 파란색 모래가 다 떨어지면 파란색 모래시계를 뒤집습니다.	7	1
4	1분 후 빨간색 모래가 다 떨어지면 빨간색 모래시계를 뒤집습니다.	6	4
5	4분 후 빨간색 모래가 다 떨어지면 시간 측정을 시작합니다.	②	0
6	2분 후 파란색 모래가 다 떨어지면 파란색 모래시계를 뒤집습니다.	7	⓪
7	7분 후 파란색 모래가 다 떨어지면 시간 측정을 종료합니다.	0	0

62 다른 크기의 통으로 물 만들기

유형	1인 퍼즐	컴퓨터과학	알고리즘 > 표현 > 자연어
난이도	★★	컴퓨팅 사고력	데이터분석, 알고리즘설계, 패턴일반화

딱 맞는 크기의 통이 없더라도 서로 다른 크기의 통 두 개를 이용하면 원하는 양의 물을 만들 수 있습니다. 아래의 그림은 5리터 크기의 빨간 통과 4리터 크기의 파란 통을 이용하여 3리터의 물을 만드는 방법입니다.

빨간 통(5L)　　파란 통(4L)　　　　3L 물

1. 파란 통에 물 4L를 채웁니다.
2. 파란 통의 물을 빨간 통으로 옮기면 빨간 통은 4L가 되고, 파란 통은 비워집니다.
3. 파란 통에 물 4L를 채웁니다.
4. 파란 통의 물을 빨간 통으로 옮기면 빨간 통은 5L가 되고, 파란 통은 3L가 남습니다.

위의 예시를 참고하여 아래의 문제를 풀어 보세요.
9리터짜리 통과 4리터짜리 통을 이용하여 6리터의 물을 만드는 것이 문제입니다.

빨간 통(9L)　　파란 통(4L)　　　　6L 물

1. 빨간 통에 물 9L를 채웁니다.
2. _____
3. 파란 통에 물 4L를 버립니다.
4. _____
5. 파란 통에 물 4L를 버립니다.
6. _____
7. _____
8. 빨간 통의 물을 파란 통으로 옮기면 파란 통은 4L가 되고, 빨간 통은 6L가 남습니다.

위의 방법에는 몇 개의 행동이 비어 있습니다. 비어 있는 곳에 들어갈 알맞은 행동을 아래의 보기에서 골라 방법을 완성해 보세요.

> **보기**
>
> ① 빨간 통에 물 9L를 채웁니다.
> ② 빨간 통의 물을 파란 통으로 옮기면 파란 통은 4L가 되고, 빨간 통은 1L가 남습니다.
> ③ 빨간 통의 물을 파란 통으로 옮기면 파란 통은 4L가 되고, 빨간 통은 5L가 남습니다.
> ④ 빨간 통의 물을 파란 통으로 옮기면 파란 통은 1L가 되고, 빨간 통은 비워집니다.

63 원숭이 바나나 찾기

유형	1인 퍼즐	컴퓨터과학	알고리즘 〉 표현 〉 의사코드
난이도	★★	컴퓨팅 사고력	분해하기, 알고리즘설계, 시뮬레이션

컴퓨터 프로그램을 만들 때 사용하는 프로그래밍 언어는 문법적으로 매우 복잡하고 어렵습니다. 의사코드(Pseudo Code)는 프로그래밍 언어와 자연어의 중간 형태로 알고리즘을 표현하는 코드입니다.

아래의 그림은 의사코드를 이용해서 원숭이가 바나나를 찾을 수 있도록 한 것입니다. 의사 코드에 따라 원숭이는 앞으로 한 칸씩 전진하다가 바나나가 나타나면 우회전하고 다시 전진하게 됩니다. 바나나 3개를 찾게 되면 프로그램이 종료됩니다.

순서	명령어
1	[바나나] 변수를 만들고 0으로 정하기
2	<[바나나] = 3>이 될 때까지 3번부터 4번까지 명령어를 반복하기
3	만약 현재 자리에 바나나가 있다면 - [바나나] 변수에 1 더하기 - 우회전하고 한 칸 앞으로 이동하기
4	한 칸 앞으로 이동하기

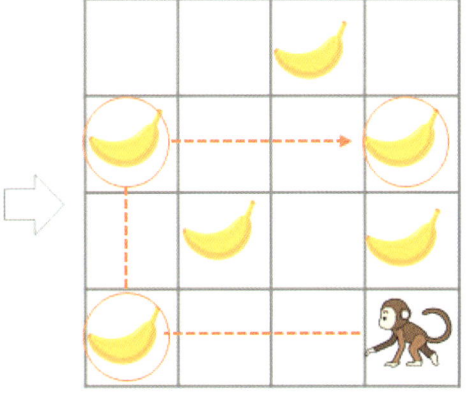

위의 예시를 참고하여 아래의 문제를 풀어 보세요.

아래 그림의 의사 코드대로 원숭이를 움직여 보세요. 프로그램이 종료될 때 원숭이가 말하는 바나나의 개수는 몇 개일까요?

순서	명령어
1	[사과] 변수를 만들고 0으로 정하기
2	[바나나] 변수를 만들고 0으로 정하기
3	<[사과] = 7>이 될 때까지 4번부터 6번까지 명령어를 반복하기
4	만약 현재 자리에 사과가 있다면 - [사과] 변수에 1 더하기 - 우회전하고 한 칸 앞으로 이동하기
5	만약 현재 자리에 바나나가 있다면 - [바나나] 변수에 1 더하기 - 좌회전하고 한 칸 앞으로 이동하기
6	한 칸 앞으로 이동하기
7	"[바나나]" 말하기

64. 의사코드로 스무고개 게임 만들기

유형	1인 퍼즐	컴퓨터과학	알고리즘 > 표현 > 의사코드
난이도	★★★	컴퓨팅 사고력	분해하기, 추상화, 알고리즘설계

아래의 그림은 의사코드를 이용하여 엔트리 프로그램을 만든 예시입니다. 사용자로부터 수를 입력받아 그 수가 짝수인지 홀수인지 판단하여 말해주는 프로그램입니다.

순서	명령어
1	"수를 입력하세요." 라고 말하기
2	[대답] 변수를 만들고 입력받은 수로 정하기
3	만약 <[대답] / 2의 나머지 = 0>이라면 "짝수입니다" 라고 말하기
4	아니면 "홀수입니다" 라고 말하기

위 예시를 참고하여 또 다른 프로그램을 만들고자 합니다.

이번에 만드는 프로그램은 스무고개 게임으로 방법은 아래와 같습니다.

❶ 컴퓨터가 1~100 사이의 수를 하나 정합니다.
❷ 사용자는 1~100 사이의 수를 하나 입력합니다.
❸ 만약 사용자가 입력한 수가 정답보다 크다면 "더 작은 수입니다."라고 표시됩니다.
❹ 만약 사용자가 입력한 수가 정답보다 작다면 "더 큰 수입니다."라고 표시됩니다.
❺ 사용자가 정답을 맞힐 때까지 게임이 진행됩니다.

아래의 그림은 위의 게임을 의사코드로 표현한 것입니다. 의사코드의 많은 부분이 비어 있습니다. 아래의 보기 명령어를 이용하여 의사코드를 완성해 보세요.

순서	명령어
1	[정답] 변수를 만들고 1~100 사이의 난수로 정하기
2	(　　)번부터 (　　)번까지 명령어를 반복하기
3	
4	
5	
6	
7	

번호	명령어 보기
ⓐ	만약 <[대답] = [정답]>이라면 "정답입니다!" 라고 말하고 반복 종료하기
ⓑ	아니면 "더 큰 수 입니다" 라고 말하기
ⓒ	아니면 만약 <[대답] > [정답]>이라면 "더 작은 수 입니다" 라고 말하기
ⓓ	[대답] 변수를 만들고 입력받은 수로 정하기
ⓔ	"1~100 사이의 수를 맞춰보세요" 라고 말하기

65 주차장 차단기 만들기

유형	1인 퍼즐	컴퓨터과학	알고리즘 > 표현 > 순서도
난이도	★★	컴퓨팅 사고력	분해하기, 패턴찾기, 알고리즘설계

순서도는 도형과 화살표를 이용해서 알고리즘을 표현하는 방법 중의 하나입니다. 순서도를 이용하면 화살표를 따라 가는 방식으로 프로그램의 흐름을 알 수 있습니다.

아래의 그림은 보일러가 작동하는 원리를 순서도로 나타낸 것입니다. 실내 온도를 측정하여 만약 21도가 넘으면 보일러를 끄고, 16도보다 낮으면 보일러를 켜게 됩니다.

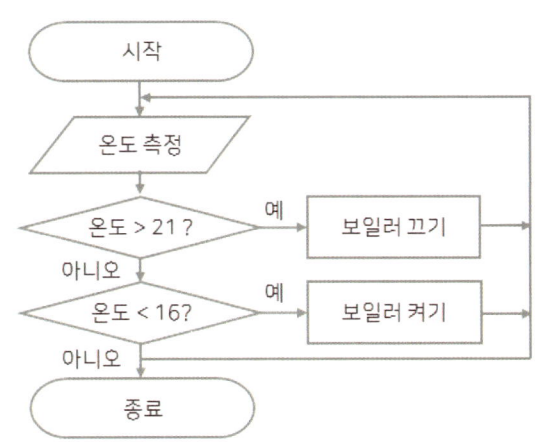

위의 예시를 참고하여 아래의 문제를 풀어 보세요.

자동차 10대를 주차할 수 있는 주차장의 자동문 관리 프로그램을 만들고자 합니다. 이 주차장의 자동문은 아래와 같은 규칙에 따라 작동합니다.

❶ 주차장 문을 열면 주차 대수는 0으로 초기화됩니다.
❷ 주차장 입구 문과 출구 문은 기본적으로 닫혀 있습니다.
❸ 만약 입구에 차가 오면 현재의 주차대수를 확인하고 문을 열어줍니다.
❹ 만약 출구에 차가 오면 문을 열어줍니다.
❺ 주차장에는 10대 이하의 차만 주차할 수 있습니다.

아래의 그림은 위의 규칙대로 작동하는 자동문 프로그램의 순서도입니다. 왼쪽에 있는 보기 도형(ⓐ~ⓙ)들을 오른쪽에 있는 순서도 블록(1~10)에 하나씩 집어넣어 순서도를 완성해 보세요.

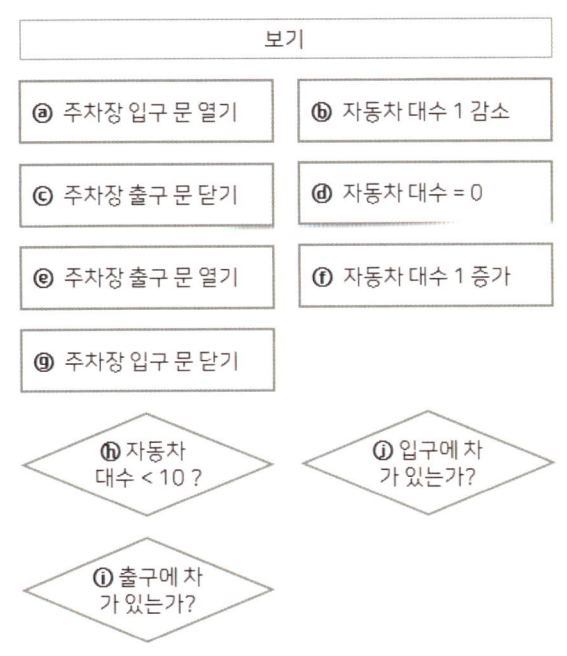
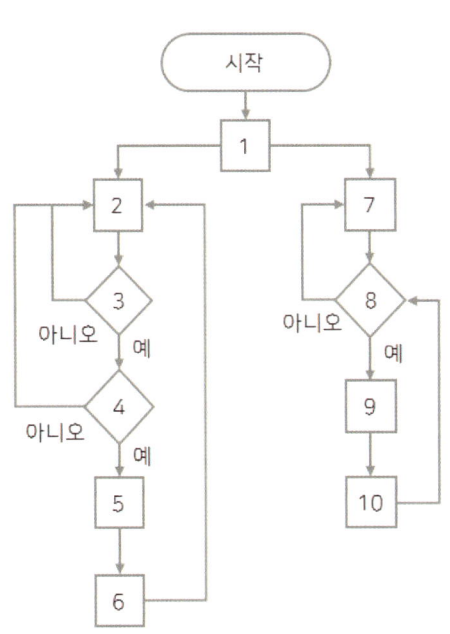

66 계산으로 숫자 맞추기

유형	1인 퍼즐	컴퓨터과학	알고리즘 > 표현 > 순서도
난이도	★★★	컴퓨팅 사고력	분해하기, 알고리즘설계, 데이터표현

간단한 수학 원리를 이용하면 상대방이 생각하는 숫자를 계산을 통해 알아낼 수 있습니다. 아래의 그림은 상대방의 생일을 계산을 통해 알아내는 프로그램의 순서도입니다. 왼쪽에 있는 순서도를 다시 자연어로 표현하면 오른쪽과 같이 됩니다. 이 프로그램을 이용하여 여러분의 생일을 계산해 보세요.

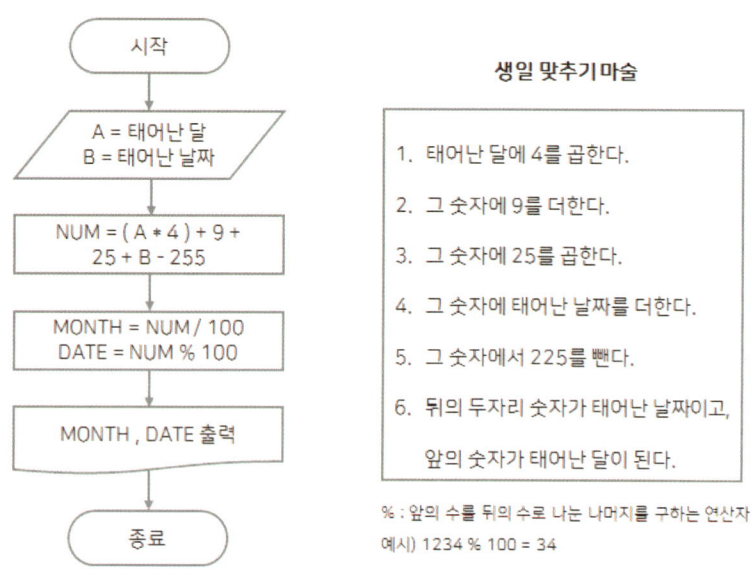

위의 예시를 참고하여 아래의 문제를 풀어 보세요.

아래의 그림은 상대방이 좋아하는 숫자를 계산으로 알아맞히는 프로그램의 순서도입니다. 왼쪽에 있는 순서도를 보고 오른쪽 빈 공간에 자연어로 해석하여 적어 보세요. 그리고 친구들과 함께 숫자 맞추기 놀이를 해보세요.

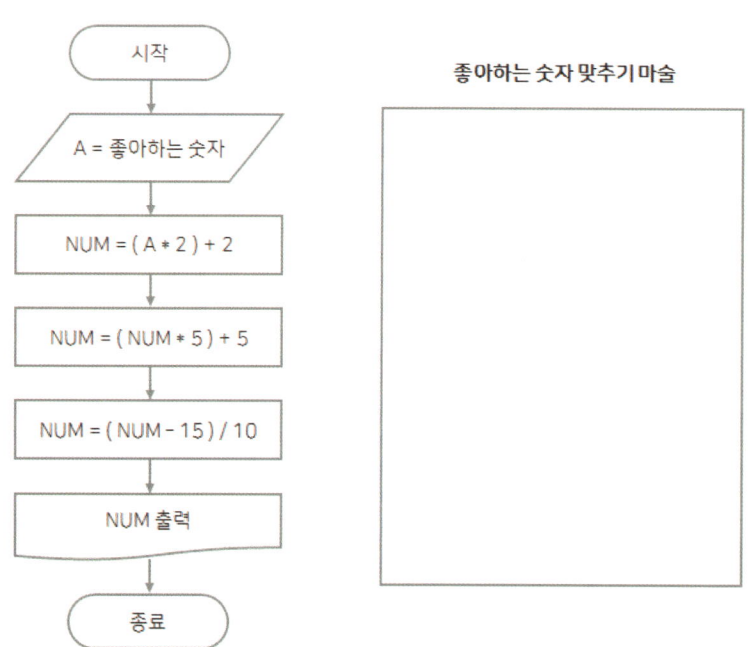

67 아이스크림 자판기

유형	1인 퍼즐	컴퓨터과학	알고리즘 > 패턴
난이도	★	컴퓨팅 사고력	분해하기, 패턴찾기, 패턴일반화

시온이가 자주 가는 아이스크림 가게에는 자판기로 판매하는 3단 아이스크림이 있습니다. 이 아이스크림은 자판기가 4가지의 맛을 자동으로 조합하여 만들어 냅니다. 자판기가 3단 아이스크림을 만드는 데는 일정한 규칙이 있다고 합니다.

초코   딸기   치즈   민트

아래의 그림은 자판기가 자동으로 만든 3개의 아이스크림입니다. 이다음에 만들어질 3단 아이스크림은 어떤 순서로 맛이 조합되어 만들어 질까요?

이번에는 다른 자판기에 관한 문제입니다. 이 자판기는 자기만의 아이스크림 조합 규칙이 있습니다. 아래의 그림은 이 자판기가 자동으로 만든 3개의 아이스크림입니다. 그런데 시온이는 이 자판기에서 만들어지는 모든 조합의 아이스크림을 먹고 싶습니다. 이 자판기에서 만들어지는 모든 조합의 아이스크림을 먹으려면 최소 몇 개의 아이스크림을 사야할까요?

68 사진 보정 순서 찾기

유형	1인 퍼즐	컴퓨터과학	알고리즘 > 패턴
난이도	★	컴퓨팅 사고력	분해하기, 추상화, 패턴찾기

서윤이가 사진관에서 증명사진을 찍었습니다. 그런데 자신의 사진이 마음에 들지 않아 서윤이는 사진사 아저씨에게 사진을 약간 보정해 달라고 요청했습니다. 친절한 사진사 아저씨는 서윤이의 사진을 6단계로 보정해 주었습니다. 한 단계가 바뀔 때마다 얼굴에서 한 부위만 수정했습니다.

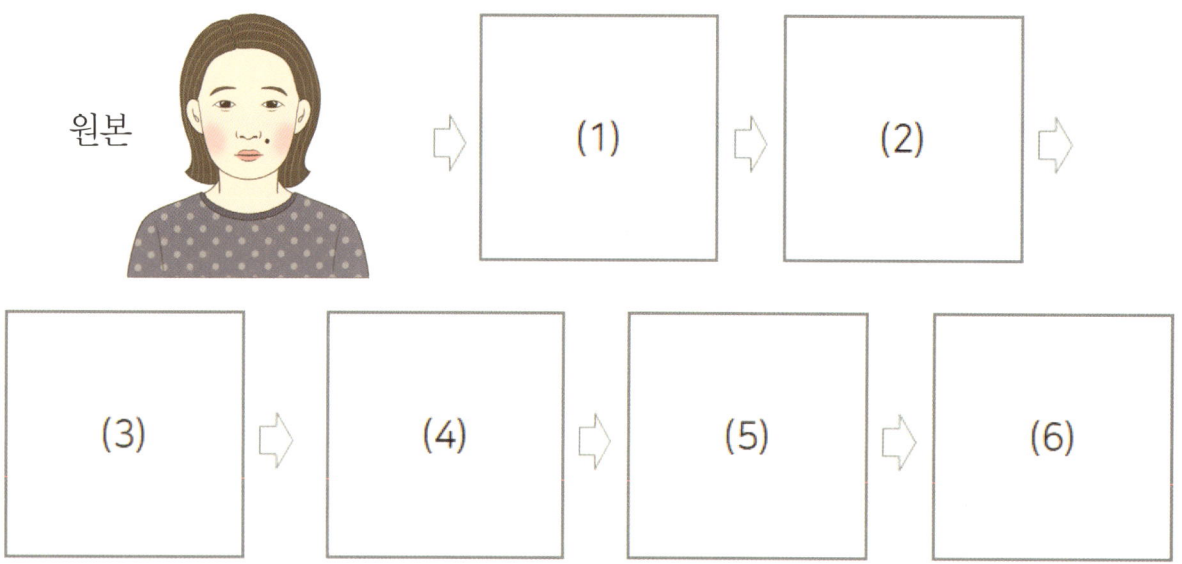

아래는 수정된 6장의 증명사진입니다. 아래의 그림을 보고 사진사 아저씨가 수정한 순서대로 나열해 보세요. 4번째 사진은 무엇인가요?

69 로봇 프로그램으로 선 그리기

유형	1인 퍼즐	컴퓨터과학	알고리즘 > 패턴
난이도	★★	컴퓨팅 사고력	분해하기, 패턴찾기, 알고리즘설계

시온이는 자동으로 선을 그리는 로봇을 만들었습니다. 로봇에게 엔트리 프로그램을 이용하여 오른쪽 그림과 같이 명령을 내려주었더니 아래 그림처럼 선을 그리게 되었습니다.
시온이는 반복하기 블록을 이용하여 블록의 개수를 최대한 줄여 프로그램을 만들었습니다.

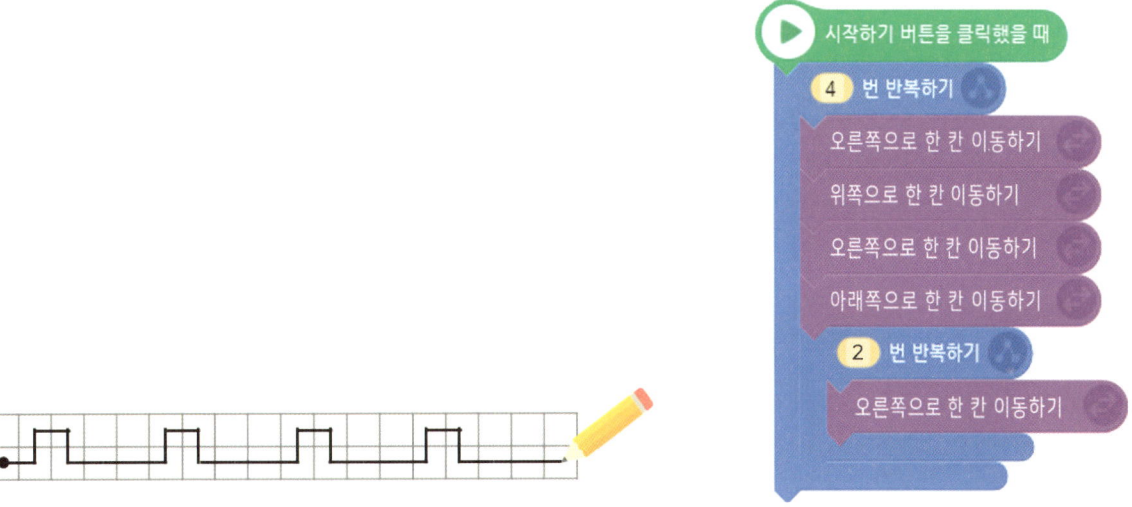

시온이는 이번에는 로봇이 아래의 그림과 같이 선을 그리게 하고 싶습니다. 그리고 반복하기 블록을 최대한 사용하여 블록의 개수를 줄이고자 합니다.

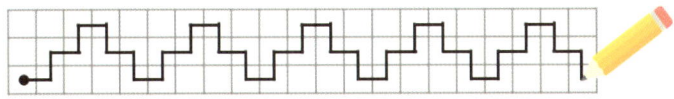

로봇이 위와 같은 선을 그리게 하려면 프로그램을 어떻게 만들어야 할까요? 왼쪽의 보기 블록을 사용하여 오른쪽의 엔트리 프로그램을 완성해 보세요.

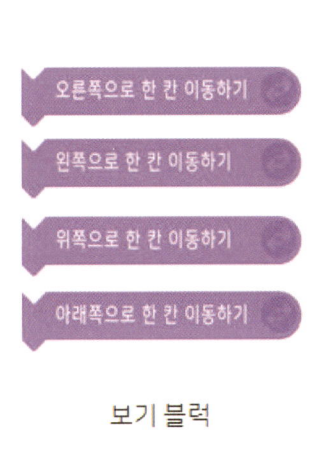

보기 블럭

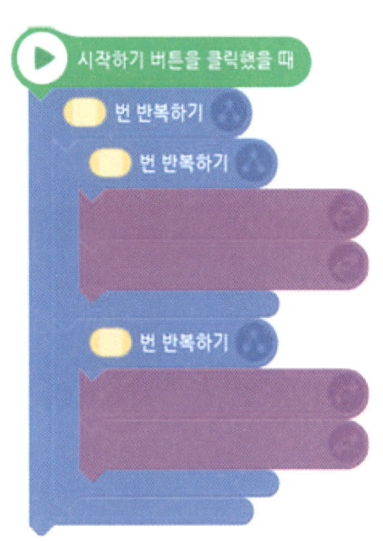

3장 알고리즘 **95**

70 동물카드로 생각한 숫자 맞추기

유형	1인 퍼즐	컴퓨터과학	알고리즘 > 패턴
난이도	★★	컴퓨팅 사고력	데이터분석, 패턴찾기, 시뮬레이션

아래의 그림은 상대방이 생각한 숫자를 맞출 수 있는 동물카드입니다. 방법은 다음과 같습니다.

❶ 상대방에게 1부터 63까지 숫자 가운데 하나를 고르도록 합니다.
❷ 그 숫자가 적혀져 있는 동물 카드를 모두 찾아 말해 달라고 합니다.
❸ 해당 동물 카드의 첫 번째 숫자를 모두 합치면 상대방이 생각한 수가 됩니다.

예를 들어, 생각한 숫자가 35라면 해당 숫자가 들어있는 동물카드는 닭, 쥐, 양 카드입니다. 이 세 카드의 첫 번째 숫자는 닭(1), 쥐(2), 양(32)이므로 모두 더하면 35가 됩니다.
과연 이 카드에는 어떤 트릭이 숨겨져 있는 것일까요?

닭 카드:
1 3 5 7 9 11 13 15
17 19 21 23 25 27 29 31
33 35 37 39 41 43 45 47
49 51 53 55 57 59 61 63

쥐 카드:
2 3 6 7 10 11 14 15
18 19 22 23 26 27 30 31
34 35 38 39 42 43 46 47
50 51 54 55 58 59 62 63

사자 카드:
4 5 6 7 12 13 14 15
20 21 22 23 28 29 30 31
36 37 38 39 44 45 46 47
52 53 54 55 60 61 62 63

토끼 카드:
8 9 10 11 12 13 14 15
24 25 26 27 28 29 30 31
40 41 42 43 44 45 46 47
56 57 58 59 60 61 62 63

개 카드:
16 17 18 19 20 21 22 23
24 25 26 27 28 29 30 31
48 49 50 51 52 53 54 55
56 57 58 59 60 61 62 63

양 카드:
32 33 34 35 36 37 38 39
40 41 42 43 44 45 46 47
48 49 50 51 52 53 54 55
56 57 58 59 60 61 62 63

71 밑줄로 단어 맞추기 게임

유형	3인 모둠 게임	컴퓨터과학	알고리즘 > 패턴
난이도	★	컴퓨팅 사고력	데이터수집, 추상화, 시뮬레이션

세 명 이상이 함께 하는 게임입니다. 다음과 같은 방법으로 진행하세요.

❶ 먼저 출제자 한 명을 뽑아 칠판 앞으로 나옵니다.
❷ 출제자는 하나의 단어를 마음속으로 정합니다. 그리고 칠판에 단어의 글자 수만큼 밑줄을 긋습니다.
❸ 나머지 아이들은 글자 수와 글자 힌트를 이용해서 단어를 맞추면 됩니다.
❹ 처음에는 2~3글자를 힌트로 해당 밑줄 위에 적습니다. 그리고 아이들이 맞추지 못하면 글자를 하나씩 추가로 공개합니다.
❺ 최종적으로 단어를 완전히 맞춘 아이가 우승합니다. 우승자는 다음번 문제의 출제자가 됩니다.
❻ 아이들의 수준에 따라 단어(예. 클레오파트라), 구문(예. 도망가는 고양이), 문장(예. 친구와 함께 라면을 먹었다.)으로 문제의 난이도를 조정할 수 있습니다.

만약 출제자가 단어를 정하는데 어려움이 있다면 아래의 사진들을 이용할 수 있습니다.

72 CCTV 범행 사진 찾기

유형	1인 퍼즐	컴퓨터과학	알고리즘 > 대표적 알고리즘 > 검색
난이도	★★	컴퓨팅 사고력	분해하기, 패턴찾기, 알고리즘설계

한 보석상에 도둑이 침입하여 금고 안에 있는 보석을 모두 가져갔습니다. 그리고 금고 옆에 있는 CCTV도 망가뜨려 버렸습니다. 나중에 경찰이 CCTV를 조사해보니 다행히 5분마다 사진을 찍어 저장하는 기능은 정상 작동하고 있었습니다. 다만 사진 파일이 깨져서 사진을 복구하는데 개당 10만원의 비용이 발생합니다.

범행시간은 1월 1일 자정부터 이틀 뒤인 1월 3일 자정까지 48시간 사이로 추정됩니다. 이 시간동안 찍힌 사진은 총 576장입니다. 경찰은 복구비용을 최소한으로 하여 범행이 이루어진 사진을 찾고자 합니다.

❶ 경찰이 가장 먼저 복구해야 할 사진은 몇 시에 찍힌 사진일까요?

❷ 범행 사진이 딱 한 장이라면 그 사진을 무조건 찾아내는 최소한의 복구비용은 얼마일까요?

576개 파일

깨진파일_ 1월1일_00시00분.jpg
깨진파일_ 1월1일_00시05분.jpg
깨진파일_ 1월1일_00시10분.jpg
깨진파일_ 1월1일_00시15분.jpg
깨진파일_ 1월1일_00시20분.jpg
깨진파일_ 1월1일_00시25분.jpg
⋮
깨진파일_ 1월2일_23시45분.jpg
깨진파일_ 1월2일_23시50분.jpg
깨진파일_ 1월2일_23시55분.jpg

73 스무고개 점수 따기 게임

유형	2인 게임	컴퓨터과학	알고리즘 > 대표적 알고리즘 > 검색
난이도	★	컴퓨팅 사고력	데이터수집, 알고리즘설계, 시뮬레이션

두 명이서 함께 하는 게임입니다. 아래와 같은 방법으로 진행하세요.

❶ 서로 한 번씩 질문을 해서 상대방의 숫자를 맞추고 점수를 따는 게임입니다.

❷ 각자 1부터 100사이의 수를 하나 골라 자신의 공책에 적어 놓습니다. 이 수가 정답이 됩니다.

❸ 가위바위보를 해서 이긴 사람부터 상대방에게 숫자를 물어봅니다.

❹ 상대방은 그 수보다 정답이 더 큰지 작은지 대답해 줍니다. 예를 들어, "27 이야?"라고 물어봤는데, 정답이 20이었다면 "더 작은 수야"라고 대답해 줍니다.

❺ 정답을 맞히지 못했다면 다음 사람이 질문합니다.

❻ 한 명이 정답을 맞힐 때 까지 서로 번갈아 가며 질문을 합니다.

❼ 만약 누군가가 정답을 맞혔다면 서로의 정답을 공개합니다. 그리고 두 정답을 합한 수만큼 이긴 사람이 점수로 가져갑니다.

❽ 같은 게임을 5번 진행해서 최종적으로 더 많은 점수를 가진 사람이 이기게 됩니다.

74 숨겨진 사탕 찾기 게임

유형	8인 모둠 게임	컴퓨터과학	알고리즘 > 대표적 알고리즘 > 검색
난이도	★	컴퓨팅 사고력	데이터수집, 알고리즘설계, 시뮬레이션

8명 이상이 함께 하는 모둠 활동입니다. 아래와 같은 방법으로 진행하세요.

❶ 사탕 한 개를 학생들에게 줍니다.
❷ 선생님이 뒤돌아보고 있는 동안 학생들은 사탕을 한 명의 주머니에 넣습니다.
❸ 선생님은 학생들에게 질문을 해서 사탕을 가지고 있는 한 명을 찾아 냅니다.
❹ 선생님은 예/아니오로 대답할 수 있는 질문만 할 수 있습니다.

아래의 그림과 같이 16명 중에 한명을 찾는 데는 질문 4번이면 충분합니다. 만약 전교생 1,000명 중에 한 명을 찾는다면 질문을 몇 번 해야 할까요?

75 가장 무거운 수박 찾기

유형	1인 퍼즐	컴퓨터과학	알고리즘 〉 대표적 알고리즘 〉 정렬
난이도	★★	컴퓨팅 사고력	분해하기, 패턴찾기, 패턴일반화

언플러그드 컴퓨팅 대회에서 입상한 8개의 팀에게 각각 무게가 다른 수박 8개가 부상으로 주어졌습니다. 1등 팀부터 수박을 먼저 고를 수 있는 선택권이 주어집니다. 수박의 무게는 그냥 들어봐서는 알 수 없고 수박 두 개의 무게를 비교할 수 있는 양팔저울 한 개를 사용할 수 있습니다.

모든 팀은 현재 남아 있는 수박 중에서 가장 무거운 수박을 가져가고 싶어 합니다. 그리고 수박의 무게를 비교한 결과는 다른 팀과 공유하지 않습니다.

1등부터 8등까지 모든 팀이 수박을 가져갔을 때, 양팔 저울은 모두 몇 번 사용될까요?

76 상대방 암호 찾기 게임

유형	2인 게임	컴퓨터과학	알고리즘 > 대표적 알고리즘 > 정렬
난이도	★★	컴퓨팅 사고력	데이터수집, 패턴찾기, 시뮬레이션

두 명이서 함께 하는 게임입니다. 아래와 같은 방법으로 진행하세요.

❶ 한 명은 abcd1234의 8글자를 조합하여 자신만의 암호를 만듭니다.
❷ 또 다른 한 명은 wxyz7890의 8글자를 조합하여 자신만의 암호를 만듭니다.
❸ 질문을 통해 상대방의 암호를 먼저 맞추는 사람이 이기는 게임입니다. 질문을 하는 규칙은 다음과 같습니다.
❹ 가위바위보를 해서 이긴 사람부터 질문을 시작합니다.
❺ 질문은 예 또는 아니오로 대답할 수 있는 것만 됩니다. 예를 들면 "a가 b보다 앞에 있나요?", "암호가 abcd1234인가요?" 식으로 질문할 수 있습니다.
❻ 상대방은 질문에 대답을 해야 합니다. 만약 질문의 답이 "예."라면 질문자가 한 번 더 질문할 수 있습니다. 질문의 답이 "아니오."가 될 때까지 계속해서 질문할 수 있습니다.
❼ 만약 질문의 답이 "아니오."라면 다음 사람이 질문을 시작합니다.
❽ 질문을 반복하여 상대방의 암호를 먼저 알아낸 사람이 승리합니다.

abcd1234   wxyz7890

77 신용카드 위변조 확인하기

유형	1인 퍼즐	컴퓨터과학	알고리즘 > 대표적 알고리즘 > 오류검출
난이도	★★	컴퓨팅 사고력	분해하기, 데이터분석, 시뮬레이션

우리가 마트에서 구입하는 식품이나 상품에는 모두 13자리의 고유한 바코드가 붙어 있습니다. 이 바코드의 마지막 자리는 오류검출 코드로 번호의 위변조를 막는 역할을 합니다. 바코드의 오류검출 코드를 만드는 방법은 아래와 같습니다.

> 1. 마지막 자리를 제외한 12자리 숫자 가운데 홀수 번째 숫자를 모두 더합니다.
> 2. 마지막 자리를 제외한 12자리 숫자 가운데 짝수 번째 숫자를 모두 더한 수에 3을 곱해 줍니다.
> 3. 두 수를 더해 줍니다.
> 4. 마지막 자리 수를 10에서 빼주면 검증코드가 됩니다.

오른쪽 그림은 책에 부착된 바코드의 예시입니다. 위의 방법을 이용해서 검증코드를 만드는 방법은 다음과 같습니다.

❶ 9 + 8 + 9 + 0 + 0 + 7 = 33
❷ (7 + 8 + 7 + 5 + 8 + 4) × 3 = 117
❸ 33 + 117 = 150
❹ 10 − 0 = 10 (0)

신용카드 또는 체크카드도 마지막 자리 수가 오류검출 코드입니다. 신용카드의 오류검출 코드를 만드는 방법은 아래와 같습니다.

> 1. 마지막 자리를 제외한 15자리 숫자 가운데 짝수 번째 숫자를 모두 더합니다.
> 2. 마지막 자리를 제외한 15자리 숫자 가운데 홀수 번째 숫자에 각각 2를 곱해 줍니다.
> 3. 만약 2를 곱한 수가 10이상이면 십의 자리수와 일의 자리 수를 서로 분리합니다.(예를 들어 8에 2를 곱해서 16이 됐다면 1과 6으로 분리합니다.)
> 4. 1번 계산에서 나온 수에 3번 계산에서 나온 수를 모두 더해 줍니다.
> 5. 마지막 자리 수를 10에서 빼주면 검증코드가 됩니다.

오른쪽 그림은 신용카드의 예시입니다. 위의 방법을 이용해서 오른쪽의 신용 카드가 위변조된 것인지 확인해 보세요.

78 송전탑 연결하기

유형	1인 퍼즐	컴퓨터과학	알고리즘 > 대표적 알고리즘 > 신장트리
난이도	★★	컴퓨팅 사고력	데이터분석, 패턴찾기, 알고리즘설계

여름이면 정전이 자주 발생했던 시온이네 도시 주변에 새로운 발전소가 지어졌습니다. 새로운 발전소는 발전소가 지어진 곳을 포함하여 5개의 도시에 전기를 공급하게 됩니다. 전기를 효율적으로 공급하기 위해서 고압송전탑을 세우게 되었는데 송전탑을 어떻게 연결할 것인지 고민이 생겼습니다.

발전소에서는 꼭 필요한 만큼만 송전탑을 연결하여 건설비용을 최소한으로 하고 싶습니다. 아래의 그림에서 송전탑 사이에 있는 숫자는 각각의 송전탑을 연결하는데 드는 비용입니다. 예를 들어 35가 적힌 곳은 두 송전탑을 연결하는데 35억 원이 필요하다는 뜻입니다.

가장 적은 비용으로 모든 송전탑을 연결하여 5개 도시에 전기를 공급하려면 어떤 송접탑을 서로 연결해야 할까요? 그리고 그 비용은 얼마일까요?

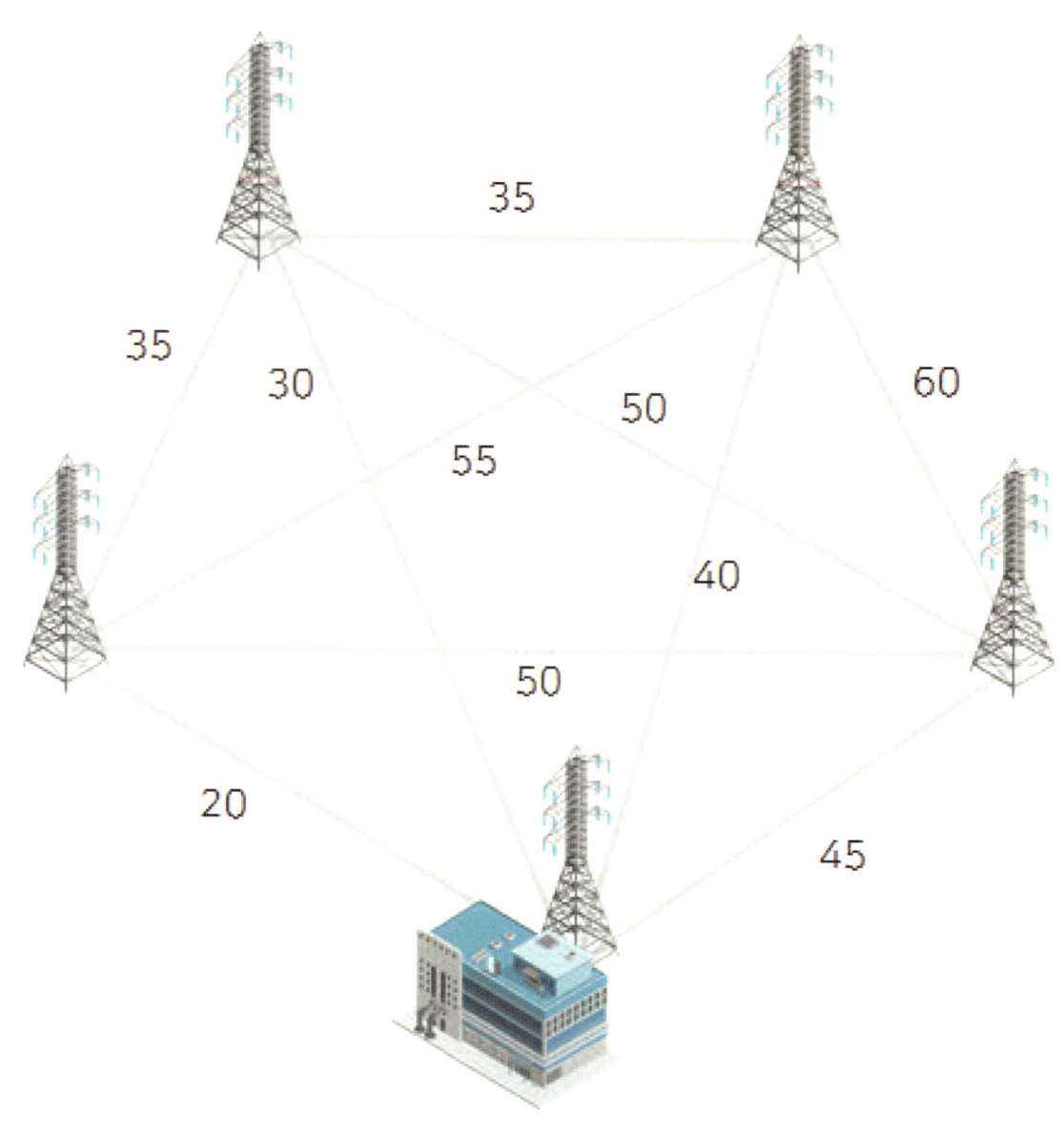

79 제주도 관광하기

유형	1인 퍼즐	컴퓨터과학	알고리즘 > 대표적 알고리즘 > 최단경로
난이도	★★★	컴퓨팅 사고력	데이터분석, 패턴찾기, 알고리즘설계

시온이네 가족은 제주도로 여행을 가게 되었습니다. 오늘은 제주공항에 있는 호텔에서 출발해 오전에는 중문단지 관광을 하고 오후에는 우도 관광을 하기로 했습니다.

아래의 그림은 제주도의 관광지별 이동하는 시간을 나타낸 관광지도입니다. 관광지 사이에 적힌 숫자는 광광지를 이동하는데 소요되는 시간입니다. 예를 들어 제주공항과 서우봉 사이에 있는 40은 이동하는데 40분이 걸린다는 뜻입니다.

시온이네 가족이 제주공항에서 출발해서 중문단지와 우도를 지나 다시 제주공항으로 돌아오는 가장 짧은 경로는 무엇일까요? 그리고 이동에 소요되는 시간은 얼마일까요?

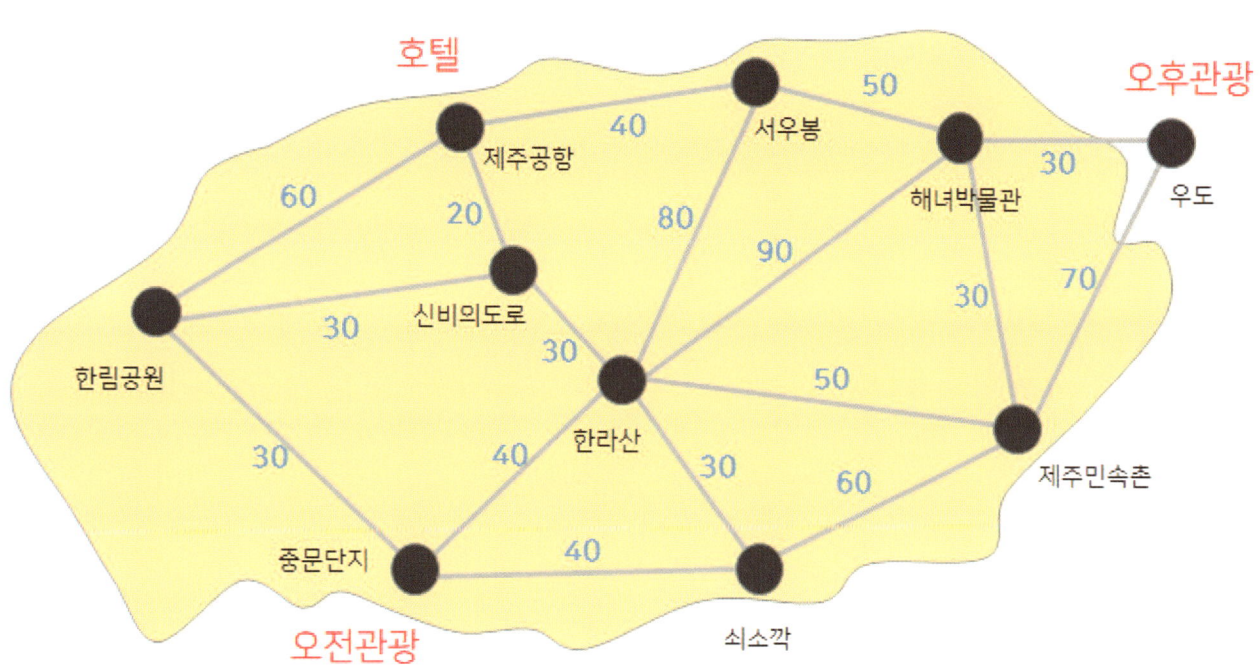

80 칼국수 레시피 만들기

유형	1인 퍼즐	컴퓨터과학	알고리즘 〉 대표적 알고리즘 〉 위상정렬
난이도	★★★	컴퓨팅 사고력	데이터분석, 패턴찾기, 알고리즘설계

우리는 일상생활에서 일의 우선순위를 정해야 할 때가 많습니다. 아래의 그림은 라면을 끓이는 방법을 일의 우선순위에 따라 4단계로 정리한 것입니다. 하나의 단계가 우선 끝나야만 다음 단계의 행동을 할 수 있습니다. 그리고 단계의 개수는 최소한으로 줄였습니다.

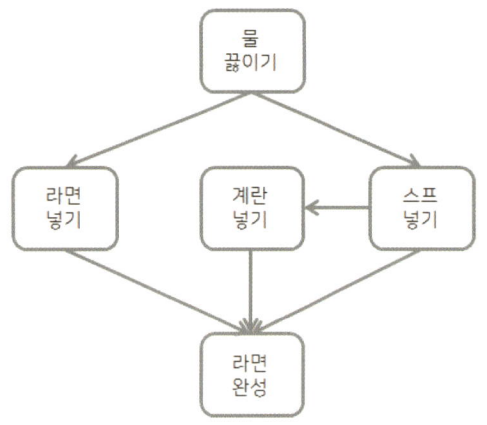

단계	행동
1	물 끓이기
2	라면 넣기 스프 넣기
3	계란 넣기
4	라면 완성

시온이는 위와 같은 방법을 이용하여 칼국수를 만드는 방법을 6단계로 정리하려고 합니다. 아래의 그림은 칼국수를 만드는 요리법을 순서도로 나타낸 것입니다. 이 순서도를 보고 각각의 행동을 우선순위에 따라 6단계로 나누어 보세요.

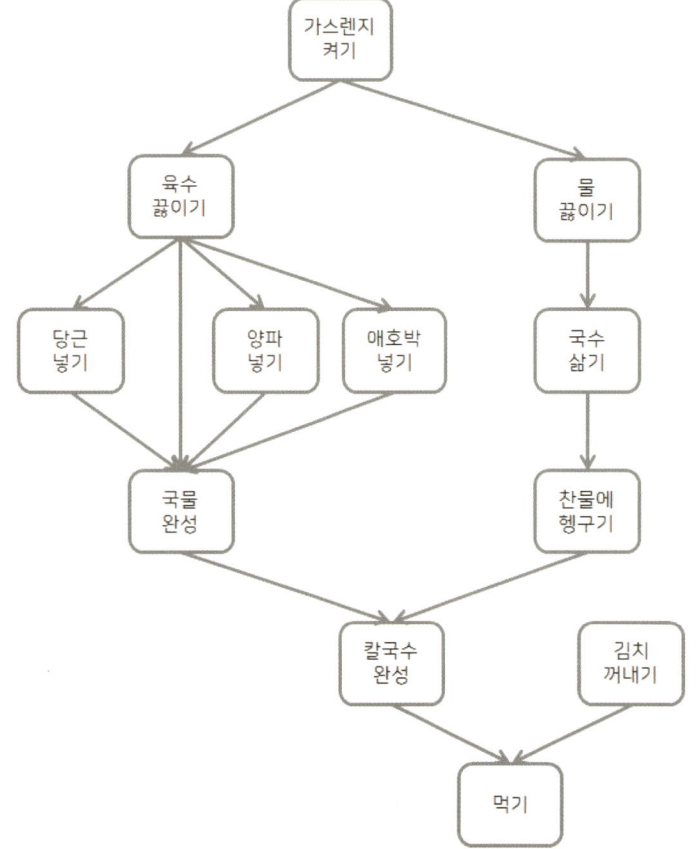

단계	행동
1	
2	
3	
4	
5	
6	

81 무인 택배 차량 운행하기

유형	1인 퍼즐	컴퓨터과학	알고리즘 > 대표적 알고리즘 > 여행자문제
난이도	★★★	컴퓨팅 사고력	데이터분석, 패턴찾기, 알고리즘설계

시온이네 동네에는 무인 택배 차량이 돌아다니면서 상품을 배송하고 있습니다. 오늘은 물류창고에서 출발해 동네에 있는 6군데 장소에 택배를 배달해야 합니다.

아래의 그림은 시온이네 택배 차량이 상품을 배송해야 하는 6개 장소를 나타낸 지도입니다. 그리고 각각의 장소에서 다른 장소로 이동하는 데 걸리는 시간이 선 옆에 숫자로 표시되어 있습니다. 예를 들면, 12는 이동에 12분이 소요된다는 뜻입니다.

무인 택배 차량이 물류창고에서 출발해 지도에 있는 모든 장소에 택배를 배송하고 다시 물류 창고로 돌아오는데 걸리는 시간을 최소한으로 줄이려면 택배 차량이 어떤 길을 지나가야 할까요? 그리고 걸리는 시간은 몇 분일까요?

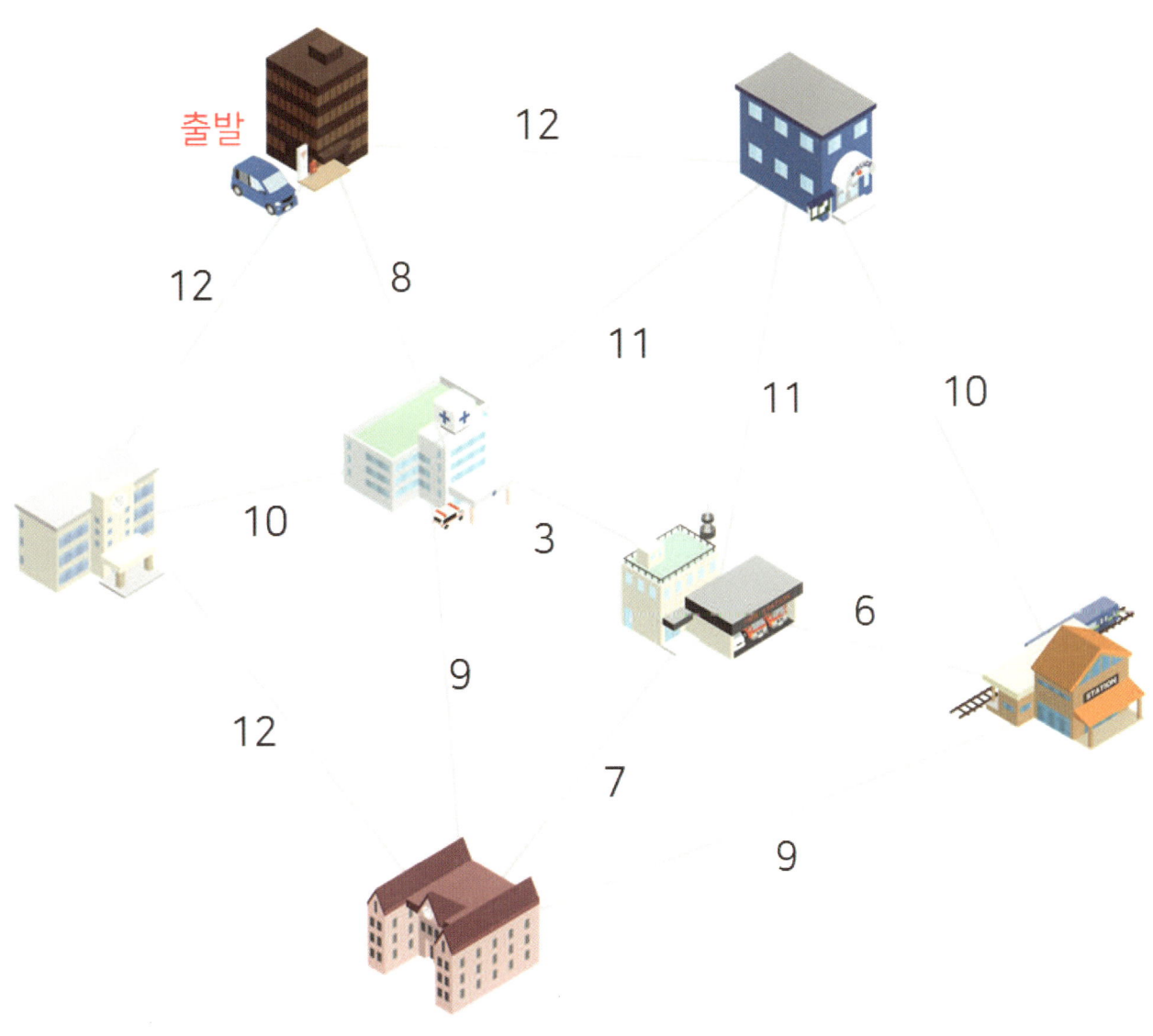

82 주말 농장 물건 담기

유형	1인 퍼즐	컴퓨터과학	알고리즘 〉 대표적 알고리즘 〉 배낭문제
난이도	★★★	컴퓨팅 사고력	데이터분석, 패턴찾기, 알고리즘설계

시온이는 주말에 농장 체험을 하게 되었습니다. 그곳에서는 한 시간 동안 농장 체험을 하고 각자 10kg 한도 내에서 채소를 담아 갈 수 있습니다. 채소의 종류나 수량은 마음대로 가져갈 수 있습니다.

아래의 그림에는 각각 채소의 무게와 가격이 나와 있습니다. 시온이가 10kg 한도 내에서 가격이 최대가 되도록 채소를 선택하려면 어떤 채소를 몇 개씩 담아야 할까요?

500g / 400원   300g / 270원   200g / 160원

1.5kg / 1,500원   400g / 300원   6kg / 6,600원

83 헨젤과 그레텔의 미로 탈출

유형	1인 퍼즐	컴퓨터과학	알고리즘 〉 대표적 알고리즘 〉 미로찾기
난이도	★★★	컴퓨팅 사고력	분해하기, 알고리즘설계, 시뮬레이션

헨젤과 그레텔이 숲속에서 길을 잃어 버렸습니다. 지금 가진 것은 빵조각 밖에 없습니다. 헨젤과 그레텔은 미로와 같은 숲속을 헤매지 않기 위해 아래와 같은 미로 탈출 규칙을 정했습니다.

1. 현재 위치에 빵조각을 뿌린다.
2. 현재 서 있는 위치에서 차례대로 정면, 오른쪽, 왼쪽, 뒤쪽 방향으로 길을 확인한다.
3. 만약 먼저 확인한 방향으로 빵조각이 없는 길이 있으면 그 방향으로 이동한다.
4. 만약 막다른 길을 만나 이동할 수 없으면, 이동할 수 있는 칸이 나타날 때까지 빵조각이 뿌려진 길로 되돌아간다.
5. 출구에 도착할 때까지 1~4번을 반복한다.

헨젤과 그레텔의 위와 같은 방법을 이용하여 무사히 미로 숲을 빠져나올 수 있었습니다. 헨젤과 그레텔은 어떤 길을 지나 출구로 나올 수 있었을까요? 헨젤과 그레텔이 빵조각을 뿌린 위치를 표시해 보세요.

84 둘이 함께 토끼 미로 탈출

유형	2인 협동 퍼즐	컴퓨터과학	알고리즘 > 대표적 알고리즘 > 미로찾기
난이도	★★★	컴퓨팅 사고력	분해하기, 알고리즘설계, 시뮬레이션

두 명이서 함께 하는 미션활동입니다. 한 명은 미로에 뱀이 표시된 98페이지를 펴고, 다른 한 명은 미로에 여우가 표시된 99페이지를 펴고 아래의 규칙에 따라 진행하세요.

❶ 미로에 들어간 토끼가 뱀이나 여우에게 잡아 먹히지 않고 무사히 출구로 나올 수 있게 도와 주세요.

❷ 한 명은 뱀이 있는 위치를 알려주는 지도를, 한 명은 여우가 있는 위치를 알려주는 지도를 가지고 있습니다.

❸ 서로 간에 지도는 보여주지 않습니다.

❹ 토끼를 아래와 같은 미로 찾기 알고리즘을 이용해 한 칸씩 움직이면서 토끼의 주변에 뱀이나 여우가 있는지 서로 대화를 통해 탐색 하세요.

> 1. 현재 위치에 방문 표시를 한다.
> 2. 현재 서 있는 위치에서 차례대로 정면, 오른쪽, 왼쪽, 뒤쪽 방향으로 길을 확인한다.
> 3. 만약 먼저 확인한 방향으로 천적이 없으면서 방문하지 않은 길이 있으면 그 방향으로 한 칸 이동한다.
> 4. 만약 막다른 길을 만나 이동할 수 없으면, 이동할 수 있는 칸이 나타날 때까지 왔던 길로 되돌아간다.
> 5. 출구에 도착할 때까지 1~4번을 반복한다.

❺ 토끼가 무사히 출구로 나오면 미션 성공입니다.

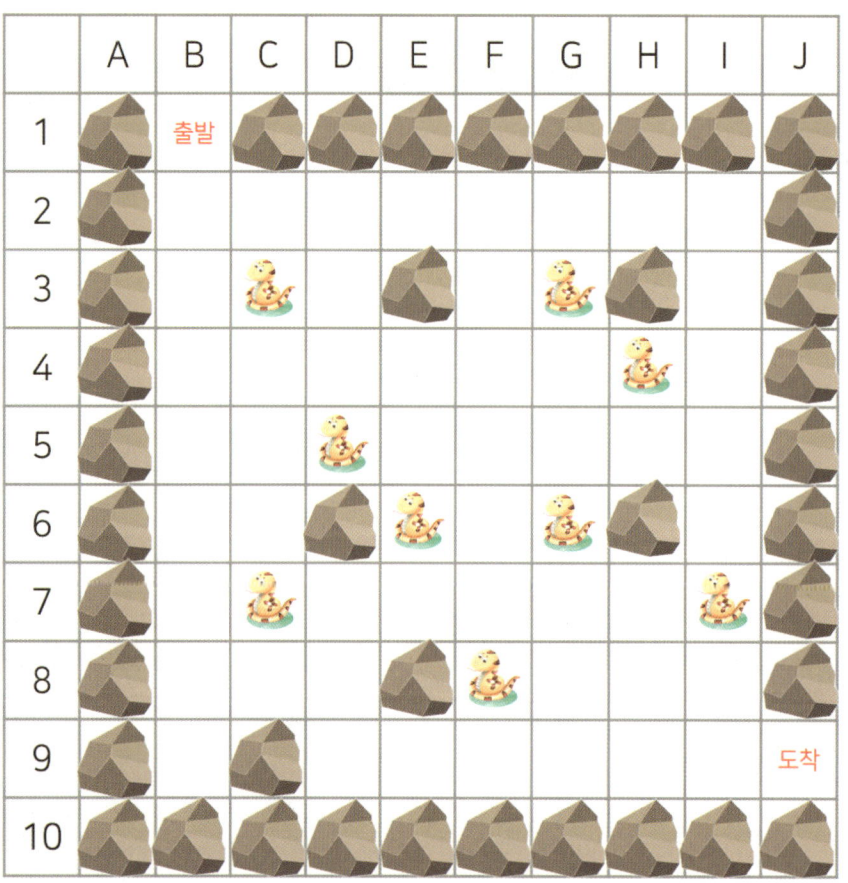

두 명이서 함께 하는 미션활동입니다. 한 명은 미로에 뱀이 표시된 98페이지를 펴고, 다른 한 명은 미로에 여우가 표시된 99페이지를 펴고 아래의 규칙에 따라 진행하세요.

❻ 미로에 들어간 토끼가 뱀이나 여우에게 잡아먹히지 않고 무사히 출구로 나올 수 있게 도와주세요.
❼ 한 명은 뱀이 있는 위치를 알려주는 지도를, 한 명은 여우가 있는 위치를 알려주는 지도를 가지고 있습니다.
❽ 서로 간에 지도는 보여주지 않습니다.
❾ 토끼를 아래와 같은 미로 찾기 알고리즘을 이용해 한 칸씩 움직이면서 토끼의 주변에 뱀이나 여우가 있는지 서로 대화를 통해 탐색 하세요.

> 1. 현재 위치에 방문 표시를 한다.
> 2. 현재 서 있는 위치에서 차례대로 정면, 오른쪽, 왼쪽, 뒤쪽 방향으로 길을 확인한다.
> 3. 만약 먼저 확인한 방향으로 천적이 없으면서 방문하지 않은 길이 있으면 그 방향으로 한 칸 이동한다.
> 4. 만약 막다른 길을 만나 이동할 수 없으면, 이동할 수 있는 칸이 나타날 때까지 왔던 길로 되돌아간다.

❿ 토끼가 무사히 출구로 나오면 미션 성공입니다.

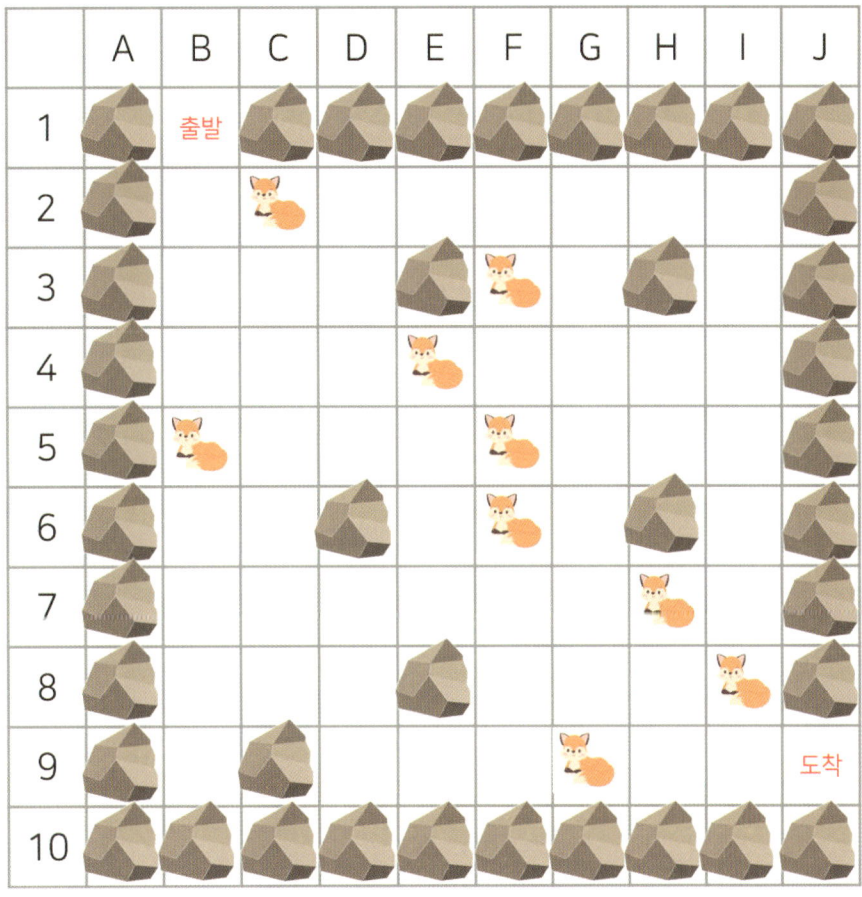

85 비밀 공유하기 활동

유형	4인 모둠 게임	컴퓨터과학	알고리즘 〉 대표적 알고리즘 〉 암호화
난이도	★★	컴퓨팅 사고력	분해하기, 패턴찾기, 시뮬레이션

사람들은 때때로 자신의 민감한 개인 정보가 노출되는 것을 꺼려합니다. 하지만 일을 하다보면 그런 정보가 필요할 때가 있습니다. 이번 활동은 개개인의 개인정보는 노출하지 않으면서 전체 그룹의 평균적인 정보를 알아 낼 수 있는 정보 수집 활동입니다. 아래와 같은 규칙에 따라 진행하세요.

❶ 4명에서 8명을 한 모둠으로 만듭니다.

❷ 각 모둠의 모둠장은 종이 한 장과 연필 한 자루를 준비합니다.

❸ 전체 평균을 알아낼 주제를 정합니다. 아래는 주제 예시입니다.

- 올해 '사랑해'라고 말한 횟수
- 내 방귀 냄새가 지독하다고 느낀 횟수
- 나와 정말 친한 친구의 수
- 내가 바라는 이상형의 외모 점수(0~100)
- 올해 울어본 횟수
- 우리 모둠에서 나의 외모 순위
- 초코렛이나 사탕을 주고 싶은 사람의 수
- 지금까지 고백을 받아 본 횟수

❹ 모둠장은 종이를 반으로 3번 연속 접어 종이를 8등분 합니다. 그리고 첫 번째 칸에 1부터 999사이의 임의의 수를 하나 적습니다. 이때 숫자는 다른 모둠원에게 보여주지 않습니다.

❺ 두 번째 칸에는 첫 번째 칸에 적은 숫자에 주제에 대한 자신의 숫자를 더해서 적습니다. 예를 들면, 첫 번째 숫자가 345인데 자신의 숫자가 5라면, 두 번째 칸에는 350을 적습니다. 그리고 첫 번째 칸은 찢어내서 자신의 호주머니에 넣습니다. 종이를 두 번째 사람에게 전달합니다.

❻ 두 번째 사람은 세 번째 칸에 두 번째 칸에서 넘어온 숫자에 자신의 숫자를 더해서 적습니다. 그리고 두 번째 칸을 찢어내고, 종이를 세 번째 사람에게 전달합니다.

❼ 마지막 사람까지 위와 같은 방법을 반복합니다.

❽ 마지막 사람은 종이를 다시 모둠장에게 돌려줍니다. 모둠장은 돌려받은 종이에 적힌 최종숫자에서 최초숫자를 뺍니다. 그러면 모둠의 전체 합계가 나옵니다. 전체 합계를 모둠원의 수로 나누면 평균이 나옵니다. 모둠장은 평균값을 친구들과 공유합니다.

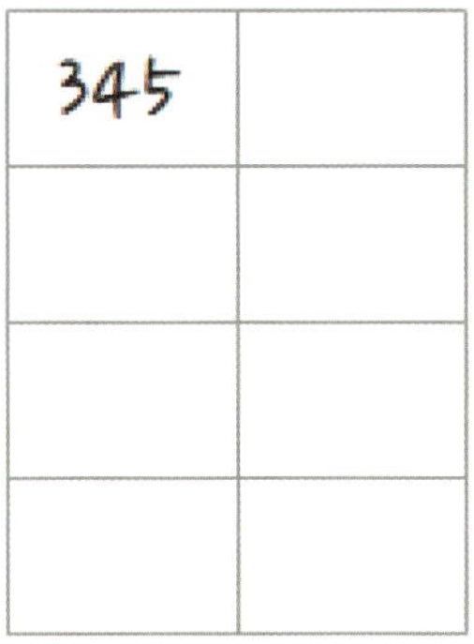

① 첫 칸에 숫자 적기

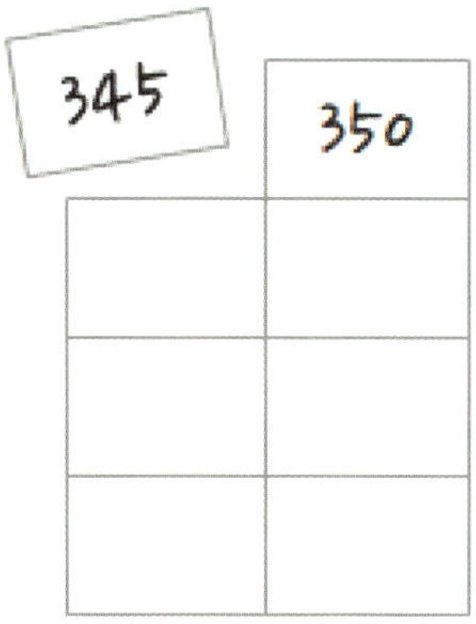

② 첫 칸 자르고 둘째 칸 적기

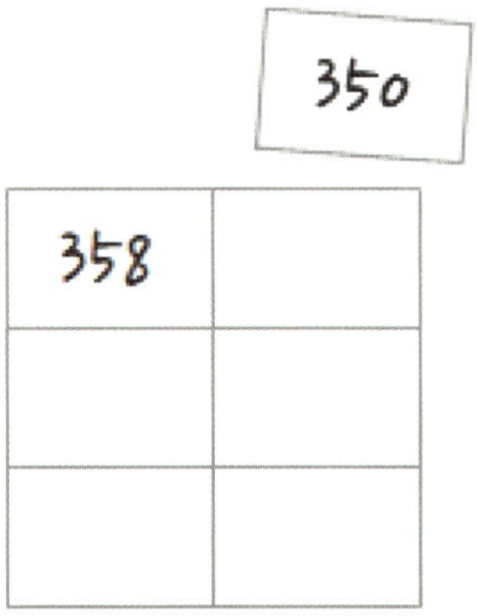

③ 둘째 칸 자르고 셋째 칸 적기

④ 셋째 칸 자르고 넷째 칸 적기

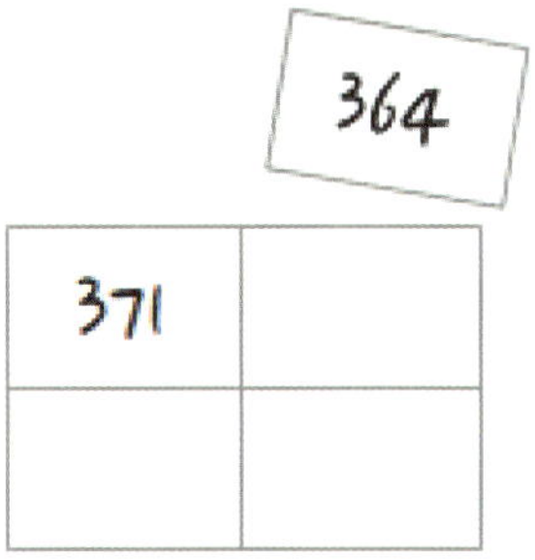

⑤ 넷째 칸 자르고 다섯째 칸 적기

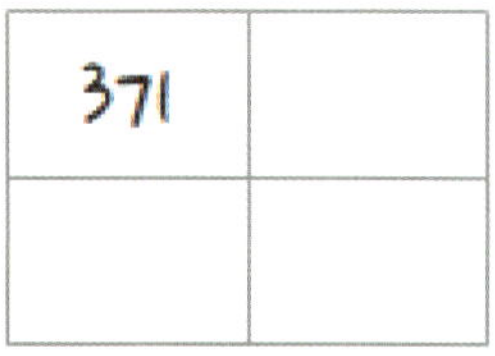

⑥ 마지막 숫자 선날 하기

3장 알고리즘

Easy_언플러그드 컴퓨팅

4장

프로그래밍

86_그림 표현하기 퍼즐
87_그림 표현하기 게임
88_칠교놀이 모양 만들기 퍼즐
89_칠교놀이 모양 만들기 게임
90_설명 듣고 종이접기 퍼즐
91_설명 듣고 종이접기 게임
92_아바타 게임
93_픽셀 기호 코딩 퍼즐

94_픽셀 기호 코딩 게임
95_자동차 코딩 퍼즐
96_자동차 코딩 게임
97_컵 쌓기 코딩 퍼즐
98_컵 쌓기 코딩 게임
99_크레인으로 책 옮기기 퍼즐
100_크레인으로 책 옮기기 게임

86 그림 표현하기 퍼즐

유형	1인 퍼즐	컴퓨터과학	프로그래밍 > 언어 프로그래밍
난이도	★★	컴퓨팅 사고력	분해하기, 패턴찾기, 데이터표현

시온이와 친구들이 '그림 표현하기 게임'을 진행했습니다. 시온이가 아래와 같이 그림을 설명하고, 친구들은 내용을 듣기만 하고 그림을 그리는 게임입니다. 아래는 시온이가 그림을 설명한 내용입니다.

> 머리에 두 개의 뿔이 있고 코뚜레를 한 황소가 꼬리가 들릴 정도로 빠르게 뛰고 있습니다. 그 뒤를 혀를 내민 사람이 오른발을 앞으로 내딛으며 쫓아가고 있습니다. 한 올 밖에 남지 않은 머리카락과 넥타이가 바람에 휘날리게 뛰어가는 그 사람은 오른 손에 나이프를 왼손에는 포크를 들고 있습니다.

아래는 시온이의 친구들이 그린 4개의 그림입니다. 아래의 그림들 중에서 시온이가 설명한 내용과 가장 차이가 적은 그림은 무엇일까요?

(1)

(2)

(3)

(4)

87 그림 표현하기 게임

유형	3인 모둠 게임	컴퓨터과학	프로그래밍 〉 언어 프로그래밍
난이도	★★★	컴퓨팅 사고력	분해하기, 추상화, 데이터표현

세 명 이상이 함께 하는 게임 활동입니다. 아래와 같은 방법으로 진행하세요.

❶ 문제를 출제하는 사람을 한 명 뽑습니다.
❷ 나머지 학생들은 종이와 연필을 준비합니다.
❸ 출제자는 아래의 그림 중에 하나를 골라 그림을 2분 동안 설명합니다.
❹ 그 2분 동안 나머지 학생들은 설명한 내용을 바탕으로 종이에 그림을 그립니다.
❺ 2분이 지나면 그림 그리는 것을 멈춥니다.

아래는 그림을 채점하는 방법입니다.

❶ 종이를 서로 바꿉니다.
❷ 정답을 모두에게 공개합니다.
❸ 사람들이 돌아가며 그림의 특징을 하나씩 설명하도록 합니다.
❹ 이 설명이 채점의 기준이 됩니다. 설명과 그림을 비교하여 10점 만점에서 1점씩 차감합니다.
❺ 채점이 끝난 후 점수가 가장 높은 사람이 우승합니다.

88. 칠교놀이 모양 만들기 퍼즐

유형	1인 퍼즐	컴퓨터과학	프로그래밍 > 언어 프로그래밍
난이도	★★	컴퓨팅 사고력	분해하기, 패턴찾기, 데이터표현

시온이와 친구들이 '칠교 도형 만들기 게임'을 진행했습니다. 시온이가 칠교 도형으로 이루어진 모양을 설명하고, 친구들은 내용을 듣기만 하고 자신의 칠교로 똑같이 만드는 게임입니다. 아래는 시온이와 친구들이 사용한 칠교 놀이와 시온이의 도형 설명 내용입니다.

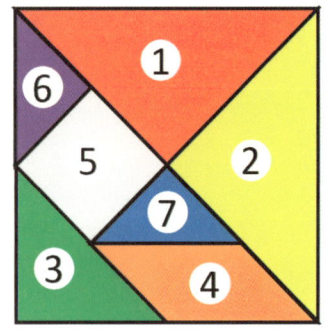

1. ⑤ 회색 정사각형을 모서리가 아래로 가도록 한가운데 놓습니다.
2. ⑥ 보라색 삼각형을 긴 변이 왼쪽으로 가도록 세워서 ⑤ 회색 정사각형의 왼쪽 윗변에 붙입니다.
3. ⑦ 파란색 삼각형을 긴 변이 오른쪽으로 가도록 세워서 ⑤ 회색 정사각형의 오른쪽 윗변에 붙입니다.
4. ② 노란색 삼각형을 긴 변이 오른쪽으로 가도록 세우고, 위쪽 모서리가 ⑤ 회색 정사각형의 아래쪽 모서리에 맞닿게 붙입니다.
5. ① 빨간색 삼각형을 긴 변이 왼쪽으로 가도록 세우고, 위쪽 모서리가 ⑤ 회색 정사각형의 아래쪽 모서리에 맞닿게 붙입니다. 그러면 ① 빨간색 삼각형과 ② 노란색 삼각형이 모여 정사각형이 됩니다.
6. ③ 초록색 삼각형의 직각 모서리가 왼쪽 하단으로 오도록 하고 긴 변이 ② 노란색 삼각형의 오른쪽 아랫변에 닿도록 붙입니다.
7. ④ 갈색 평행사변형의 짧은 변이 왼쪽 상단과 오른쪽 하단에 오도록 놓은 후 오른쪽 하단에 있는 짧은 변의 더 뾰족한 모서리가 ③ 초록색 삼각형의 직각 꼭짓점 왼쪽에 맞닿게 서로 붙입니다.

아래는 칠교놀이로 만들어진 모양의 예시입니다. 시온이가 설명하고 있는 모양은 다음의 4가지 모양 중 무엇일까요?

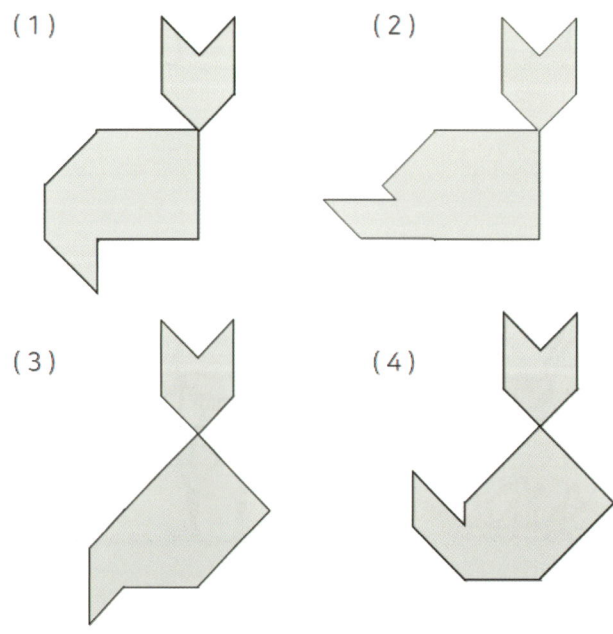

89 칠교놀이 모양 만들기 게임

유형	3인 모둠 게임	컴퓨터과학	프로그래밍 〉 언어 프로그래밍
난이도	★★★	컴퓨팅 사고력	분해하기, 추상화, 데이터표현

세 명 이상이 함께 하는 게임 활동입니다. 아래와 같은 방법으로 진행하세요.

❶ 문제를 출제하는 사람을 한 명 뽑습니다.
❷ 나머지 학생들은 칠교놀이를 준비합니다.
❸ 출제자는 아래의 칠교놀이 모양 중에 하나를 골라 모양을 3분 동안 설명합니다.
❹ 3분 동안 나머지 학생들은 설명한 내용을 바탕으로 자신의 칠교놀이를 이용해 모양을 만듭니다.
❺ 3분이 지나면 모양 만드는 것을 멈춥니다.

아래는 모양을 채점하는 방법입니다.

❶ 정답을 모두에게 공개합니다.
❷ 각각의 조각을 살펴봅니다. 조각의 방향이 맞으면 1점, 위치가 맞으면 1점이 부여됩니다. 7개의 조각이 방향과 위치가 모두 맞았을 경우 14점이 부여됩니다.
❸ 채점이 끝난 후 점수가 가장 높은 사람이 우승합니다.

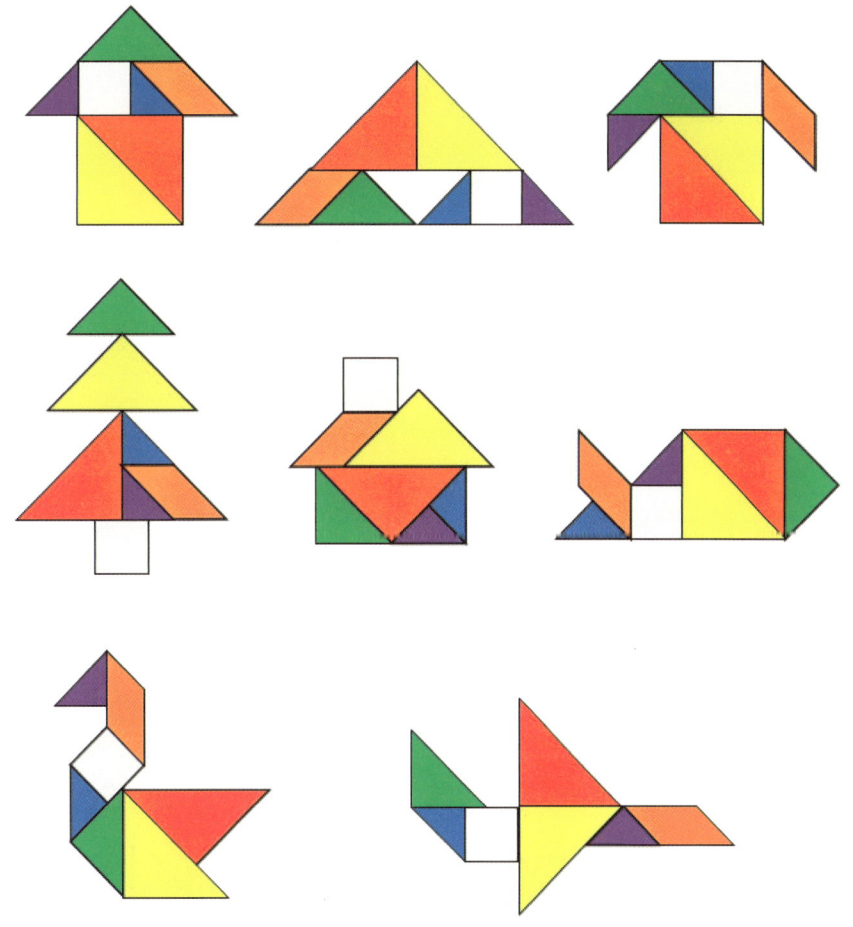

※ 칠교놀이는 헬로소프트 쇼핑몰에서 구매하거나 자료실에서 도안을 다운로드 받아 출력하여 제작할 수 있습니다. (http://hellosoft.co.kr)

90 설명 듣고 종이접기 퍼즐

유형	1인 퍼즐	컴퓨터과학	프로그래밍 〉 언어 프로그래밍
난이도	★★	컴퓨팅 사고력	분해하기, 패턴찾기, 데이터표현

시온이와 친구들이 '설명 듣고 종이접기 게임'을 진행했습니다. 시온이가 색종이를 접는 방법을 설명하고, 친구들은 내용을 듣기만 하고 자신의 색종이를 접는 게임입니다. 아래는 시온이가 설명한 종이접기 방법입니다.

> 1. 색종이를 직사각형 형태로 반을 접었다가 펴서 중앙선을 만듭니다. 중앙선이 세로가 되게 놓습니다.
> 2. 색종이의 상단 오른쪽 모서리가 중앙선에 닿도록 45도 각도로 안쪽으로 접습니다. 그러면 오른쪽에 삼각형이 만들어 집니다.
> 3. 마찬가지로 색종이의 상단 왼쪽 모서리가 중앙선에 닿도록 45도 각도로 안쪽으로 접습니다. 왼쪽에 삼각형이 만들어 집니다.
> 4. 상단에 만들어진 큰 삼각형의 높이의 2/5정도 되는 부위를 안쪽으로 접습니다. 아래를 보는 조금 더 작은 삼각형이 만들어 집니다.
> 5. 아래쪽을 보는 삼각형의 높이의 2/3정도 되는 부위를 위로 접습니다. 위를 보는 더 작은 삼각형이 만들어 집니다.
> 6. 색종이의 중앙선을 안쪽으로 접습니다. 그러면 색종이가 절반으로 포개집니다.
> 7. 포개진 색종이를 왼쪽으로 눕혀서 뾰족한 머리가 왼쪽 아래로 오게 합니다.
> 8. 왼쪽 상단이 잘려진 사각형 높이의 1/3정도 되는 부위를 바깥쪽으로 접습니다. 날개가 만들어집니다.
> 9. 마찬가지로 반대쪽 날개도 접습니다.
> 10. 양쪽 날개를 펴서 몸체에 90도가 되도록 만들어 줍니다.

아래는 여러 가지 모양의 색종이 비행기입니다. 시온이가 설명하고 있는 종이접기는 다음의 4가지 중 무엇일까요?

(1)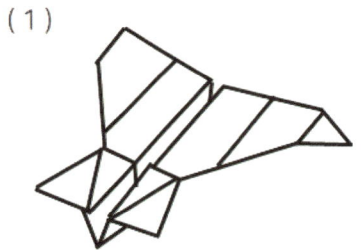

(2)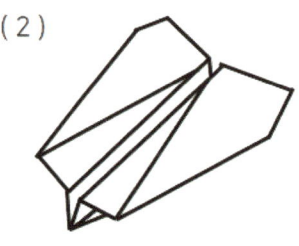

(3)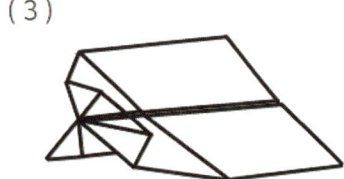

(4)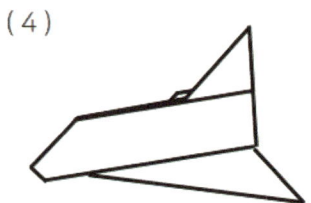

91 설명 듣고 종이접기 게임

유형	3인 모둠 게임	컴퓨터과학	프로그래밍 > 언어 프로그래밍
난이도	★★★	컴퓨팅 사고력	분해하기, 추상화, 데이터표현

세 명 이상이 함께 하는 게임 활동입니다. 아래와 같은 방법으로 진행하세요.

❶ 문제를 출제하는 사람을 한 명 뽑고 나머지 학생들은 색종이를 준비합니다.

❷ 출제자는 아래의 종이접기 중에 하나를 골라 종이를 접는 방법을 5분 동안 설명합니다. 이때 직접 종이를 접으면서 설명할 수도 있습니다.

❸ 5분 동안 나머지 학생들은 설명을 듣고 자신의 색종이를 접습니다. 5분이 지나면 색종이 접는 것을 멈춥니다.

❹ 원래의 모양과 최대한 유사한 작품을 만든 학생이 우승입니다.

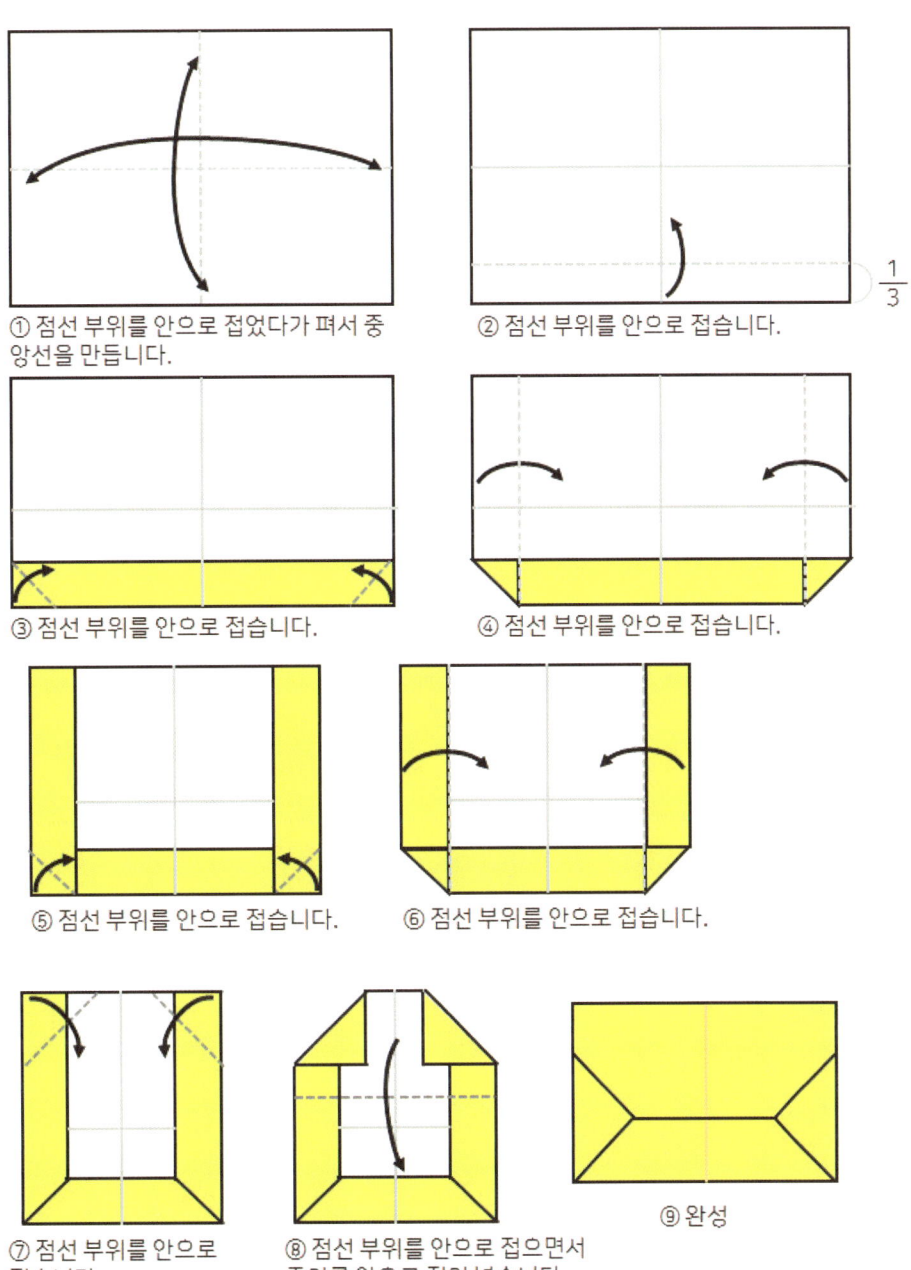

① 점선 부위를 안으로 접었다가 펴서 중앙선을 만듭니다.
② 점선 부위를 안으로 접습니다. $\frac{1}{3}$
③ 점선 부위를 안으로 접습니다.
④ 점선 부위를 안으로 접습니다.
⑤ 점선 부위를 안으로 접습니다.
⑥ 점선 부위를 안으로 접습니다.
⑦ 점선 부위를 안으로 접습니다.
⑧ 점선 부위를 안으로 접으면서 종이를 안으로 집어 넣습니다.
⑨ 완성

92 아바타 게임

유형	4인 모둠 게임	컴퓨터과학	프로그래밍 > 언어 프로그래밍
난이도	★★	컴퓨팅 사고력	추상화, 알고리즘설계, 시뮬레이션

네 명 이상이 함께 하는 게임 활동입니다. 아래와 같은 방법으로 진행하세요.

1. 아이들을 두 모둠으로 나눕니다.
2. 각 모둠별로 학생 한 명을 뽑습니다.
3. 뽑힌 학생은 앞으로 나와서 안대로 눈을 가리고 로봇 역할이 됩니다.
4. 사탕을 로봇에게서 멀리 떨어진 책상 위에 올려놓습니다.
5. 경기가 시작되면 모둠의 다른 아이들이 눈을 가린 로봇 역할의 아이에게 말로 사탕의 위치를 알려줍니다.
6. 눈을 가린 로봇 역할의 아이는 다른 아이들의 소리를 듣고 움직입니다.
7. 눈을 가린 로봇 역할의 아이가 사탕을 먼저 잡는 모둠이 이기게 됩니다.

아바타 게임은 아래와 같이 조금씩 복잡하게 진행할 수 있습니다.

1단계. 위의 설명처럼 1명이 로봇이 되고 나머지 학생들이 모두 조종사가 되어 진행
2단계. 1명이 로봇이 되고 조종사를 1명만 뽑아서 조종사만 말을 할 수 있도록 진행
3단계. 목표물(사탕)이 고정되어 있지 않고 선생님이 들고 다니다가 내려놓는 방법으로 진행

93 픽셀 기호 코딩 퍼즐

유형	1인 퍼즐	컴퓨터과학	프로그래밍 〉 기호 프로그래밍
난이도	★★	컴퓨팅 사고력	분해하기, 패턴찾기, 데이터표현

수민이는 비밀모임으로부터 초대장을 받았습니다. 초대장에 있는 약도를 이용해 찾아가 보니 마지막으로 8개의 거리가 있는 곳에 도착했습니다. 이곳에서 어떤 방향으로 가야 하는지는 약도에 나와 있지 않았습니다.

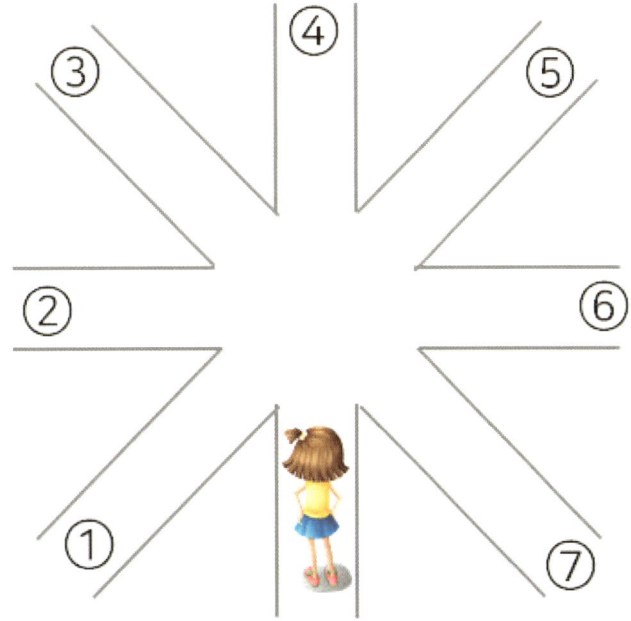

대신에 초대장에는 아래의 그림과 같은 암호문이 들어 있습니다. 아래의 암호문을 풀면 어떤 방향으로 가야하는지 힌트가 있을 것 같습니다. 아래의 그림을 보고 수민이가 어떤 방향으로 가야 할지 맞춰 보세요.

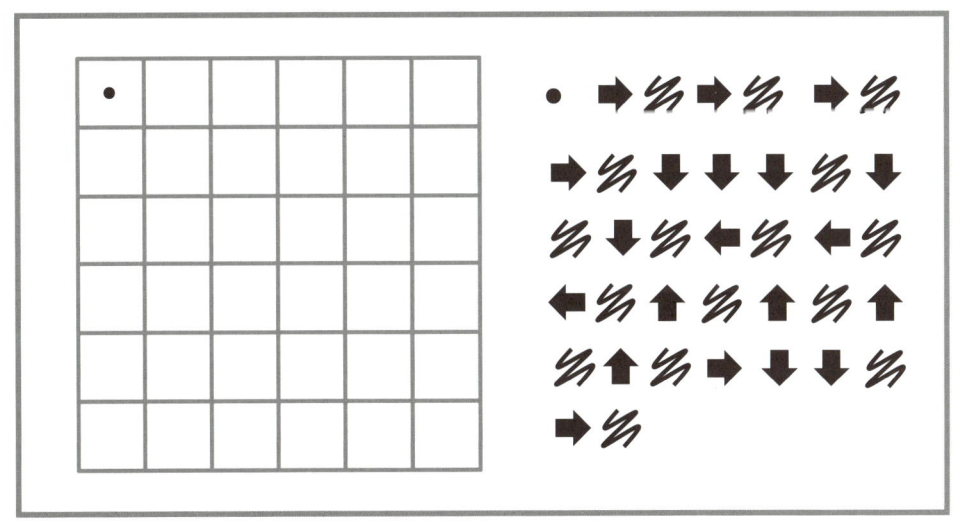

94 픽셀 기호 코딩 게임

유형	2인 협동 퍼즐	컴퓨터과학	프로그래밍 〉 기호 프로그래밍
난이도	★★★	컴퓨팅 사고력	추상화, 알고리즘설계, 시뮬레이션

두 명이 함께 하는 미션활동입니다. 다음과 같은 방법으로 진행하세요.

❶ 먼저 1번 상자에 색을 칠하여 픽셀 그림을 그립니다.
❷ 2번 표에 5가지 행동을 나타내는 각각의 기호를 정합니다. 기호는 화살표 또는 문자로 정할 수 있습니다.
❸ 3번 상자에 로봇이 1번 픽셀 그림을 그리기 위해 필요한 기호를 순서대로 적습니다. 로봇 팔이 처음 위치한 곳은 첫 번째 칸인 ☆가 있는 칸입니다.
❹ 1번 상자를 종이 등으로 가린 후 친구에게 전달합니다.
❺ 친구는 1번 상자는 보지 않고, 2번과 3번 상자만 보고 4번 상자에 픽셀 그림을 그려 완성합니다.
❻ 그림이 완성되면 1번 상자와 4번 상자를 비교해 봅니다. 만약 틀린 곳이 있다면 왜 그렇게 되었는지 살펴봅니다.

1. 픽셀 그림 그리기

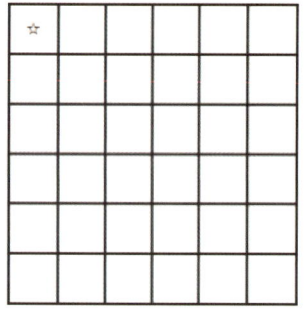

픽셀 그림 예시

2. 기호 정하기

행동	기호
연필을 위쪽 칸으로 이동하기	
연필을 아래쪽 칸으로 이동하기	
연필을 오른쪽 칸으로 이동하기	
연필을 왼쪽 칸으로 이동하기	
현재 칸에 색칠하기	

3. 기호를 조합하여 로봇 코딩하기

4. 로봇처럼 그림 다시 그리기

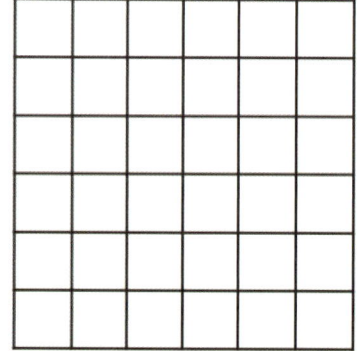

95 자동차 코딩 퍼즐

유형	1인 퍼즐	컴퓨터과학	프로그래밍 > 기호 프로그래밍
난이도	★★	컴퓨팅 사고력	분해하기, 패턴찾기, 데이터표현

보석상에 도둑이 들었습니다. 도둑이 도망가기 전에 경찰차가 보석상에 빨리 도착해야 합니다. 아래의 그림은 현재 경찰차가 있는 위치와 보석상의 위치(END)를 나타낸 지도입니다. 도로 주변에 있는 건물들을 피해서 보석상에 가장 빨리 도착하는 길은 무엇일까요?

경찰차를 타고 있는 경찰에게 아래의 기호를 이용하여 보석상으로 가장 빨리 도착하는 길을 안내해 주세요. 기호는 경찰차가 현재 진행하고 있는 방향을 기준으로 작성해야 합니다.

기호	행동
↑	한 칸 전진하기
↓	한 칸 후진하기
↰	왼쪽으로 90도 회전
↱	오른쪽으로 90도 회전

기호를 아래의 표에 나열하여 경찰차의 움직임을 코딩해 보세요. 기호의 개수를 더 줄일 수 있는 방법은 없는지 살펴보세요.

96 자동차 코딩 게임

유형	2인 협동 퍼즐	컴퓨터과학	프로그래밍 〉 기호 프로그래밍
난이도	★★★	컴퓨팅 사고력	추상화, 알고리즘설계, 시뮬레이션

두 명이 함께 하는 게임 활동입니다. 다음과 같은 방법으로 진행하세요.

❶ 게임판에서 움직일 말을 하나씩 준비합니다. 색종이를 접거나 자동차 그림을 오려서 만듭니다.
❷ 자신의 말을 게임판에 있는 START칸에 올려놓습니다. 방향은 마음대로 정할 수 있습니다.
❸ 둘이서 가위바위보를 합니다. 이긴 사람은 아래의 6가지 행동 중에 3가지를 마음대로 고릅니다.
❹ 3가지 행동 중에서 원하는 행동을 자신의 말에 적용하여 말을 움직일 수 있습니다. 원하지 않는 행동은 버릴 수 있습니다.
❺ 가위바위보에서 진 사람은 6가지 행동 중 남아 있는 3가지 행동을 사용할 수 있습니다. 마찬가지로 원하는 행동은 말에 적용하고 나머지는 버릴 수 있습니다.
❻ 가위바위보를 계속해서 같은 규칙으로 게임을 진행합니다.
❼ 말이 기름통이 있는 곳을 지나가면 다음번에는 가위바위보를 하지 않고 먼저 3가지 행동을 고를 수 있는 기회가 주어집니다.
❽ 게임을 진행하여 먼저 결승점(END)에 도착하는 사람이 이기게 됩니다.

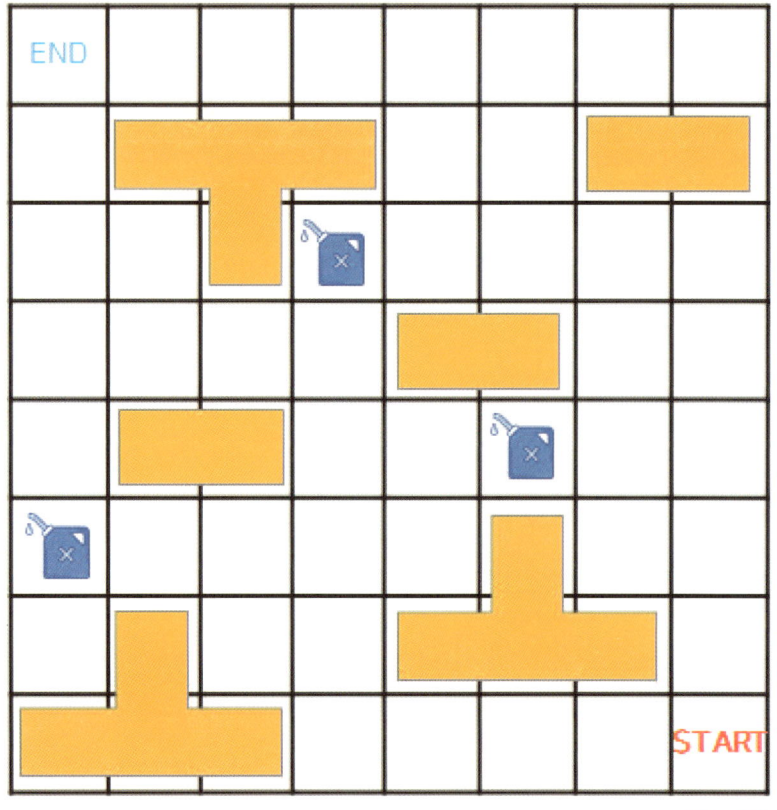

97 컵 쌓기 코딩 퍼즐

유형	1인 퍼즐	컴퓨터과학	프로그래밍 〉 기호 프로그래밍
난이도	★★	컴퓨팅 사고력	분해하기, 패턴찾기, 데이터표현

해외에는 주어진 모양대로 종이컵을 빠르게 쌓는 대회가 있습니다. 종이컵을 원하는 대로 쌓기 위해서는 단순한 행동들을 다양하게 조합해야 합니다. 아래의 그림은 종이컵을 쌓기 위해서 필요한 5가지의 행동들입니다.

기호	행동
↑	컵 들기
↓	컵 내리기
←	왼쪽으로 한 칸 이동하기
→	오른쪽으로 한 칸 이동하기
↻	종이컵 뒤집기

위의 행동들을 이용하여 아래 그림과 같이 컵을 쌓으려면 어떻게 해야 할까요? 겹쳐져 있는 5개의 종이컵을 오른쪽 그림과 같이 만들기 위해서 필요한 절차를 5가지의 행동을 조합하여 아래의 표에 표현해 보세요. 기호의 개수를 더 줄일 수 있는 방법은 없는지 살펴보세요.

98 컵 쌓기 코딩 게임

유형	2인 협동 퍼즐	컴퓨터과학	프로그래밍 〉 기호 프로그래밍
난이도	★★★	컴퓨팅 사고력	추상화, 알고리즘설계, 시뮬레이션

두 명이 함께 하는 미션 활동입니다. 다음과 같은 방법으로 진행하세요.

① 각자 종이컵 6개와 A4 용지 한 장을 준비합니다. A4 용지에 종이컵의 크기에 맞추어 7개의 눈금을 그립니다. 눈금은 종이컵을 이동하는 한 칸의 기준이 됩니다.
② 종이 컵 6개는 종이의 가장 왼쪽 눈금 중간에 뒤집어서 쌓아 놓습니다.
③ 아래의 4가지 종이컵 모양 중에 하나를 고릅니다. 그리고 종이컵 모양을 만들기 위해서 필요한 행동을 기호로 바꾸어 아래의 빈칸에 나타냅니다.
④ 원래 종이컵 모양은 가리고 상대방에게 기호만 알려주고 종이컵을 쌓게 합니다.

1. 종이컵 모양 선택하기

2. 기호 코딩 하기

기호	행동
↑	컵 들기
↓	컵 내리기
←	왼쪽으로 한 칸 이동하기
→	오른쪽으로 한 칸 이동하기
↻	종이컵 뒤집기

99 크레인으로 책 옮기기 퍼즐

유형	1인 퍼즐	컴퓨터과학	프로그래밍 〉 기호 프로그래밍
난이도	★★	컴퓨팅 사고력	분해하기, 알고리즘설계, 데이터표현

크레인을 이용해서 책이 쌓여진 순서를 바꾸려고 합니다. 아래의 그림과 같이 책상이 3개가 있고, 맨 왼쪽의 책상(A)에 책이 4권 쌓아져 있습니다. 책상 위에는 크레인이 있어서 책을 한 권씩 다른 책상으로 옮길 수 있습니다.

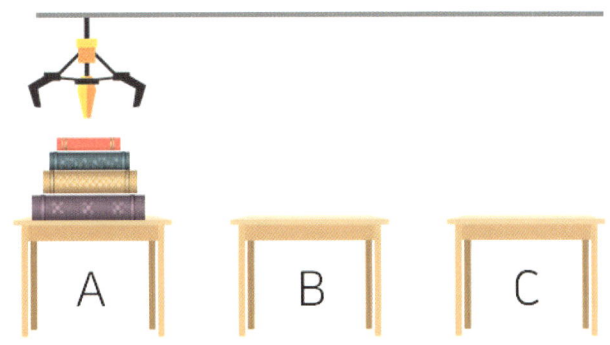

이제 A 책상 위에 아래부터 순서대로 보라색, 노란색, 파란색, 빨간색으로 쌓여 있는 책을 다시 파란색, 보라색, 노란색, 빨간색 순서로 바꾸려고 합니다. 책은 A 책상 위에 쌓여져야 합니다. 크레인은 한 번에 책 한 권만 들 수 있습니다. 그리고 비어있는 책상을 이용해서 책을 임시로 보관할 수도 있습니다. 아래의 4개의 기호는 크레인을 작동시키는 동작을 나타냅니다. 기호를 조합하여 가장 적은 개수로 책을 옮기는 방법을 아래의 표에 작성해 보세요.

기호	행동
↑	책 들기
↓	책 내리기
←	왼쪽으로 이동하기
→	오른쪽으로 이동하기

크레인으로 책 옮기기 게임

유형	2인 협동 퍼즐	컴퓨터과학	프로그래밍 〉 기호 프로그래밍
난이도	★★★	컴퓨팅 사고력	알고리즘설계, 데이터표현, 시뮬레이션

두 명이 함께 하는 미션 활동입니다. 다음과 같은 방법으로 진행하세요.

❶ 책상 3개와 책 5권, A4용지 4장을 준비합니다. 만약 책이 없다면 색종이 등을 사용해도 됩니다.
❷ 종이 4장에 각각 ↑, ↓, ←, → 화살표를 그립니다.
❸ 한쪽 책상위에 책 5권을 아래 그림에서 왼쪽에 있는 모양대로 쌓습니다.

처음 순서　　①　　②　　③

❹ 둘 중에서 한 명은 조종사 역할을 맡아 종이 4장을 들고, 다른 한 명은 크레인 역할을 맡아 책상 근처에 섭니다.
❺ 조종사는 책의 모양을 위의 그림(①, ②, ③)에서 하나 선택합니다. 그리고 처음 순서에서 바뀐 순서로 만들기 위해 필요한 기호를 조합합니다.
❻ 게임이 시작되면 조종사는 기호가 그려진 종이를 하나씩 들어서 크레인에게 알려줍니다. 조종사는 말을 할 수 없습니다. 크레인은 기호를 보고 그대로 움직여서 책을 옮깁니다.
❼ 여러 모둠이 있을 경우 가장 먼저 책의 순서를 바꾸는 모둠이 우승합니다.

기호	행동
↑	책 들기
↓	책 내리기
←	왼쪽으로 이동하기
→	오른쪽으로 이동하기

해답 및 풀이

1장_ 정보의 표현

2장_ 자료의 구조

3장_ 알고리즘

4장_ 프로그래밍

 해답 및 풀이

1장 정보의 표현

1 크기가 달라지는 집

· 해답 ·

우리 눈으로는 알아내기 힘들지만, 사실 두 삼각형은 모두 직각 삼각형이 아닙니다.

위 삼각형(파란색)은 빗면이 안쪽으로 들어가 있습니다. 그래서 직각삼각형(노란색)보다 약간 작습니다. 아래 삼각형(빨간색)은 빗면이 바깥쪽으로 튀어나와 있습니다. 그래서 직각 삼각형(노란색)보다 더 큽니다.

이 차이나는 부분을 합치면 모눈종이 한 칸의 크기가 됩니다. 그래서 위 삼각형에는 없던 빈 공간이 아래 삼각형에는 생겨나는 것입니다.

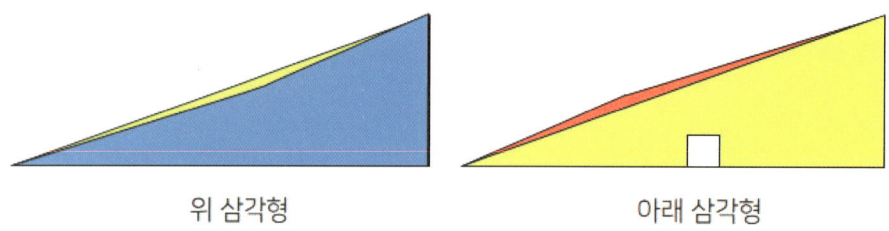

위 삼각형　　　　　　　아래 삼각형

· 풀이 ·

두 삼각형이 직각삼각형이 아니라는 것은 어떻게 알 수 있을까요? 이 사실을 알고 다시 문제의 삼각형을 봐도 우리의 눈으로는 빗면의 각도를 잘 구별하기 어렵습니다. 이럴 때는 수학을 이용하여 삼각형의 높이와 너비로 빗면의 기울기를 알아낼 수 있습니다.

빨간색 삼각형과 초록색 삼각형은 서로 빗면의 기울기가 다릅니다. 빗면의 기울기는 삼각형의 가로, 세로 비율을 통해 알 수 있습니다.

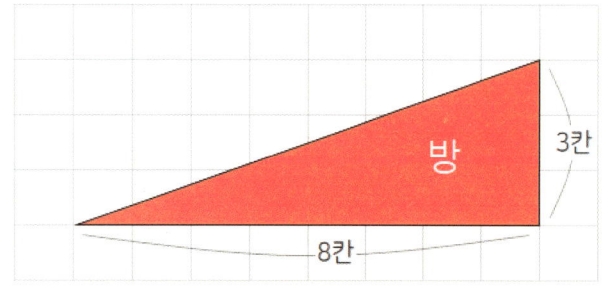 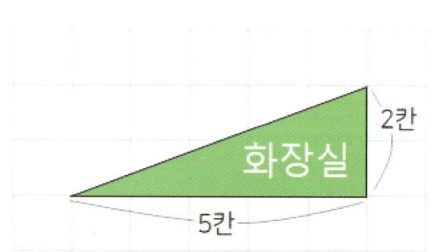

빨간색 삼각형은 가로 8칸, 세로 3칸으로 이루어진 직각 삼각형입니다. 가로세로 비율은 40:15가 됩니다. 초록색 삼각형은 가로 5칸, 세로 2칸으로 이루어진 직각 삼각형입니다. 가로세로 비율은 40:16이 됩니다. 빨간색 삼각형과 초록색 삼각형의 가로세로 비율이 다르다는 것을 알 수 있습니다.

수학을 이용하여 계산하면 빨간색 삼각형의 빗면은 약 20.56° 기울어져 있고, 초록색 삼각형의 빗면은 약 21.80°기울어져 있습니다. 거의 1°정도 차이가 나는데 우리의 눈은 그것을 구별하기 어렵습니다.

결과적으로 이 퍼즐은 우리 눈의 한계를 이용한 착시 퍼즐로, 아날로그 계산의 부정확성을 보여주는 예시입니다.

> 빨간색 삼각형 : 가로 8칸 : 세로 3칸 = 8 : 3 = 40 : 15 = 2.67 : 1 빗면 기울기 = 약 20.56도
> 초록색 삼각형 : 가로 5칸 : 세로 2칸 = 5 : 2 = 40 : 16 = 2.5 : 1 빗면 기울기 = 약 21.80도

이 퍼즐은 디지털 정보와 아날로그 정보의 차이점을 보여주는 퍼즐입니다. 아날로그는 '있는 그대로의 자연의 것'이라는 뜻으로 우리가 느낄 수 있는 바람, 소리, 물의 높낮이, 햇빛 등의 정보를 의미합니다. 반대로 디지털은 '손가락셈'이라는 뜻으로 아날로그 정보를 측정하여 숫자로 나타낸 정보입니다.

아날로그 정보는 정보의 양이 많습니다. 예를 들어 우리 눈앞에서 가수가 노래를 부른다면 우리는 큰 감동을 받을 것입니다. 하지만 이 노래를 휴대폰으로 녹음해서 집에서 다시 튼다면 그 감동은 많이 적어질 것입니다. 바로 '녹음'을 통해서 아날로그 정보가 디지털 정보로 바뀌면서 정보의 양이 줄어들었기 때문입니다.

반면에 디지털 정보는 명확하고 객관적입니다. 그리고 비교와 계산이 가능합니다. 아날로그 방식으로 정보를 표현하는 것은 이렇습니다. 시온이가 어제의 날씨를 '정말 따뜻해서 공원에 가서 놀고 싶은 날씨야.'라고 얘기합니다. 지안이는 오늘의 날씨를 '오늘 조금 흐려서 도서관에 가서 책을 보고 싶은 날씨야.'라고 얘기합니다. 그럼 어제의 날씨에 비해서 오늘의 날씨는 얼마나 추울까요? 아날로그적인 정보는 주관적이기 때문에 서로 비교가 힘듭니다.

디지털 정보는 기온을 온도, 습도 등으로 나타내는 것입니다. 날씨를 디지털 방식으로 표현하면 이런 식입니다. 시온이가 어제의 날씨를 측정했더니 기온이 25°, 습도가 40%였습니다. 지안이가 오늘의 날씨를 측정했더니 기온이 20°, 습도가 60%였습니다. 이러면 어제와 오늘의 날씨를 비교하기가 쉽습니다. 기온은 5° 떨어졌고, 습도는 20% 올랐습니다. 이처럼 아날로그 정보로는 불분명했던 사실이 디지털 정보로 나타내면서 분명해집니다.

컴퓨터는 모든 정보를 디지털로 변환하여 저장하고, 연산합니다. 예를 들어 우리가 디지털카메라로 사진을 찍으면 영상이 잘게 쪼개어져서 각각의 칸이 숫자 형태로 저장됩니다. 우리가 컴퓨터에서 보는 JPG, PNG 이미지들은 이렇게 숫자 형태로 저장된 그림입니다. 사진이 디지털 정보로 되어 있기 때문에 우리는 사진을 편집하고 인터넷으로 친구에게 보낼 수 있는 것입니다.

우리가 예술을 다루거나 감정을 나눌 때는 아날로그적인 감수성이 필요합니다. 반면에 문제를 해결하거나 프로그램을 만들 때는 디지털적인 논리성이 필요합니다. 한 가지에 치우치기보다는 두 가지 능력을 모두 계발하여 균형 잡힌 사람이 되는 것이 중요합니다.

2. 0과 1로 바꾸기

• 해답 •

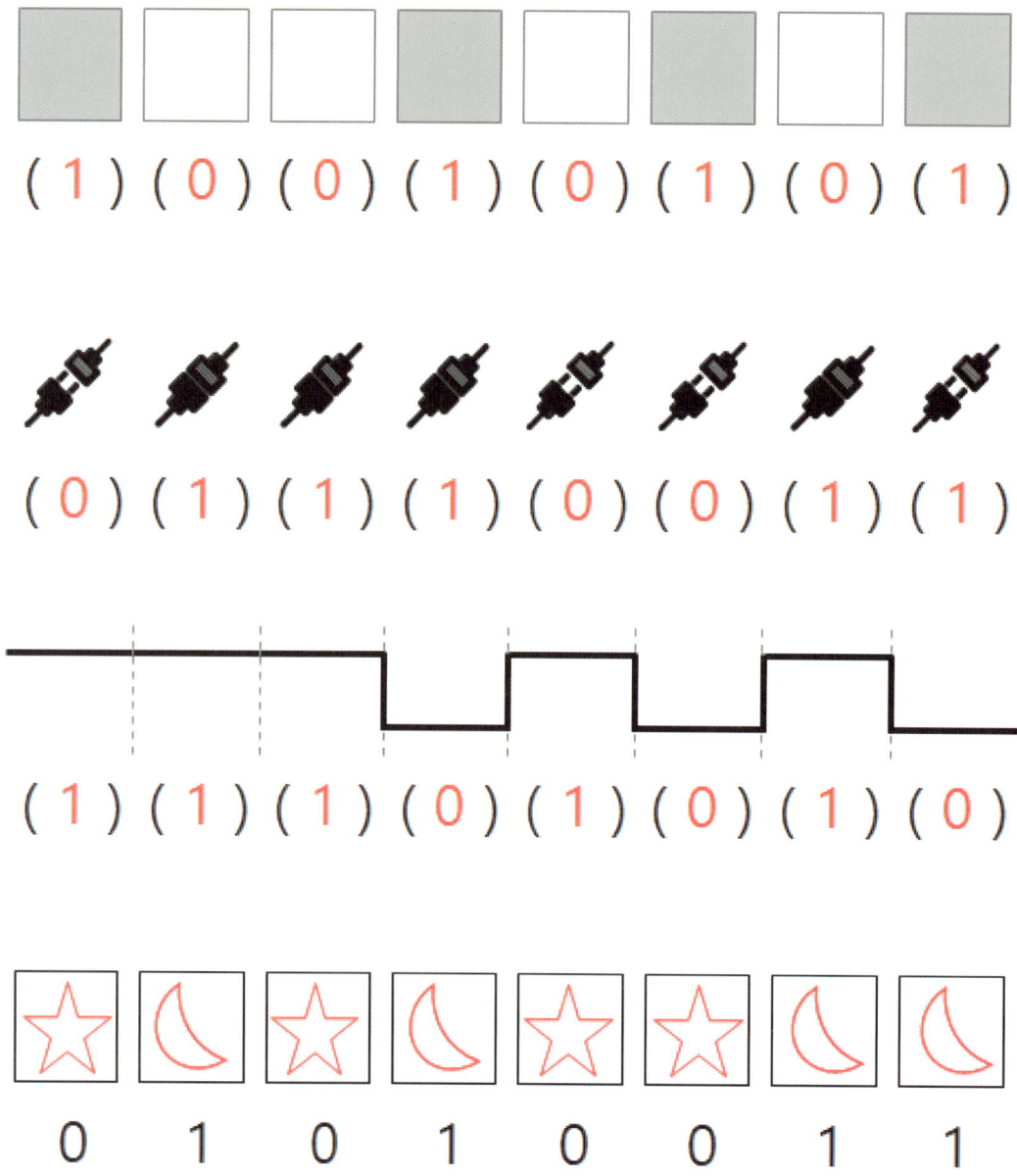

• 풀이 •

예시에서 1과 0의 표현방법을 파악한 후 문제를 풀면 됩니다. 1과 0의 숫자로 정보를 표현하는 것을 이진법(Binary System)이라고 합니다. 또한 컴퓨터, 스마트폰, 에어컨 등 이진법으로 작동하는 장치를 디지털(Digital) 장치라고 합니다.

3 전기 스위치로 수 표현하기

해답

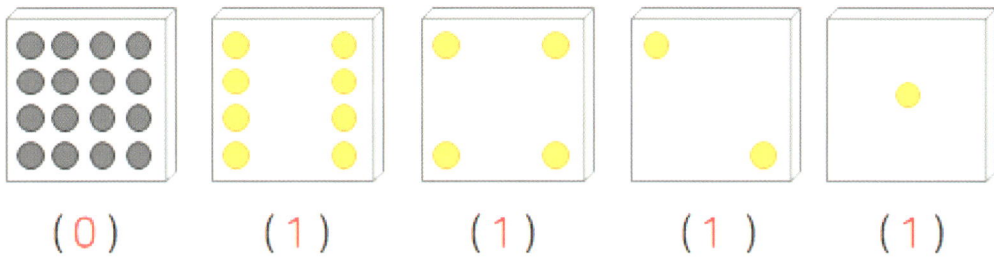

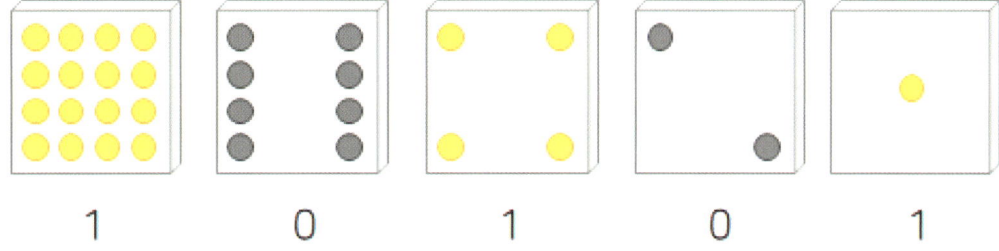

풀이

이진법을 이용해 1과 0으로만 만들어지는 수를 이진수(Binary Number)라고 합니다. 이진수는 맨 오른쪽에서부터 차례대로 1, 2, 4, 8, 16, …의 자리값을 가지고 있습니다. 각각의 자리값에 1 또는 0을 곱해서 모두 더하면 이진수가 나타내는 수가 됩니다.

4 손가락으로 수 표현하기

해답

2 + 19 = (21)		7 + 16 = (23)
3 + 17 = (20)		6 + 18 = (24)

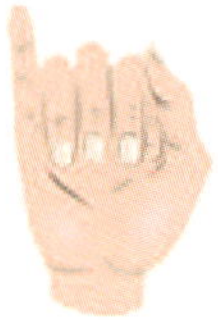

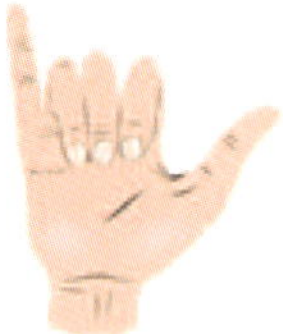

풀이

이진수를 알지 못한다면 여러분은 한 손 (다섯 손가락)으로 5까지 셀 수 있습니다. 하지만 이진수를 이용하면 한 손으로 31까지 수를 셀 수 있습니다. 다섯 개의 손가락은 5자리의 이진수를 나타냅니다. 그리고 손가락을 펴면 1, 손가락을 접으면 0으로 이진수를 만들 수 있습니다. 5자리의 이진수는 00000부터 11111까지 총 32가지의 수를 표현할 수 있는데 0부터 31까지 수가 됩니다.

5. 몸으로 수 표현하기

해답

풀이

아이들이 들어 올린 카드의 점을 모두 더하면 수가 만들어집니다. 다섯 명이 모이면 0부터 31까지의 수를 표현할 수 있고 6명이 모이면 0부터 63까지의 수를 표현할 수 있습니다. 다섯 명씩 모여 0부터 31까지의 수를 차례대로 만들되 최대한 빨리 만들어 봅시다.

6. 이진수 모양 더하기

• 해답 •

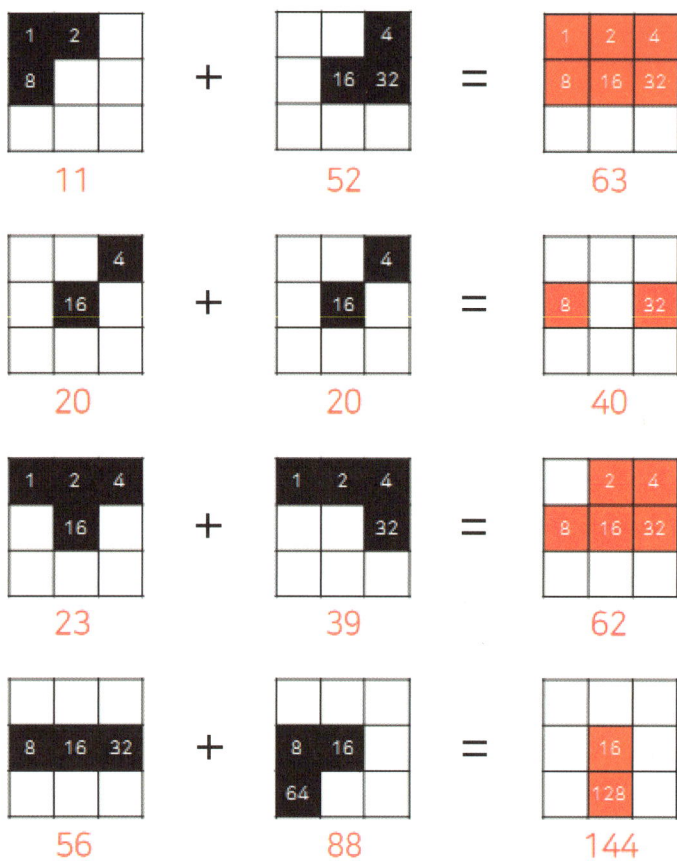

• 풀이 •

이 문제를 푸는 방법은 크게 두 가지입니다. 하나는 각각의 바코드를 숫자로 변환한 후 더하는 방법입니다. 더해서 나온 수를 다시 바코드로 바꿔주면 됩니다. 다른 하나는 바코드 그림 자체를 더해버리는 방법입니다.

아래는 바코드 그림을 숫자로 변환하지 않고 더해주는 방법입니다.

❶ 검은색 칸의 위치가 서로 다를 경우 같이 칠해주면 됩니다.

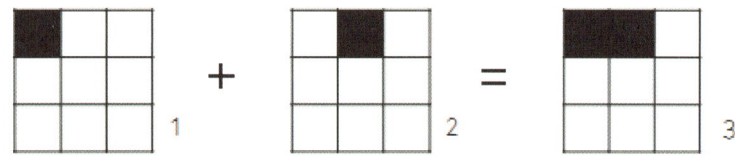

❷ 똑같은 위치의 검은 칸을 서로 더할 경우 해당 칸은 흰색이 되고, 대신 그 다음 칸을 칠해주면 됩니다. 이진수 1과 1을 더하면 10이 되는 것과 같은 원리입니다.

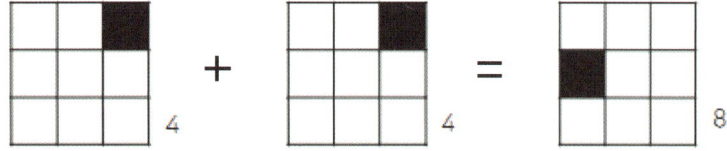

7. 바이너리 퍼즐 (0과 1 채우기)

• 해답 •

0	1	0	1	1	0
0	1	0	1	0	1
1	0	1	0	0	1
1	1	0	0	1	0
0	0	1	1	0	1
1	0	1	0	1	0

1	0	0	1	1	0
1	0	1	0	0	1
0	1	0	1	0	1
0	1	0	1	1	0
1	0	1	0	1	0
0	1	1	0	0	1

1	0	0	1	0	0	1	1
0	0	1	0	1	1	0	1
0	1	0	1	0	1	1	0
1	1	0	0	1	0	0	1
1	0	1	1	0	1	0	0
0	1	1	0	0	1	1	0
1	0	0	1	1	0	0	1
0	1	1	0	1	0	1	0

• 풀이 •

바이너리 퍼즐문제는 아래의 두 가지 방법을 사용하면 쉽게 풀 수 있습니다.

❶ 연속된 숫자의 양쪽에는 다른 숫자가 들어가야 합니다. 예를 들어 다음과 같이 1이 두 개 연속되어 있다면 그 양쪽에는 모두 0이 들어가야 합니다. 그렇지 않으면 1이 3개 이상 연속되기 때문입니다.

	1	1	

❷ 같은 숫자 사이에는 다른 숫자가 들어가야 합니다. 예를 들어 다음과 같이 두 개의 1 사이에는 0이 들어가야 합니다. 그렇지 않으면 1이 3개 이상 연속되기 때문입니다.

1		1

8 픽셀 그림 그리기

해답

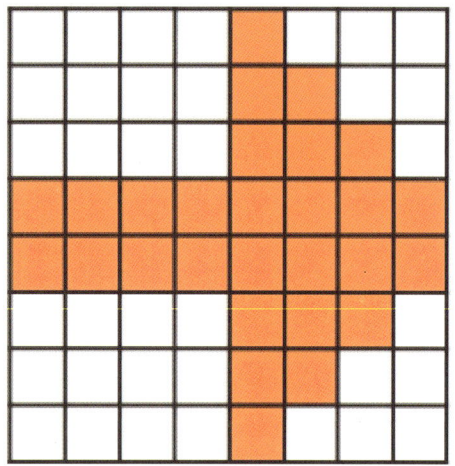
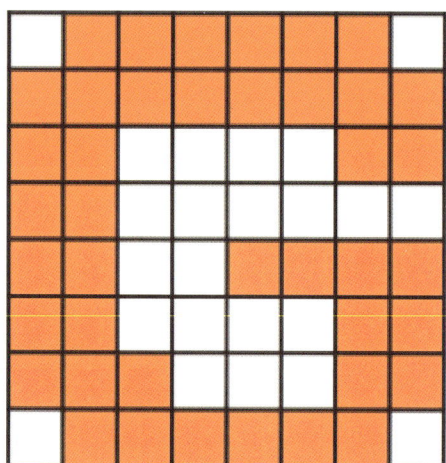

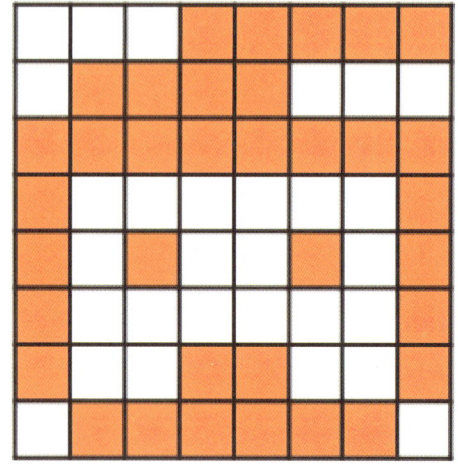

풀이

칸에 있는 값이 1인 것만 색칠해주면 쉽게 풀 수 있습니다. 마지막 문제는 이진수 1줄이 그림 2줄로 바뀌기 때문에 조금 어려울 수 있지만 차례대로 바꾸어주면 풀 수 있습니다. 이런 식으로 하나하나의 숫자(비트)로 그림을 나타내는 것을 비트맵(Bitmap)방식의 이미지 표현이라고 합니다.

9 컬러 픽셀 그림 그리기

• 해답 •

0	0	0	0	0	0	4	4
0	0	0	0	0	4	3	4
0	0	0	0	4	3	4	0
0	0	0	4	3	4	0	0
2	0	4	3	4	0	0	0
0	2	3	4	0	0	0	0
0	1	2	0	0	0	0	0
1	0	0	2	0	0	0	0

0	0	3	3	3	0	0	0
3	3	3	3	3	3	0	2
0	4	4	1	4	1	0	3
1	4	4	4	4	4	0	3
3	3	3	3	2	3	1	3
0	0	3	2	2	2	0	3
0	1	3	3	2	3	0	2
0	1	0	0	0	1	1	0

0	1	1	0	0	0	0	1	1	0
1	1	0	0	0	0	0	0	1	1
1	0	0	0	2	2	0	0	0	0
0	0	0	2	2	2	2	0	0	0
0	0	2	2	2	3	3	2	0	0
0	0	3	2	3	3	3	3	0	0
0	0	0	3	3	3	3	0	0	0
0	0	0	0	3	3	0	0	0	0
1	1	0	0	0	0	0	0	1	1
0	1	1	0	0	0	0	0	1	0

4	4	4	4	1	1	1	1	4	4	4	4
4	4	1	1	3	3	3	3	1	1	4	4
4	1	2	2	3	3	3	3	2	2	1	4
4	1	2	2	3	3	3	3	2	2	1	4
1	3	3	3	3	3	3	3	3	3	3	1
1	3	3	3	3	1	1	3	3	3	3	1
1	1	3	3	1	0	0	1	3	3	1	1
1	0	1	1	1	0	0	1	1	1	0	1
4	1	0	0	0	1	1	0	0	0	1	4
4	1	0	0	0	0	0	0	0	0	1	4
4	4	1	1	0	0	0	0	1	1	4	4
4	4	4	4	1	1	1	1	4	4	4	4

0	0	0	0	0	2	2	2	2	2	0	0	0	0	0	0
0	0	0	0	2	2	2	2	2	2	2	2	2	0	0	0
0	0	0	0	1	1	1	4	4	1	4	0	0	0	0	0
0	0	0	1	4	1	4	4	4	1	4	4	4	0	0	0
0	0	0	1	4	1	1	4	4	4	1	4	4	4	0	0
0	0	0	0	1	4	4	4	4	1	1	1	1	0	0	0
0	0	0	0	0	4	4	4	4	4	4	0	0	0	0	0
0	0	0	0	2	2	3	2	2	3	2	2	0	0	0	0
0	0	0	2	2	2	3	2	2	3	2	2	2	0	0	0
0	0	2	2	2	2	3	3	3	3	2	2	2	2	0	0
0	0	4	4	2	3	4	3	3	4	3	2	4	4	0	0
0	0	4	4	4	3	3	3	3	3	3	4	4	4	0	0
0	0	4	4	3	3	3	3	3	3	3	3	4	4	0	0
0	0	0	0	3	3	3	0	0	3	3	3	0	0	0	0
0	0	0	1	1	1	0	0	0	0	1	1	1	0	0	0
0	0	1	1	1	1	0	0	0	0	1	1	1	1	0	0

• 풀이 •

각각의 칸에 적힌 숫자를 보고 해당하는 색을 칠하면 그림을 완성할 수 있습니다. 이 문제에서는 5개의 컬러를 이용했지만 우리가 컴퓨터에서 사용하는 트루컬러 형식의 그림은 약 1,670만개의 컬러를 이용하기 때문에 거의 모든 색상을 표현할 수 있습니다.

10 픽셀 그림 문제 만들기

해답

서로 문제를 내고 푸는 퍼즐로 해답은 없습니다. 만약 처음에 그린 그림과 다른 사람에게 전달해서 나중에 그린 그림이 서로 다르다면 어디에서 잘못된 것인지 확인하는 것도 중요합니다. 그림을 숫자로 변환할 때 오류가 있었는지, 숫자를 그림으로 변환할 때 오류가 있었는지 확인해 보세요. 이런 과정을 컴퓨터 과학에서는 디버깅(Debugging)이라고 합니다.

11 벡터 그림 그리기

해답

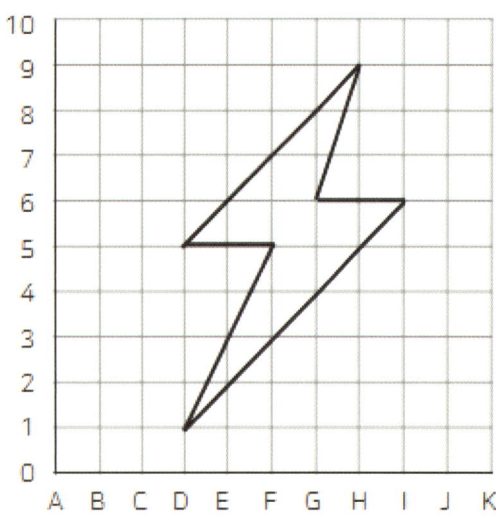 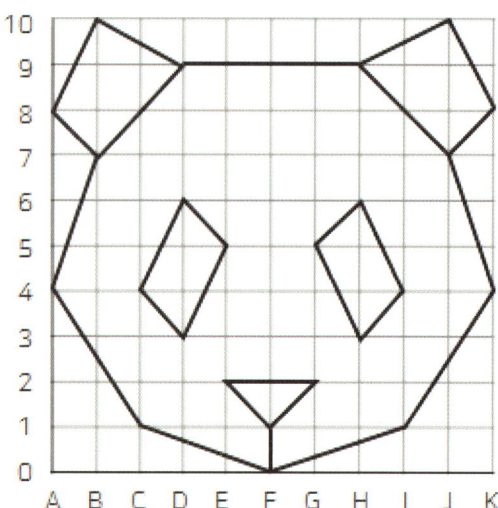

풀이

좌표를 따라 선을 연결하면 문제를 풀 수 있습니다. 벡터방식의 그림 표현은 그림의 크기가 커질 때 매우 유용합니다. 예를 들어 픽셀(비트맵) 방식의 그림은 크기를 4배 확대하면 그림 파일의 크기도 4배 증가합니다. 하지만 벡터 방식은 파일 크기의 변화가 거의 없습니다. 때문에 고해상도의 큰 그림을 저장할 때는 벡터 방식을 주로 사용합니다. 우리가 흔히 사용하는 포토샵프로그램은 픽셀방식을 일러스트레이터는 벡터방식을 사용합니다.

12 벡터 그림 문제 만들기

해답

서로 문제를 내고 푸는 퍼즐로 해답은 없습니다. 만약 처음에 그린 그림과 다른 사람에게 전달해서 나중에 그린 그림이 서로 다르다면 어디에서 잘못된 것인지 확인하는 것도 중요합니다. 그림을 좌표로 변환할 때 오류가 있었는지, 좌표를 그림으로 변환할 때 오류가 있었는지 확인해 보세요. 이런 과정을 컴퓨터 과학에서는 디버깅(Debugging)이라고 합니다.

13 압축된 그림 그리기

해답

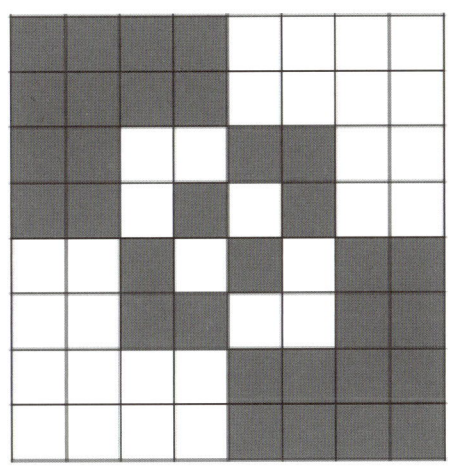 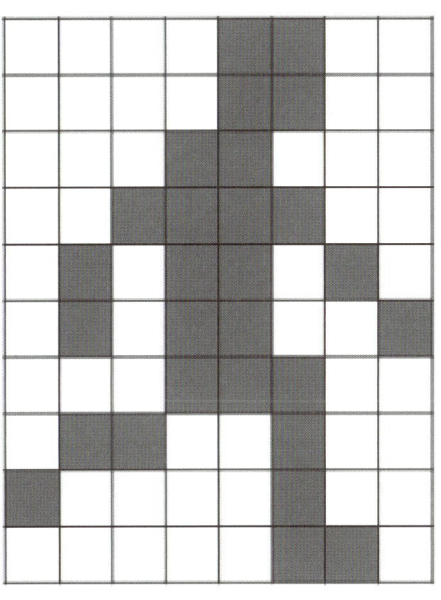

풀이

픽셀방식의 그림표현은 그림의 크기가 커지면 파일의 크기도 커지고 전송 시간도 늘어납니다. 그러한 점을 해결하기 위해 생겨난 것이 그림압축방식입니다. 이번 퍼즐에 소개된 압축방식은 연속길이 부호화(Run Length Encoding)라고 합니다. 같은 숫자가 연속되면 그 개수를 숫자로 표현하는 것입니다. 예를 들면 1, 1, 1, 1, 0, 0, 0, 0을 4, 4로 표현합니다. 그리고 1, 1, 1, 1, 0, 0, 0, 0과 0, 0, 0, 0, 1, 1, 1, 1을 구별하기 위해서 0으로 시작할 경우 앞에 0을 추가해 줍니다. 다음 그림은 첫 번째 그림을 압축한 코드와 압축하지 않은 코드를 비교한 것입니다.

4, 4
4, 4
2, 2, 2, 2
2, 1, 1, 1, 1, 2
0, 2, 1, 1, 1, 1, 2
0, 2, 2, 2, 2
0, 4, 4
0, 4, 4

1,1,1,1,0,0,0,0,
1,1,1,1,0,0,0,0,
1,1,0,0,1,1,0,0,
1,1,0,1,0,1,0,0,
0,0,1,0,1,0,1,1,
0,0,1,1,0,0,1,1,
0,0,0,0,1,1,1,1,
0,0,0,0,1,1,1,1

14 압축된 컬러 그림 그리기

해답

풀이

각 줄의 첫 칸부터 주어진 컬러를 숫자만큼 칠하면 그림이 나타납니다.

15 나의 그림 압축하기

해답

서로 문제를 내고 푸는 퍼즐로 해답은 없습니다. 만약 처음에 그린 그림과 다른 사람에게 전달해서 나중에 그린 그림이 서로 다르다면 어디에서 잘못된 것인지 확인하는 것도 중요합니다. 그림을 압축할 때 오류가 있었는지, 압축된 코드를 그림으로 변환할 때 오류가 있었는지 확인해 보세요. 이런 과정을 컴퓨터 과학에서는 디버깅(Debugging)이라고 합니다.

아래는 그림을 압축하는 예시입니다.

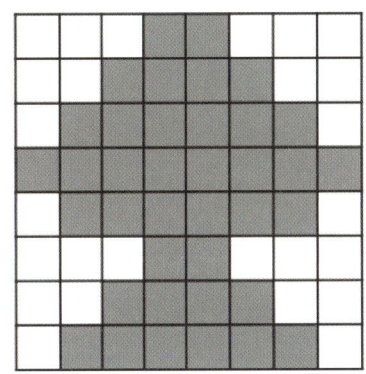

16 16진수 픽셀 그림 그리기

해답

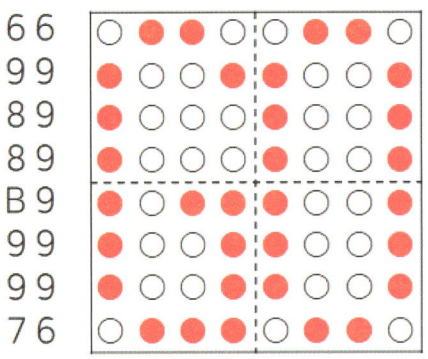
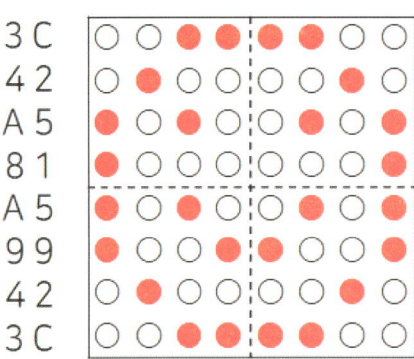

풀이

8X8 도트매트릭스는 가로 8개, 세로 8개씩 총 64개의 LED를 이용해서 글자와 그림을 표현하는 그래픽 표현장치입니다. 불이 들어오는 LED는 1로 표시하고, 불이 들어오지 않는 LED는 0으로 표시하는 비트맵(Bitmap)방식으로 불을 제어할 수 있는데 이것은 픽셀 그림을 그리는 방식과 동일합니다.

첫 번째 퍼즐의 첫 번째 줄에 있는 LED 8개를 이진수로 표현하면 0, 1, 1, 0, 0, 1, 1, 0이 되는데 이를 16진수로 표현하면 6, 6이 됩니다. 16진수는 이진수 4개를 0부터 F까지 숫자 중 하나로 표현할 수 있습니다. 이진수로 표현하는 것보다 사람이 읽고 쓰기 편하기 때문에 개발자들은 이진수 대신 16진수를 많이 사용합니다.

17. 16진수 픽셀 그림 조합하기

해답

가	나	다	라	마	바
0	1	0	8	8	4
1	F	F	4	2	7
2	1	0	2	2	4
4	1	5	1	5	4
4	9	A	9	A	4
5	2	5	5	5	2
7	4	2	F	F	1
4	8	8	1	0	0

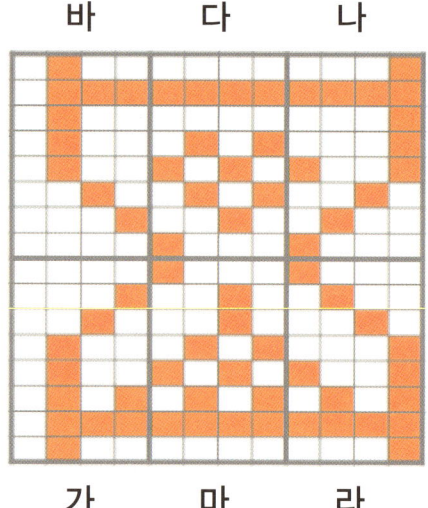

모래시계

가	나	다	라	마	바
F	0	3	5	E	0
8	0	6	7	B	0
D	0	4	2	9	0
D	0	0	2	8	0
D	2	1	7	C	2
7	2	3	7	6	2
0	3	2	F	2	E
0	0	2	F	2	8

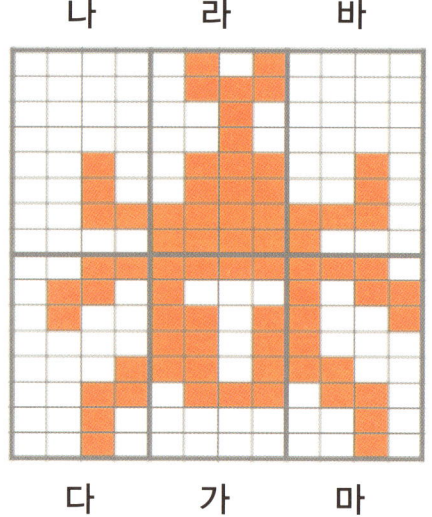

장수풍뎅이

가	나	다	라	마	바
0	F	F	E	3	1
0	B	B	F	7	3
0	B	B	F	7	3
0	C	7	7	7	F
0	F	F	F	7	7
0	F	E	E	3	7
1	F	E	C	1	3
F	F	C	D	1	1

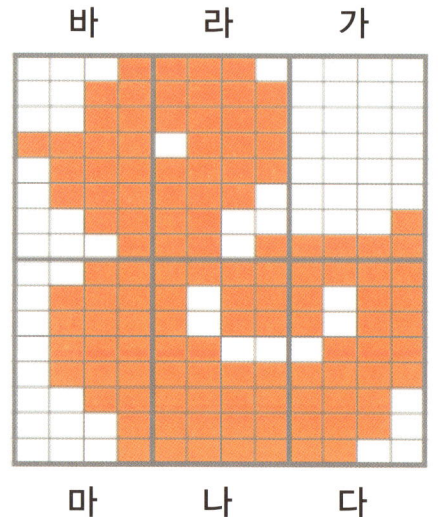

오리

• 풀이 •

종이의 위아래는 바뀌지 않고 위치만 바꾸어 그림을 찾아낼 수 있습니다. 각각의 칸을 색칠할 때 진하게 칠해야 그림을 조합할 때 더 쉽습니다. 이 게임은 16진수, 픽셀그림 표현, 패턴 찾기 등 다양한 분야가 합쳐진 놀이입니다.

18 내 이름을 숫자로 바꾸기

• 해답 •

자신의 이름을 유니코드로 바꾸는 것으로 정답은 없습니다. 한글 유니코드는 약 11,000자 정도이므로 책에 모든 글자를 표시할 수는 없습니다. 대신 많이 사용되는 성씨의 유니코드를 아래에 나타냈습니다.
한글 유니코드의 모든 글자는 아래의 PDF 문서에서 확인할 수 있습니다.
인터넷주소창에 아래의 주소를 입력하면 다운로드 받을 수 있습니다.
http://www.unicode.org/charts/PDF/UAC00.pdf

글자	계산식	유니코드
김	44,032+(28×21×0)+(28×20)+16	&#44608;
이	44,032+(28×21×11)+(28×20)+0	&#51060;
박	44,032+(28×21×7)+(28×0)+1	&#48149;
최	44,032+(28×21×14)+(28×11)+0	&#52572;
정	44,032+(28×21×12)+(28×4)+21	&#51221;
강	44,032+(28×21×0)+(28×0)+21	&#44053;
조	44,032+(28×21×12)+(28×8)+0	&#51312;
윤	44,032+(28×21×11)+(28×17)+4	&#50980;
징	44,032+(28×21×12)+(28×0)+21	&#51109;
임	44,032+(28×21×11)+(28×20)+16	&#51076;

19 팔찌 주인 찾기

• 해답 •

팔찌의 주인은 임지안입니다.

• 풀이 •

팔찌의 매듭을 기준으로 오른쪽으로 구슬을 읽으면 ○●●○○, ○●○●○, ○○○○● 이 됩니다.
이 패턴을 문제 아래의 표에서 읽으면 12, 10, 1로 바꿀 수 있습니다.
다시 숫자를 문제 아래에 있는 표에서 읽으면 L, J, A가 됩니다.
LJA는 바로 임지안의 영문 이름 이니셜입니다.

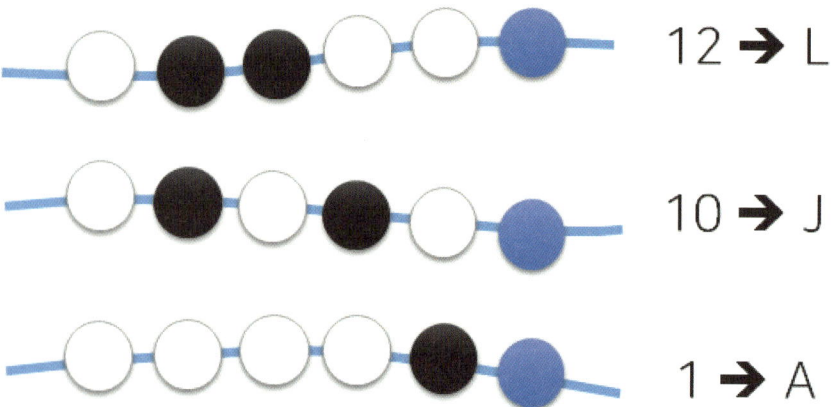

아래는 다른 학생들의 영문 이름 이니셜입니다.

최준서(Choe Jun-Seo)   박진호(Park Jin-Ho)
김서윤(Kim Seo-Yun)   이효연(Lee Hyo-Yeon)

20 이니셜 팔찌 만들기

• 해답 •

각자의 이름 이니셜을 이용해서 팔찌를 만드는 것으로 정답은 없습니다.
실제 비즈(비드)를 고무줄에 꿰어 팔찌, 목걸이를 만드는 활동을 할 수 있습니다. 약 30cm의 고무줄에 구멍이 뚫린 3가지 색상의 비즈를 이용하여 아스키코드 팔찌를 만들어 보세요. 두 가지 컬러로 1과 0을 나타내고 남은 한 가지 컬러는 각각의 글자를 구분하는 역할을 합니다. 팔찌의 경우 구슬의 개수가 약 20개 일 때 어린이 손목에 맞습니다. 비즈에 크기에 따라 영문 이니셜을 2개~4개로 맞추어 나만의 팔찌를 만들어 보세요.

21 주소방식으로 글자 압축하기

· 해답 ·

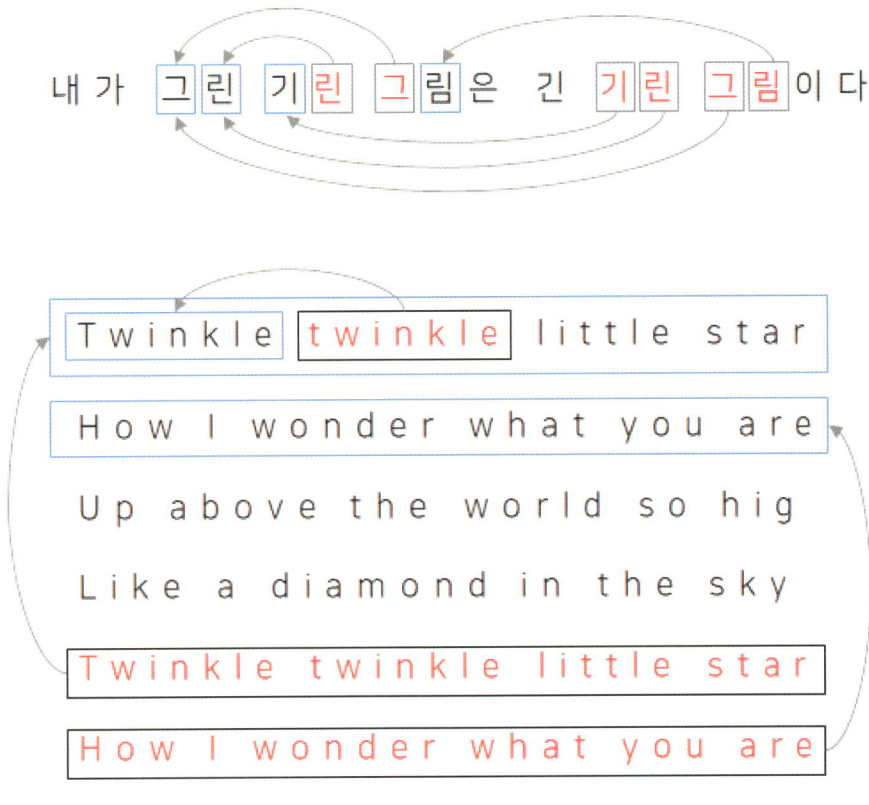

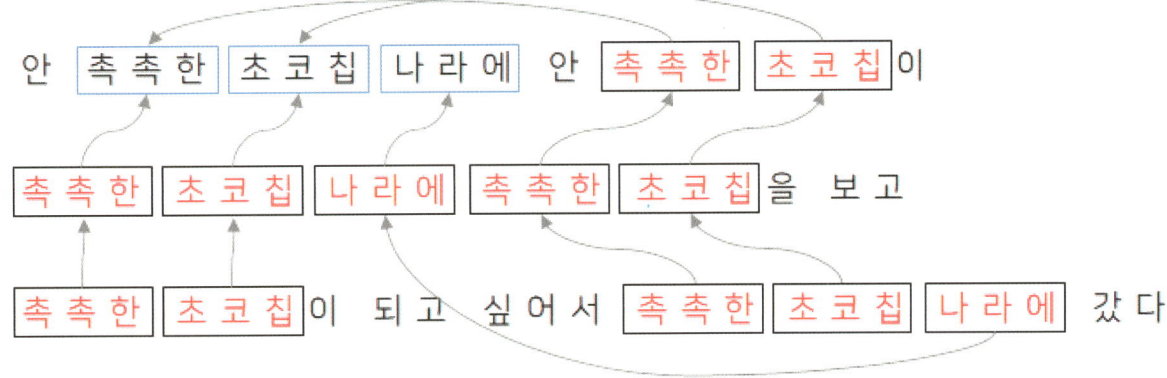

· 풀이 ·

빈 칸의 화살표가 가리키는 곳에 있는 글자를 가져오면 문제를 어렵지 않게 풀 수 있습니다. 이처럼 두 번 이상 반복되는 글자(단어)가 있을 경우 첫 번째 글자를 제외한 나머지 글자들의 값을 첫 번째 글자의 위치(주소)로 대신하는 방법을 LZ(렘펠-지브) 압축방식이라고 합니다.

22 사전방식으로 글자 압축하기

해답

기호	글자
@	다람
#	알밤
$	줍는
%	다람쥐
&	보름

압축된 문장

@ @ % # $ %
& & 달밤에 # $ %

⇒

다람 다람 다람쥐
알밤 줍는 다람쥐
보름 보름 달밤에
알밤 줍는 다람쥐

기호	글자
@	작은
#	송아지
$	송아지통
%	옆에
&	송아지는

압축된 문장

@ # $ %
큰 # # 밥이 있고
큰 # $ %
@ # # 밥이 있다

@ & 큰 # # 밥 %
@ # $ 물을 먹고
큰 & @ # # 밥 %
큰 # $ 물을 먹었다

⇒

작은 송아지 송아지통 옆에
큰 송아지 송아지 밥이 있고
큰 송아지 송아지통 옆에
작은 송아지 송아지 밥이 있다

작은 송아지는 큰 송아지 송아지밥 옆에
작은 송아지 송아지통 물을 먹고
큰 송아지는 작은 송아지 송아지밥 옆에
큰 송아지 송아지통 물을 먹었다

풀이

특수기호에 해당하는 글자를 표에서 찾아서 넣어 주면 어렵지 않게 문제를 풀 수 있습니다. 이처럼 자주 반복되는 글자(단어)를 사전으로 만들어 다른 기호로 대체하는 방법을 사전 기반 압축방식이라고 합니다. 대표적으로 LZW(렘펠-비즈-웰치)압축이 있습니다. 여러분들이 사용하는 이미지파일 중에 GIF, TIFF 파일이 이 방식을 이용하고 있습니다.

23 상형문자 해석하기

• 해답 •

총 네 가지 의미로 해석될 수 있습니다.

번호	기호	의미
1	바람 / 바람 / 바람 / 구름	바람, 바람, 바람, 구름
2	눈 / 안개 / 구름	눈, 안개, 구름
3	바람 / 눈 / 비 / 구름	바람, 눈, 비, 구름
4	눈 / 비 / 바람 / 구름	눈, 비, 바람, 구름

• 풀이 •

기호를 순서대로 표에서 찾아서 넣어보면 문제를 풀 수 있습니다.

그런데 이처럼 글자를 축약하면 의미가 제대로 전달되지 않는 문제가 발생할 수 있습니다. 컴퓨터는 정확한 의미를 전달해야하기 때문에 이러한 문제를 사전에 방지해야 합니다. 다음 퍼즐의 '허프만 코딩'은 이런 문제를 해결할 수 있는 압축 방법입니다.

24 이진수 압축 글자 해석하기

해답

이진수	글자	이진수	글자
000	I	101	S
001	R	111	_
010	T	1100	H
011	Y	11010	A
100	O	11011	D

압축된 문장

010/100/11011/11010/011/111/
T O D A Y _
101/010/100/001/011/111/000/101/111/
S T O R Y _ I S _
1100/000/101/010/100/001/011
H I S T O R Y

문장: TODAY_STORY_IS_HISTORY

이진수	글자	이진수	글자
00	멍	1100	네
01	꿀	10110	고
100	이	10111	도
111	_	11010	는
1010	하	11011	해

압축된 문장

00/00/100/1100/111/
멍 멍 이 네 _
01/01/100/11010/111/
꿀 꿀 이 는 _
00/00/11011/10111/111/
멍 멍 해 도 _
01/01/1010/10110/111/
꿀 꿀 하 고 _
01/01/100/1100/111/
꿀 꿀 이 네 _
00/00/100/11010/111/
멍 멍 이 는 _
01/01/11011/10111/111/
꿀 꿀 해 도 _
00/00/1010/1100
멍 멍 하 네

문장: 멍멍이네_꿀꿀이는_

멍멍해도_꿀꿀하고_

꿀꿀이네_멍멍이는_

꿀꿀해도_멍멍하네

풀이

압축된 문장의 숫자를 하나씩 늘려가면서 왼쪽의 표에서 찾아 글자로 변환하면 풀 수 있습니다. 압축된 코드가 다른 코드와 중복되지 않기 때문에 압축을 풀면 정확한 원본 데이터가 나타납니다.
그리고 한글의 한 글자는 이진수 16개로 표현되는데, 여기서는 2~5개의 이진수로 압축되어 표현됩니다. 또한 자주 반복되는 글자가 더 적은 개수의 이진수로 이루어져 있습니다. 위의 압축방식을 허프만 압축방식이라고 하는데, 사전적 압축방식과 통계적 압축방식이 혼합되어 있습니다.

25 무대조명 색상 만들기

• 해답 •

시간	무대 색상	빨간색 조명	초록색 조명	파란색 조명
시작	파란색	Off	Off	On
5분 후	청록색	Off	On	On
10분 후	노란색	On	On	Off
15분 후	다홍색	On	Off	On
20분 후	검정색	Off	Off	Off
25분 후	흰색	On	On	On

• 풀이 •

색의 삼원색이 빨강, 파랑, 노랑이라면 빛의 삼원색은 빨강(Red), 초록(Green), 파랑(Blue)입니다. 색상 이름의 앞글자를 따서 RGB라고 부릅니다. 빛을 이용해 색상을 만들어 내는 화면(TV, 모니터, 스마트폰, 전광판 등)은 모두 이 RGB 색상을 혼합하여 색을 표현합니다. 우리가 많이 사용하는 트루컬러는 이 세 가지 색상을 각각 0~255까지 값으로 표현합니다. 따라서 이 세 가지 색상을 혼합하면 255×255×255=16,581,375가지의 색상을 표현할 수 있습니다.

26 좌표를 이용해 그림 그리기

• 해답 •

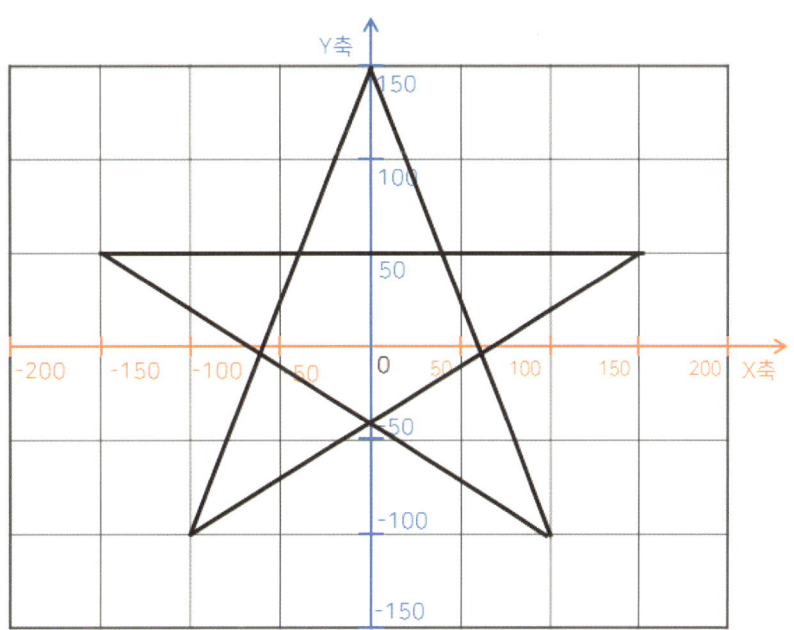

- 풀이 -

2차원 평면에 한 점의 위치를 나타내기 위해서는 두 개의 축이 필요합니다. 우리는 일반적으로 가로 축을 X축, 세로 축을 Y축으로 나눈 후 두 축의 값으로 위치를 나타냅니다. 컴퓨터 프로그램에서도 동일한 원리를 이용하여 위치를 표현합니다. 하지만 프로그램에 따라서 좌표의 범위(X축, Y축의 최소값과 최대값)와 중심점(X축과 Y축의 값이 모두 0인 지점)의 위치는 달라질 수 있습니다.

마찬가지로 네비게이션 등에 사용되는 GPS는 지도상에서 우리의 위치를 위도(동쪽과 서쪽을 연결한 축)와 경도(북쪽과 남쪽을 연결한 축)의 두 가지 값으로 나타냅니다.

27 벡터방식으로 그림 그리기

- 해답 -

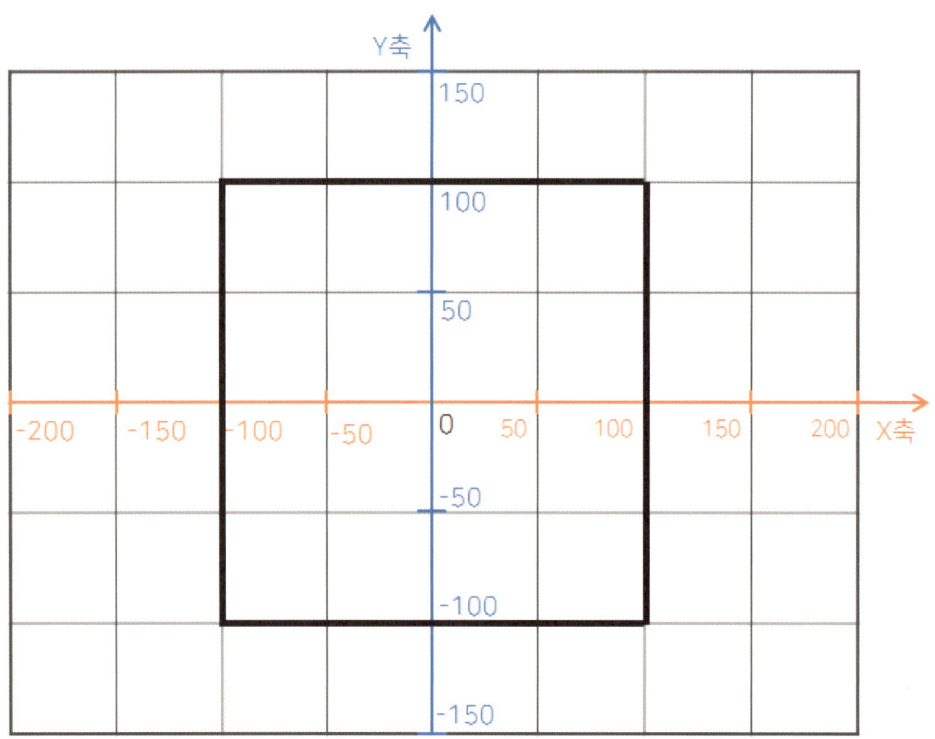

- 풀이 -

우리가 어떤 장소를 찾아가는 방법은 크게 두 가지입니다. 하나는 주소(또는 GPS 위치)를 이용해서 찾아가는 것입니다. 우리는 이것을 좌표방식 이동이라고 부릅니다. 다른 하나는 현재 위치에서 방향과 거리만큼 움직이는 것입니다. 우리는 이것을 벡터방식 이동이라고 부릅니다. 좌표방식은 간편하지만 미리 주소를 알고 있어야 하고 이동경로를 바꾸기 어렵습니다. 대신 벡터방식은 복잡하지만 좌표를 몰라도 되고 이동 경로를 바꾸기 쉽습니다. 컴퓨터 프로그램에서는 경우에 따라서 이 두 가지 방식 중에 적절한 방법을 선택하여 사용합니다.

2장 자료의 구조

해답 및 풀이

28 변수 논리 퍼즐 풀기

• 해답 •

변수 힌트
1. A + C + E = 6
2. C + E = A
3. A + B + C = 10

값 \ 변수	A	B	C	D	E
1	x	x	x	x	o
2	x	X	o	x	X
3	o	x	x	X	X
4	x	x	X	o	X
5	x	o	x	X	x

A = 3
B = 5
C = 2
D = 4
E = 1

• 풀이 •

첫번째 힌트에 의해 A, C, E 는 1, 2, 3 숫자 중에 하나가 됩니다. 4, 5를 제외합니다.
세번째 힌트에 의해 B는 5, A+C는 5가 됩니다. 자동으로 E는 1이 되고, D는 4가 됩니다.
두번째 힌트에 의해 C는 2, A는 3이 됩니다.

• 해답 •

변수 힌트
1. B + C > 8
2. A + C + D = 9
3. C + D = 7

값 \ 변수	A	B	C	D	E
1	x	x	x	X	o
2	o	x	x	x	X
3	x	x	x	o	X
4	x	x	o	x	X
5	x	o	x	x	x

A = 2
B = 5
C = 4
D = 3
E = 1

• 풀이 •

첫번째 힌트에서 C와 B는 4, 5 중에 하나가 됩니다. 자동으로 A, D, E는 1, 2, 3 중에 하나가 됩니다.
세번째 힌트에서 C와 D는 1이 아닙니다. 자동으로 E가 1이 됩니다.
두번째, 세번째 힌트에서 A는 2가 되고, 자동으로 D가 3이 됩니다.

29 복면산 퍼즐 풀기

• 해답 •

```
    M E              5 0
+   M E          +   5 0
─────────        ─────────
  B E E            1 0 0
```

• 풀이 •

❶ B는 무조건 1이 됩니다. 왜냐하면 두자리 수를 서로 더했을 때 최대 합은 198(99+99)이기 때문입니다. 더욱이 M과 E는 서로 다른 숫자이기 때문에 그것보다 더 작을 수밖에 없습니다.

❷ E는 0입니다. 같은 숫자를 서로 더해서 합이 동일한 숫자가 나오는 건 0이거나, 자리올림을 받은 9입니다. 여기서는 자리올림을 받을 수 없는 마지막 수 이기 때문에 0입니다.

❸ M은 5입니다. 같은 수를 서로 더해서 100이 되는 수는 50밖에 없습니다.

• 해답 •

```
      I                9
+ D I D          + 1 9 1
─────────        ─────────
  T O O            2 0 0
```

• 풀이 •

❶ I는 무조건 9가 됩니다. 왜냐하면 백의 자리에 있는 D가 T로 바뀌려면 I가 9이고 뒤에서 자리올림(1)이 발생하는 경우밖에 없기 때문입니다.

❷ O는 0이 됩니다. I(9)에 자리올림(1)을 더하면 10이 되기 때문입니다.

❸ D는 1이 됩니다. I(9)와 D를 더해서 끝자리가 O(0)가 되려면 D는 1이 됩니다. 마지막으로 T는 2가 됩니다.

• 해답 •

```
    N O              8 7
  G U N            9 0 8
+   N O          +   8 7
─────────        ─────────
H U N T          1 0 8 2
```

· 풀이 ·

❶ H는 무조건 1이 됩니다. 왜냐하면 숨겨진 숫자가 모두 9라고 할 경우에도 (99+999+99) 합은 최대 1,197밖에 되지 않기 때문입니다.
❷ U는 무조건 0이 됩니다. 왜냐하면 최대 합이 1,197이기 때문에 U는 1 또는 0이 되는데 1은 이미 H가 사용했기 때문에 U는 0이 됩니다.
❸ N은 9(자리올림 1개 받을 경우) 또는 8(자리올림 2개 받을 경우)이 될 수 있습니다. 그런데 N에 9를 대입해보면 G도 9가 되어야하기 때문에 충돌이 납니다. 그러므로 N은 8이 됩니다.
❹ 당연히 G는 9가 됩니다. O는 7이 됩니다. 왜냐하면 1의 자리에서 자리올림 2개가 발생해야 하는데 올 수 있는 수는 7밖에 없습니다. 당연히 T는 2가 됩니다.

30 사칙연산 스도쿠 풀기

· 해답 ·

A 4+	B	C 6x
1	2	3
D 1-	E	F
3	1	2
G	H 3x	I
2	3	1

· 풀이 ·

❶ H와 I를 살펴보면 곱해서 3이 되려면 1과 3이 필요합니다. 그런데 E에 이미 1이 있으므로 같은 줄인 H에는 1이 올 수 없습니다. 따라서 H는 3, I는 1이 됩니다. 또한 G는 2가 됩니다.
❷ D와 G를 살펴보면 빼서 1이 되려 할 때 D에는 1 또는 3이 와야 합니다. 그런데 E에 이미 1이 있으므로 D는 3이 됩니다. 또한 A는 1이 됩니다.
❸ A, B, E를 더해서 4가 되려면 B는 2가 됩니다. 또한 C는 3이 됩니다.
❹ 마지막으로 F는 2가 됩니다.

· 해답 ·

A 6x	B 1-	C
3	2	1
D	E 5+	F 1-
2	1	3
G	H	I
1	3	2

· 풀이 ·

❶ A와 D를 곱해서 6이 되려면 2와 3이 와야 합니다. 어디가 2이고 3인지는 모르지만 대신 G는 무조건 1이 됩니다.
❷ E, H, G를 더해서 5가 되려면 E와 H에는 1과 3이 와야 합니다. G에 이미 1이 있으므로, H는 3이 되고 E는 1이 됩니다. 또한 B는 2가 됩니다.
❸ A와 D에는 2와 3이 와야 하는데 B에 이미 2가 있으므로 A는 3이 되고, D는 2가 됩니다. 또한 C는 1이 됩니다.
❹ 따라서 F는 3, I는 2가 됩니다.

· 해답 ·

A 3+	B	C 7+	D
2	1	3	4
E 4+	F 6+	G	H 3+
3	4	2	1
I	J 3	K 5+	L
1	3	4	2
M 6+	N	O	P 3
4	2	1	3

· 풀이 ·

❶ I는 1이 됩니다. J는 3이 됩니다. P는 3이 됩니다.
❷ A, B는 각각 2와 1이 와야 하는데 I가 이미 1이므로 A는 2, B는 1이 됩니다. 또한 M은 4가 되고, N는 2가 됩니다. F는 4가 되고 G는 2가 됩니다.
❸ K와 O를 더해서 5가 되려면 2, 3 또는 1, 4가 와야 하는데 G가 2이므로 1, 4가 와야 합니다. M이 미리 4이므로 K는 4, O는 1이 됩니다. 또한 C는 3, D는 4가 됩니다.
❹ 남은 H는 1, L은 2가 됩니다.

• 해답 •

A 2x	B	C 2-	D 2/
1	2	3	4
E 9+	F 1-	G	H
3	4	1	2
I	J	K 12x	L
2	3	4	1
M	N 2/	O	P
4	1	2	3

• 풀이 •

❶ E, I, M을 더해서 9가 되려면 2, 3, 4가 필요합니다. 따라서 A는 1이 되고 B는 2가 됩니다.
❷ D와 H를 나누어 2가 되려면 1, 2 또는 2, 4가 와야 하는데 A와 B가 이미 1, 2 이므로 D는 4가 되고 H는 2가 됩니다. 또한 C는 3이 되고 G는 1이 됩니다.
❸ K, L, P를 곱해서 12가 되는데 L과 P는 1또는 3이므로 K는 4가 됩니다. 또한 O는 2가 됩니다.

31 자리 바꾸기 게임

• 해답 •

1단계 명령어 (2-2 바꾸기)			
2	번이	3	번으로
4	번이	2	번으로
5	번이	4	번으로
3	번이	5	번으로
1	번이	3	번으로
2	번이	1	번으로
4	번이	2	번으로
3	번이	4	번으로

2단계 명령어 (3-3 바꾸기)			
3	번이	4	번으로
5	번이	3	번으로
6	번이	5	번으로
4	번이	6	번으로
2	번이	4	번으로
1	번이	2	번으로
3	번이	1	번으로
5	번이	3	번으로
7	번이	5	번으로
6	번이	7	번으로
4	번이	6	번으로
2	번이	4	번으로
3	번이	2	번으로
5	번이	3	번으로
4	번이	5	번으로

• 풀이 •

이 퍼즐의 해답을 찾기 위해서는 여러 번의 시행착오를 통해 규칙을 찾아내는 과정이 필요합니다. 명령어의 개수를 줄이기 위해서는 빈자리의 양 옆에 같은 팀이 오지 않도록 해야 합니다. 이 퍼즐을 해결하기 위한 최소한의 명령어 개수는 $(n+1)^2 - 1$(n은 한쪽에 앉은 인원)이며 아래의 표와 같습니다.

한쪽에 앉은 인원	1명	2명	3명	4명	5명	6명	7명	8명
명령어 개수	3	8	15	24	35	48	63	80

32 그림 조각 순서 맞추기

• 해답 •

33 책상 위에 순서 맞추기

해답

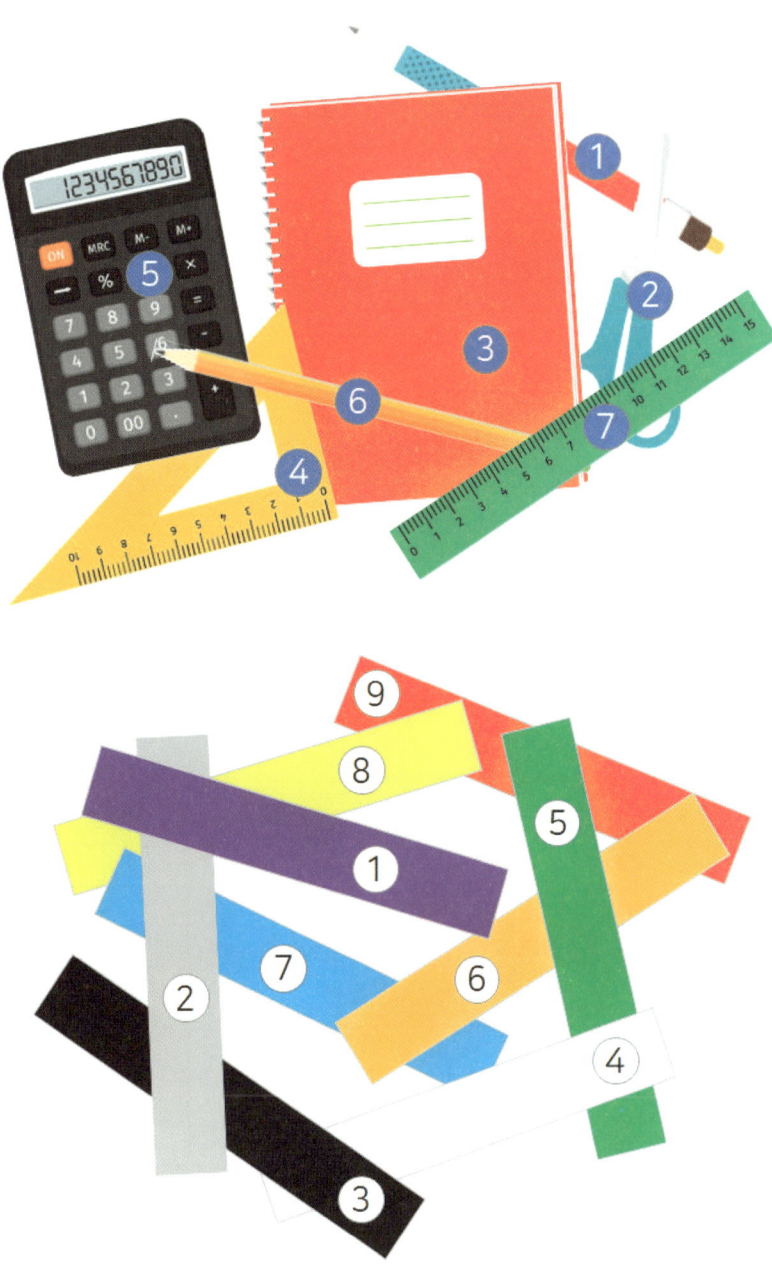

34 함께 모여 단어 만들기

해답

다양한 문제를 내고 푸는 퍼즐로 해답은 없습니다. 이 퍼즐은 자료구조 중에서 배열을 이용한 것입니다. 배열은 여러 개의 변수를 일자 형태로 구성하여 간편하게 처리하는 것으로 문자열을 저장할 때 많이 사용됩니다.

또한 이 퍼즐에서 알파벳이 뒤죽박죽 섞여 있는 것을 볼 수 있습니다. 한 사람에게 알파벳이 몰리지 않도록 알파벳의 사용빈도 순으로 분배했기 때문입니다. 이 퍼즐은 진행하다 보면 과열될 수 있으므로 여유를 가지고 하면 좋습니다.

35 배틀십 침몰 게임

• 해답 •

서로 문제를 내고 푸는 게임으로 해답은 없습니다. 이 게임은 자료구조 중에서 2차원 배열을 이용한 것입니다. 2차원 배열은 여러 개의 변수를 가로와 세로로 배열하여 값을 처리하는 형태입니다.

이 게임에서 이기기 위해서는 상대방이 예상하기 어려운 곳에 전함을 배치해야 합니다. 반대로 자신은 상대방의 전함을 잘 예측해야 합니다.

전함을 진영 가운데에 배치할 경우에는 전함의 일부가 발견되기는 쉽지만 전함의 방향을 찾는 것은 어렵습니다. 한 지점을 찾아내더라도 연결된 지점은 주변 8곳 중에 하나이기 때문입니다. 반대로 전함을 진영의 모서리에 배치할 경우에는 전함을 처음 찾아내기는 어렵지만 일단 찾으면 방향을 찾기는 쉽습니다. 만약 모서리 끝에서 전함을 찾았다면 연결된 지점은 주변 3곳 중에 하나입니다.

36 픽셀 옮겨 그림 찾기

• 해답 •

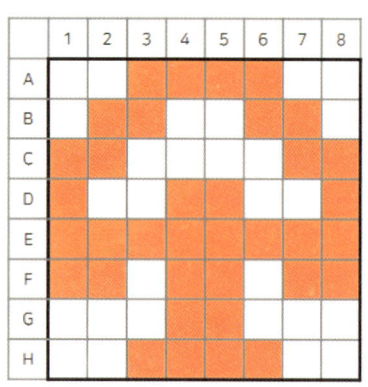

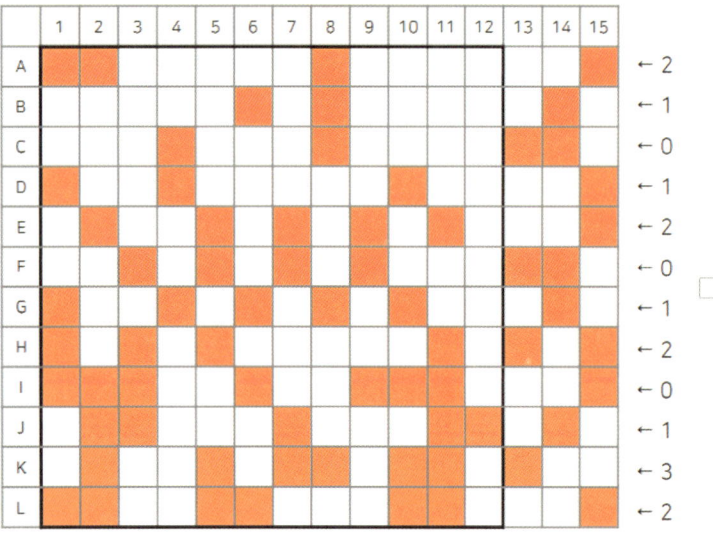

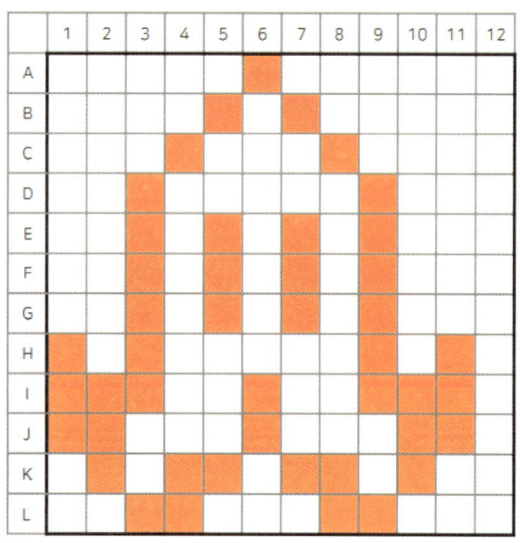

> • 풀이 •

이 퍼즐은 큐(Queue)라는 선형 자료구조를 이용한 퍼즐입니다. 선형 자료구조는 일자 형태로 변수들을 모아 차례대로 처리하는 형태인데, 이 중에서 큐는 먼저 입력된 값을 먼저 처리하는 방식입니다. 위의 퍼즐에서 각각의 알파벳은 가로줄로 이루어진 정보를 담고 있습니다. 만약 2개의 정보가 뒤에 추가된다면 미리 입력된 앞쪽의 정보부터 2개가 처리되어 없어집니다. 음식점에서 번호표 순서대로 음식이 조리되는 것이나 프린터가 먼저 출력 요청한 문서부터 인쇄하는 것도 큐의 기능을 이용한 것입니다.

37 하노이의 탑 퍼즐 풀기

> • 해답 •

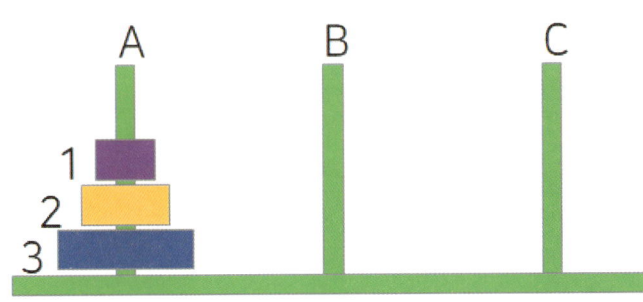

3개 원판 옮기기					
1	번 원판을	A	에서	C	로 이동
2	번 원판을	A	에서	B	로 이동
1	번 원판을	C	에서	B	로 이동
3	번 원판을	A	에서	C	로 이동
1	번 원판을	B	에서	A	로 이동
2	번 원판을	B	에서	C	로 이동
1	번 원판을	A	에서	C	로 이동

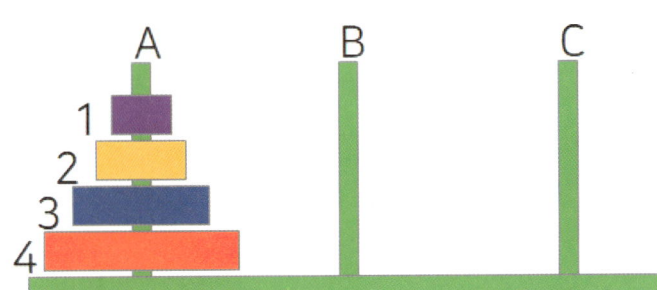

4개 원판 옮기기					
1	번 원판을	A	에서	B	로 이동
2	번 원판을	A	에서	C	로 이동
1	번 원판을	B	에서	C	로 이동
3	번 원판을	A	에서	B	로 이동
1	번 원판을	C	에서	A	로 이동
2	번 원판을	C	에서	B	로 이동
1	번 원판을	A	에서	B	로 이동
4	번 원판을	A	에서	C	로 이동
1	번 원판을	B	에서	C	로 이동
2	번 원판을	B	에서	A	로 이동
1	번 원판을	C	에서	A	로 이동
3	번 원판을	B	에서	C	로 이동
1	번 원판을	A	에서	B	로 이동
2	번 원판을	A	에서	C	로 이동
1	번 원판을	B	에서	C	로 이동

- 풀이 -

이 퍼즐은 스택(Stack)이라는 선형 자료구조를 이용한 퍼즐입니다. 선형 자료구조는 일자 형태로 변수들을 모아 차례대로 처리하는 형태인데, 이 중에서 스택은 나중에 입력된 값을 먼저 처리하는 방식입니다.

위의 퍼즐에서 A, B, C의 기둥에는 숫자 원판이 끼워지는데 원판을 뺄 때는 가장 나중에 들어간 (맨 위에 있는) 원판부터 뺄 수 있습니다. 우리가 인터넷을 하다가 뒤로 버튼을 누르면 바로 직전에 방문했던 페이지로 돌아가는 것이나 문서를 편집하다가 작업취소(Ctrl+Z) 버튼을 누르면 바로 직전에 했던 작업이 취소되는 것이 스택의 기능을 이용한 것입니다.

이 퍼즐을 해결하기 위한 최소한의 명령어 개수는 2^n-1(n은 원판의 수)이며 아래의 표와 같습니다.

원판의 수	3개	4개	5개	6개	7개	8개	9개	10개
명령어 개수	7	15	31	63	127	255	511	1,023

38 남녀 성비 문제 풀기

- 해답 -

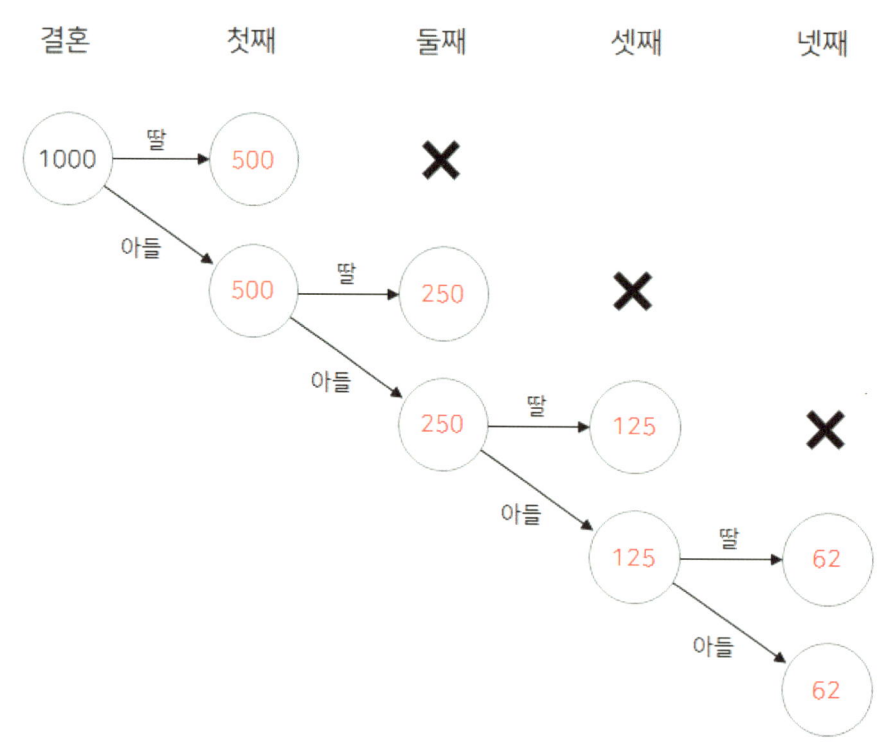

- 풀이 -

이 퍼즐은 트리(Tree)라는 비선형 자료구조를 이용한 퍼즐입니다. 트리는 마치 나뭇가지처럼 자료가 나누어져 뻗어 나가는 형태입니다. 주로 자료를 쪼개거나 순서대로 정렬할 때 사용됩니다.

귀로 듣고 머릿속으로 풀면 확실하지 않는 문제도 적당한 수를 이용해서 시뮬레이션을 해보면 쉽게 풀리는 경우가 있습니다. 이 퍼즐도 신혼부부 1,000쌍이 있다고 가정하고 아들과 딸을 낳는 경우를 한 단계씩 쪼개어 나가면 성비가 바뀌는 패턴을 파악할 수 있습니다.

39. 상대팀 관계도 찾기 게임

• 해답 •

서로 문제를 내고 푸는 게임으로 해답은 없습니다. 게임에서 이기기 위해서는 팀 내에서 역할을 나누는 것이 좋습니다. 적극적으로 상대편에 달라붙어 미니게임을 통해 정보를 알아내는 역할과 상대편을 요리조리 피해 다니면서 자신의 정보를 최대한 숨기는 역할로 나눌 수 있습니다.

40. 지하철 목적지 맞추기

• 해답 •

순서	행동	지하철 역
1	출발	목동
2	다섯 정거장 지나서 환승	신길 (5호선->1호선)
3	두 정격장 지나서 환승	신도림 (1호선->2호선)
4	한 정거장 지나서 환승	대림 (2호선->7호선)
5	세 정거장 지나서 내리기	철산

> **·풀이·**

이 퍼즐은 그래프(Graph)라는 비선형 자료구조를 이용한 퍼즐입니다. 자료구조 중에서 배열, 트리 등의 형태로 나타낼 수 없는 복잡한 구조를 모두 그래프라고 부릅니다. 대표적으로 지하철 노선도나 관광지도 등이 있습니다.

이 퍼즐에서는 다음 행동(환승)이 가능한 길을 찾아서 이동하면 쉽게 문제를 풀 수 있습니다.

41 SNS 동물 스타 찾기

> **·해답·**

사진을 올렸을 때 가장 많은 친구들이 보게 되는 동물은 양입니다.
아래의 그림은 양이 사진을 올렸을 때 바로 보게 되는 동물(노란색)과 2차로 보게 되는 동물(초록색)을 나타낸 것입니다.

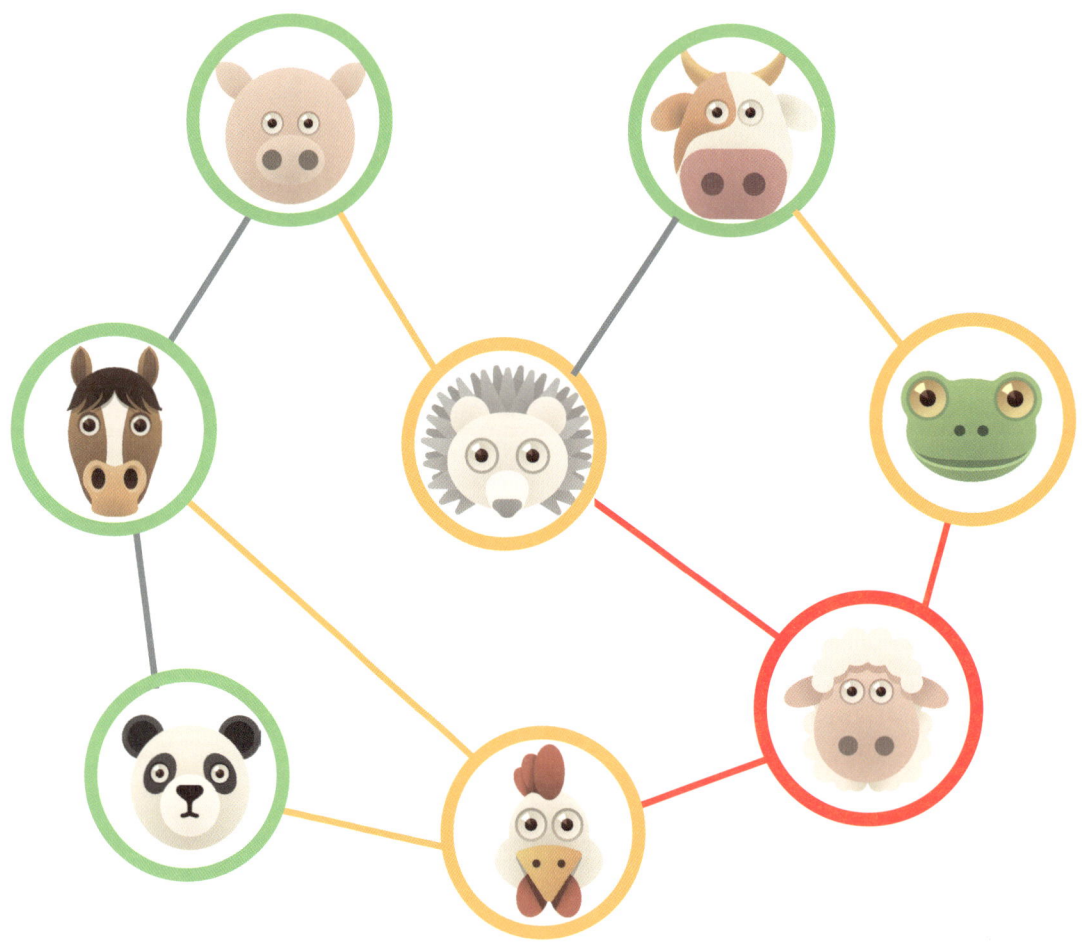

풀이

각각의 동물들이 사진을 올렸을 때 보게 되는 동물을 나타낸 표입니다.

동물	바로 친구	한단계 건너 친구	전체
돼지	말, 고슴도치	팬더, 닭, 소, 양	6
말	돼지, 팬더, 닭	고슴도치, 양	5
팬더	말, 닭	돼지, 양	4
닭	팬더, 말, 양	돼지, 고슴도치, 개구리	6
양	개구리, 고슴도치, 닭	팬더, 말, 돼지, 소	7
개구리	소, 고슴도치, 양	돼지, 닭	5
소	고슴도치, 개구리	돼지, 양	4
고슴도치	돼지, 소, 양	말, 개구리, 닭	6

42 화살표 따라 길 찾아가기

해답

정답은 파란색, 파란색, 빨간색입니다.
어느 지점에서 시작하더라도 파란색, 파란색, 빨간색 순서대로 3번 반복해서 이동하면 결국 시온이의 집에 도착하게 됩니다.

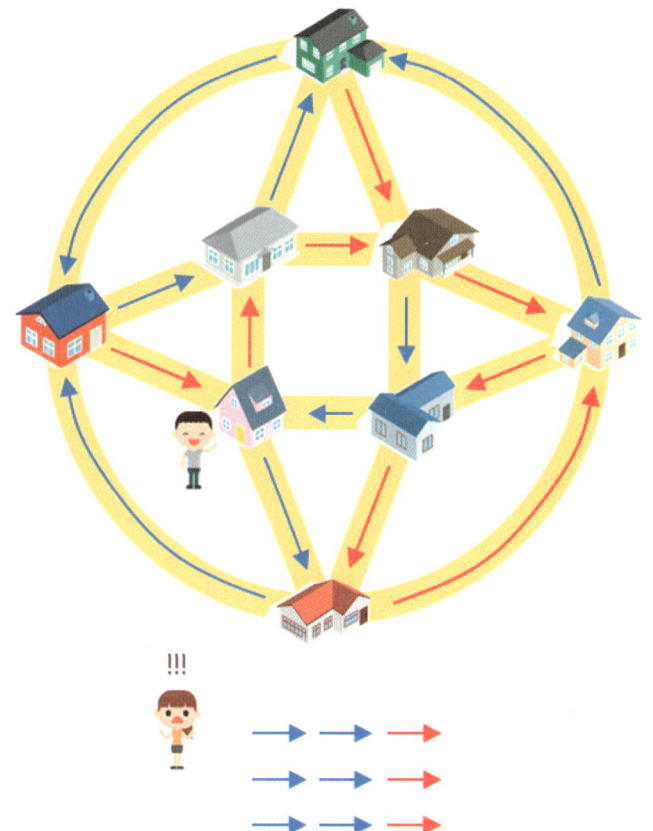

풀이

이 퍼즐은 도로 색칠하기(Road Coloring) 알고리즘과 관련된 문제입니다. 각각의 집은 들어오는 길과 나가는 길이 각각 2개씩 있습니다. 파란색, 파란색, 빨간색 외에도 다양한 알고리즘을 이용하면 어디에서 출발하든 원하는 집으로 가게 할 수 있습니다. 각각의 집에 도착할 수 있는 알고리즘을 찾아 보세요.

43 AND 비트연산 그림 그리기

해답

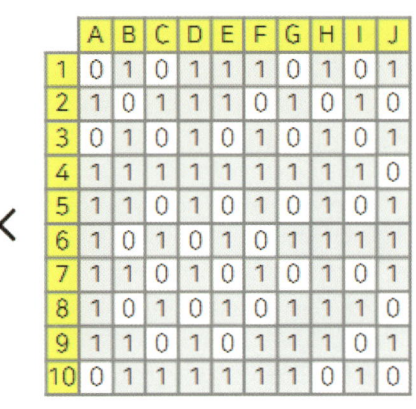

44 OR 비트연산 그림 그리기

해답

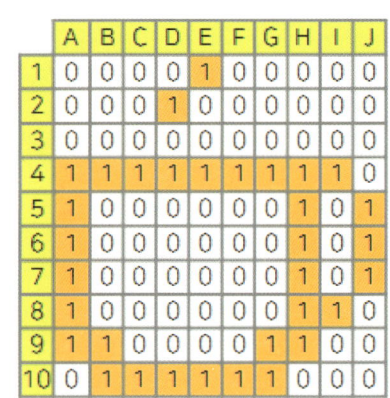

45 둘이 함께 AND 연산 그림 그리기

해답

둘이 함께 OR 연산 그림 그리기

· 해답 ·

47 셋이 함께 비트연산 그림 그리기

해답

H1

	A	B	C	D	E	F	G	H	I	J
1	0	0	1	1	1	0	0	0	0	0
2	0	0	0	1	1	0	0	0	0	0
3	0	0	0	0	0	0	0	0	0	0
4	0	1	1	0	0	0	1	1	1	1
5	0	0	1	1	0	0	1	1	0	0
6	0	0	0	0	0	0	0	0	0	0
7	0	1	0	1	1	0	0	0	1	1
8	0	0	0	1	1	0	1	0	0	0
9	0	0	0	0	0	0	0	0	0	0
10	0	0	0	1	1	0	0	0	1	1

I1

	A	B	C	D	E	F	G	H	I	J
1	0	0	0	0	1	0	0	0	0	0
2	0	1	1	0	1	0	1	1	0	0
3	0	0	0	0	0	0	0	0	0	0
4	0	0	0	1	1	0	0	1	0	0
5	0	1	1	1	1	0	1	1	1	1
6	0	0	0	0	0	0	0	0	0	0
7	0	0	0	0	0	1	1	1	0	0
8	1	1	0	1	1	0	0	1	1	1
9	0	0	0	1	0	0	0	0	0	1
10	0	0	0	1	0	0	0	0	0	1

J1

	A	B	C	D	E	F	G	H	I	J
1	0	0	1	1	1	0	0	0	0	0
2	0	0	0	0	1	1	0	1	0	0
3	0	1	0	1	1	0	1	1	1	1
4	0	0	0	1	1	0	0	0	1	0
5	0	0	0	1	1	0	0	0	1	0
6	0	1	0	0	0	1	1	1	1	1
7	0	1	0	0	0	0	0	0	0	0
8	0	1	0	0	0	1	1	1	1	0
9	0	0	0	1	1	0	0	0	1	1
10	0	0	0	1	0	0	0	0	1	0

H2

	A	B	C	D	E	F	G	H	I	J
1	1	1	1	1	1	1	1	1	1	1
2	1	1	1	1	1	1	1	1	1	1
3	0	0	1	0	1	0	0	1	0	0
4	1	1	1	1	1	1	1	1	1	1
5	1	1	1	1	1	1	1	1	1	1
6	0	1	1	1	1	1	1	1	1	0
7	1	1	0	1	0	1	0	1	0	1
8	1	1	1	1	1	1	1	1	1	1
9	1	0	1	0	1	0	0	1	0	1
10	1	1	1	1	1	1	1	1	1	1

I2

	A	B	C	D	E	F	G	H	I	J
1	0	0	0	0	0	0	0	0	0	0
2	1	1	1	1	1	1	1	1	1	1
3	1	1	1	1	1	1	1	1	1	1
4	0	0	1	0	1	1	0	1	0	0
5	1	1	1	0	1	1	1	1	1	1
6	1	1	1	1	1	1	1	1	1	1
7	1	0	1	0	1	0	1	0	1	1
8	1	1	1	1	1	1	1	1	1	1
9	1	1	1	1	1	1	1	1	1	1
10	0	1	1	1	1	1	1	1	1	0

J2

	A	B	C	D	E	F	G	H	I	J
1	1	1	1	1	1	1	1	1	1	1
2	0	0	1	1	1	1	1	1	0	0
3	1	1	1	0	1	1	1	1	1	1
4	1	1	1	1	1	1	1	1	1	1
5	0	0	1	0	1	0	0	1	0	0
6	1	1	1	1	1	1	1	1	1	1
7	1	1	1	1	1	1	1	1	1	1
8	1	0	0	1	1	1	1	0	0	1
9	1	1	1	0	1	1	1	1	1	1
10	1	1	1	1	1	1	1	1	1	1

H2 X I2 X J2

	A	B	C	D	E	F	G	H	I	J
1	0	0	0	0	0	0	0	0	0	0
2	0	0	1	1	1	1	1	1	0	0
3	0	0	1	0	0	0	0	1	0	0
4	0	0	1	0	1	1	0	1	0	0
5	0	0	1	0	1	0	0	1	0	0
6	0	1	1	1	1	1	1	1	1	0
7	1	0	0	0	0	0	0	0	0	1
8	1	0	0	1	1	1	1	0	0	1
9	1	0	1	0	0	0	0	1	0	1
10	0	1	1	1	1	1	1	1	1	0

H1 + I1 + J1

	A	B	C	D	E	F	G	H	I	J
1	0	0	1	1	1	0	0	0	0	0
2	0	1	1	1	1	1	1	1	0	0
3	0	1	0	1	1	0	1	1	1	1
4	0	1	1	1	1	0	1	1	1	1
5	0	1	1	1	1	0	1	1	1	1
6	0	1	0	0	0	1	1	1	1	1
7	0	1	0	1	1	1	1	1	1	1
8	1	1	0	1	1	1	1	1	1	1
9	0	0	0	1	1	0	0	0	1	1
10	0	0	0	1	1	0	0	0	1	1

3장 알고리즘

해답 및 풀이

48 토끼가 찾은 당근 세기

> 해답

 (3)개

 (9)개

 (6)개

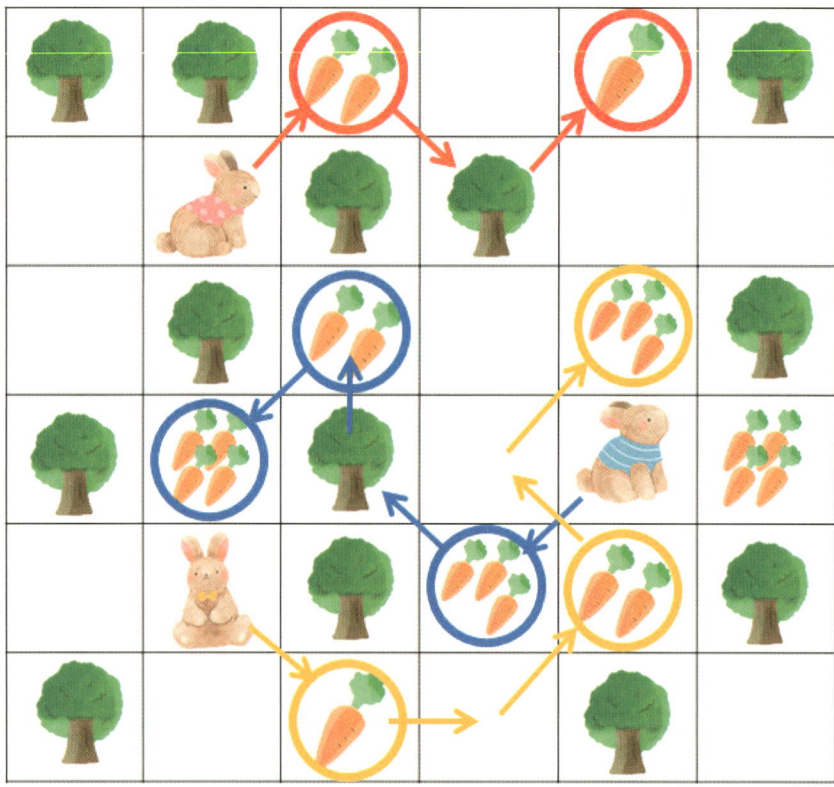

49 멧돼지 사냥으로 장비 착용하기

> 해답

정답은 멧돼지 20마리를 잡아야 합니다.
아래의 그림은 각각의 장비를 만들 때 필요한 멧돼지의 수를 나타낸 것입니다.

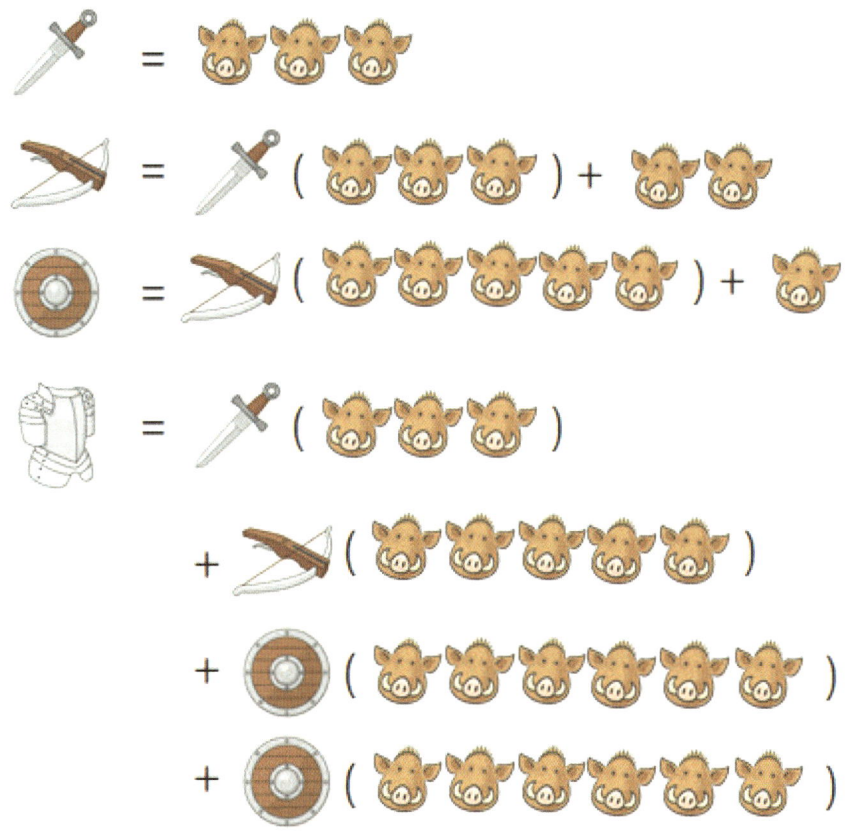

50 요리 시간 단축하기

해답

정답은 버너 2개만 빌리면 됩니다.
아래의 그림은 버너 2개를 이용해서 잡채요리를 완성하는 방법입니다.

51 꽃을 찾는 무당벌레

• 해답 •

정답은 5개의 꽃을 먹게 됩니다.
아래는 무당벌레가 움직이는 경로입니다.

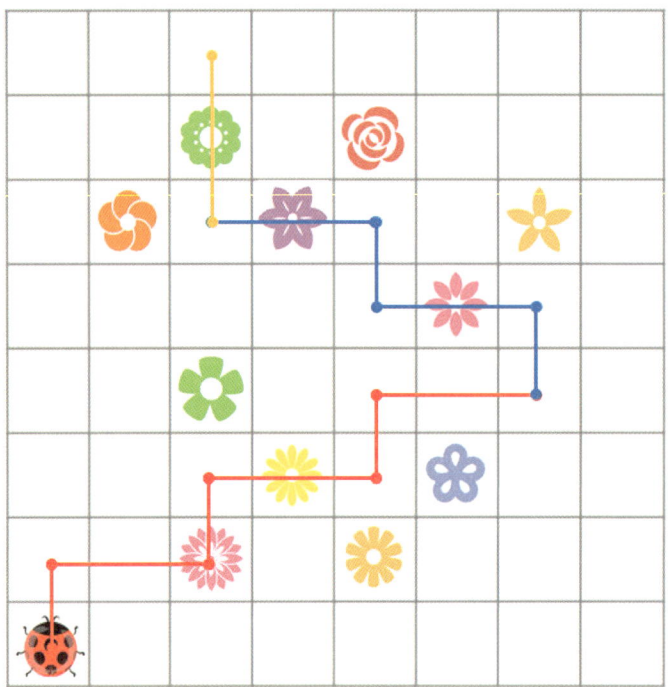

52 반복으로 도형 그리기

• 해답 •

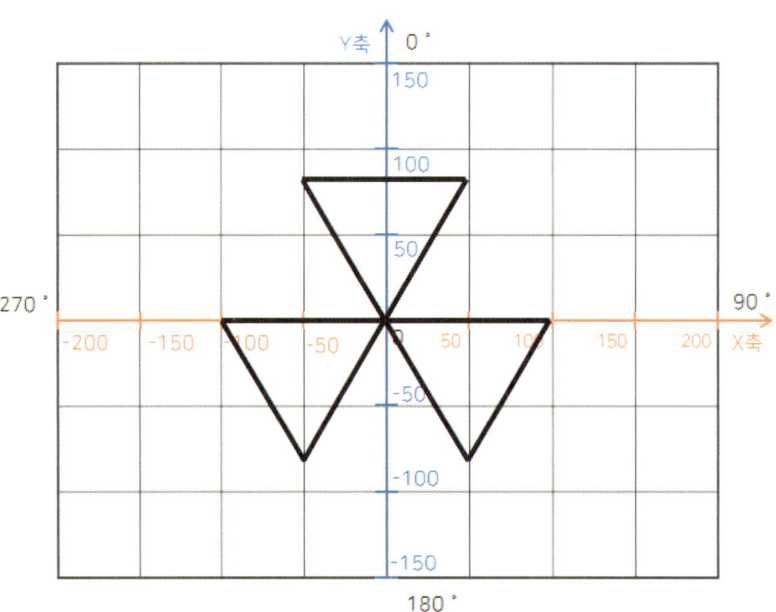

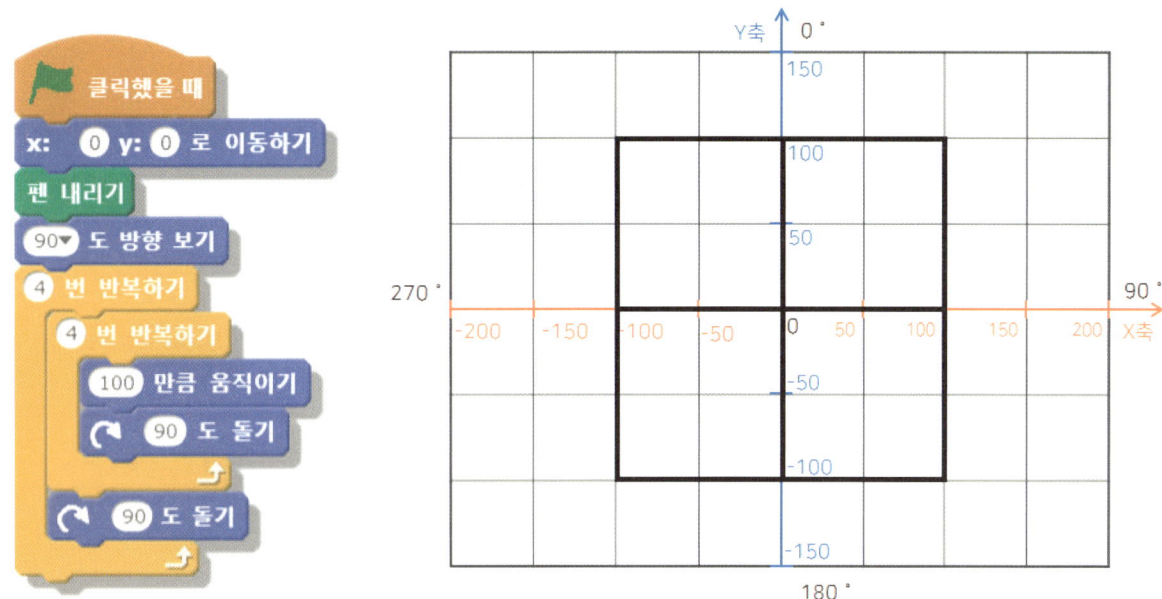

53 자동차 경주 순위 알아맞히기

· 해답 ·

정답은 파란색, 빨간색, 초록색 자동차 순서대로 결승점에 도착합니다.
아래는 각각의 장소에서 자동차 순위를 나타낸 것입니다.

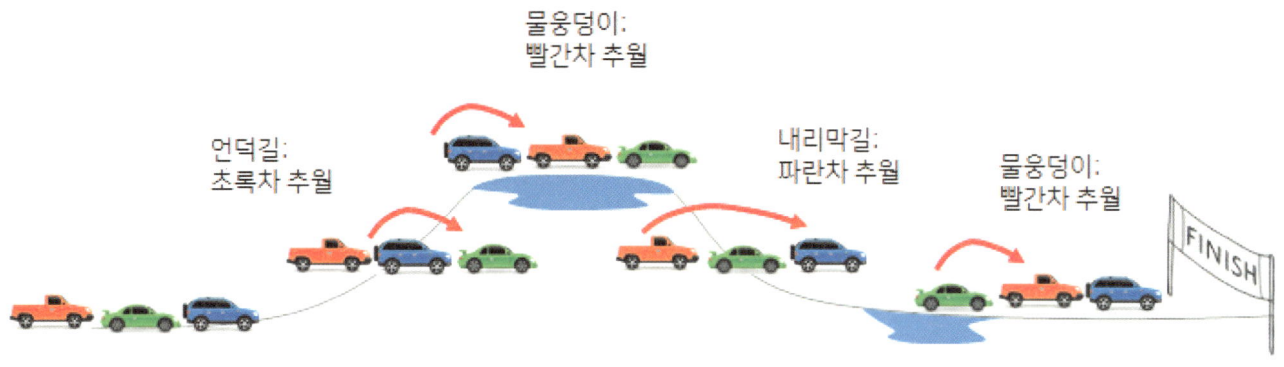

54. 주사위로 음식 메뉴 정하기

• 해답 •

정답은 3번과 5번입니다.

각각의 메뉴를 선택하게 되는 조건은 아래의 표와 같습니다.

순서	조건	메뉴
1	빨간색 > 파란색	자장면
2	빨간색 ≤ 파란색 그리고 빨간색 < 노란색	피자
3	빨간색 ≤ 파란색 그리고 빨간색 ≥ 노란색	치킨

아래의 그림은 각각의 주사위 조합에 의해 선택하게 되는 메뉴의 종류입니다.

1.  피자
2.  자장면
3.  치킨
4.  피자
5.  치킨
6.  자장면

55. 상자 속에 과일 알아맞히기

• 해답 •

하나의 상자만 열어보아도 나머지 두 상자에 들어 있는 과일을 알아낼 수 있습니다.

이 퍼즐의 가장 결정적인 힌트는 '모든 과일이 엉뚱한 상자에 들어갔다'는 것입니다. 이 힌트를 이용하면 문제를 쉽게 풀 수 있습니다.

예를 들어 사과 상자 안에서 포도가 나왔다면 남은 두 상자에 들어간 과일은 두 가지 경우가 생깁니다.

첫 번째는 딸기 상자에 딸기가, 포도 상자에 사과가 있는 경우입니다. 하지만 이때는 딸기 상자에 딸기가 들어가 있기 때문에 '모두 엉뚱한 상자에 들어갔다.'는 사실에 위배됩니다.

따라서 정답은 반대로 딸기 상자에는 사과가, 포도 상자에는 딸기가 있는 경우입니다.

56 동물농장 울타리 만들기

• 해답 •

정답은 울타리 3개가 필요합니다.
첫 번째 울타리에는 닭, 오리, 돼지가 함께 살고 두 번째 울타리에는 소, 양이 함께 살고 세 번째 울타리에는 당나귀가 혼자 살면 됩니다.

아래의 그림은 각각의 동물별로 함께 살 수 있는 관계(파란 화살표)와 함께 살 수 없는 관계(빨간 화살표)를 표시한 것입니다.

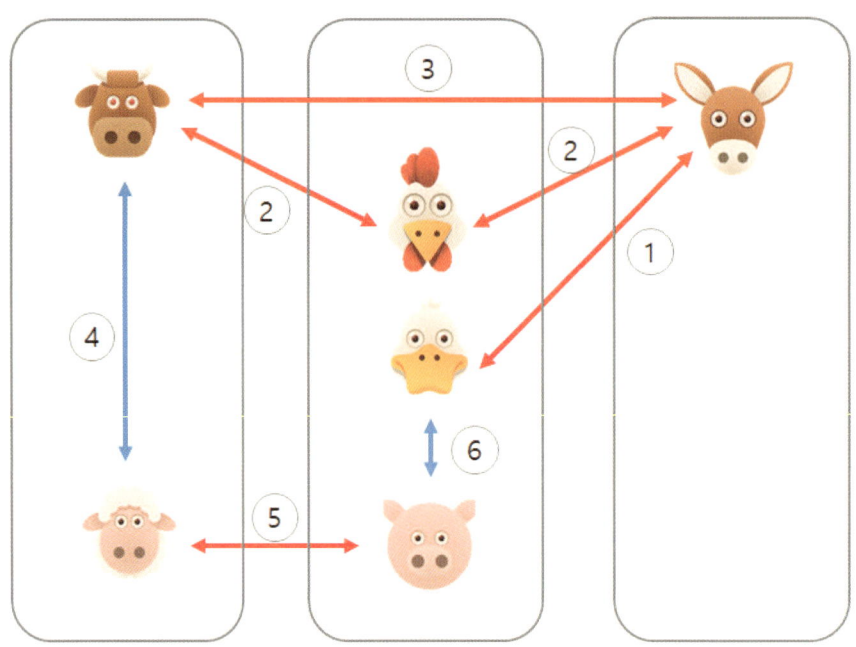

57 함수로 그림 그리기

• 해답 •

58. 붕붕 날아가는 꿀벌

• 해답 •

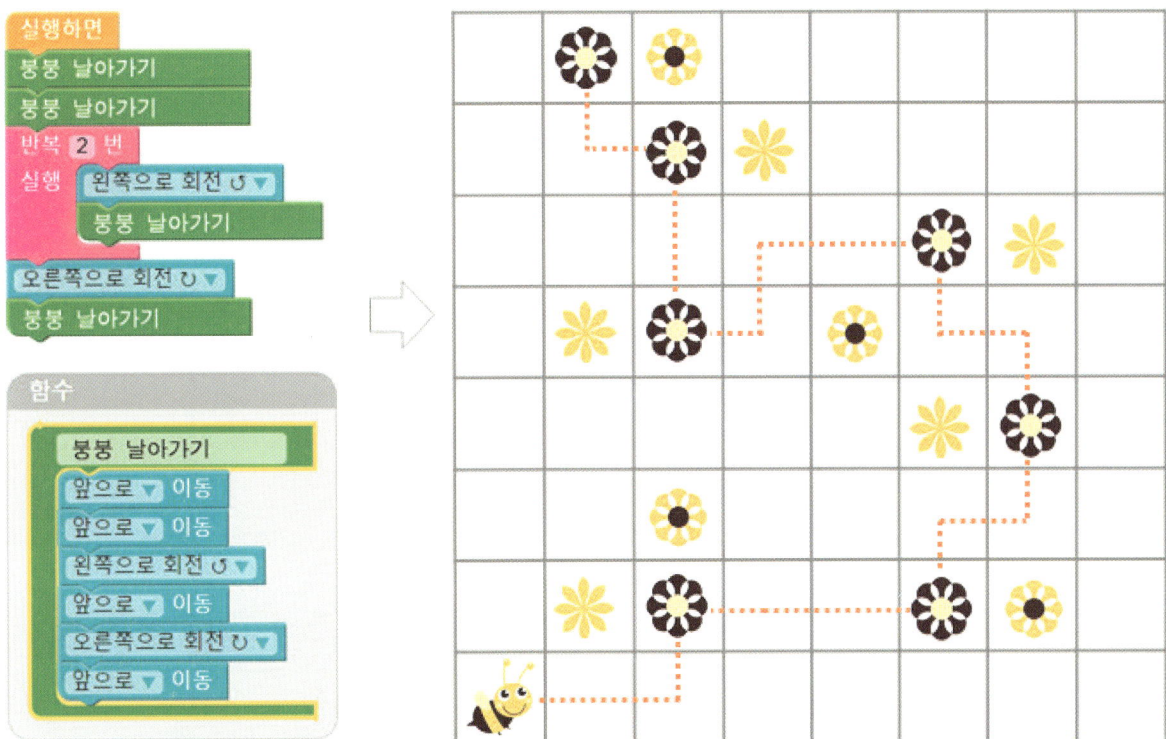

59. 아기 펭귄 점프하기

• 해답 •

첫 번째 문제는 아래와 같은 순서(빨간색 숫자)로 움직이면 됩니다.

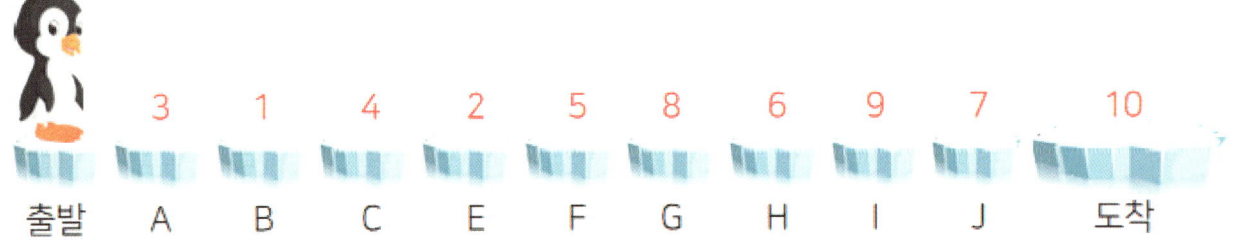

두 번째 문제는 아래와 같은 순서(빨간색 숫자)로 움직이면 됩니다.

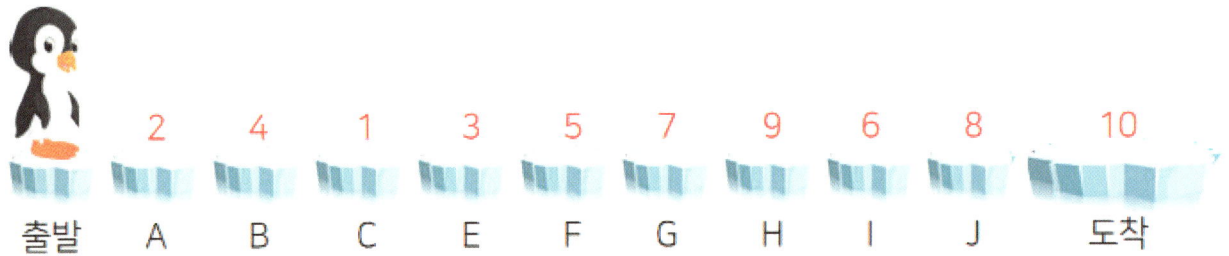

60 개구리 시냇물 건너가기

해답

정답은 차례대로 오른쪽, 왼쪽, 오른쪽, 오른쪽, 왼쪽, 오른쪽 방향으로 숫자만큼 이동하면 됩니다. 아래의 그림은 개구리가 이동하는 경로를 나타낸 것입니다.

이 퍼즐은 재귀(Recursive)함수를 이용한 문제입니다. 재귀함수는 어떤 일을 하는 함수를 만들 때 그 함수 안에서 자기 자신을 다시 불러와서 실행하도록 만든 것입니다.

이 퍼즐을 푸는 알고리즘은 다음과 같습니다.

❶ 현재 위치에서 왼쪽 또는 오른쪽으로 숫자만큼 이동할 수 있으면(밖으로 나가지 않고 방문하지 않은 곳이 있다면) 방향을 표시하고 이동합니다.
❷ 만약 이동할 수 없다면 이전 위치로 돌아갑니다.
❸ 현재 위치의 숫자가 0이 될 때 까지 2~3번을 반복합니다.

61. 모래시계 두 개로 시간 측정하기

· 해답 ·

파란색(7분) 빨간색(4분) → 9분

순서	행동	파란색 남은 시간	빨간색 남은 시간
1	시작하면 파란색과 빨간색 모래시계를 동시에 뒤집습니다.	7	4
2	4분 후 빨간색 모래가 다 떨어지면 빨간색 모래시계를 뒤집습니다.	3	4
3	3분 후 파란색 모래가 다 떨어지면 파란색 모래시계를 뒤집습니다.	7	1
4	1분 후 빨간색 모래가 다 떨어지면 빨간색 모래시계를 뒤집습니다.	6	4
5	4분 후 빨간색 모래가 다 떨어지면 시간 측정을 시작합니다.	(2)	4
6	2분 후 파란색 모래가 다 떨어지면 파란색 모래시계를 뒤집습니다.	(7)	2
7	7분 후 파란색 모래가 다 떨어지면 시간 측정을 종료합니다.	0	0

· 풀이 ·

모래시계 퍼즐은 다양한 형태로 바뀌어 출제되는 유명한 문제입니다. 7분 모래시계와 4분 모래시계를 이용해서 측정할 수 있는 시간은 무엇이 있을까요?

① 배수가 되는 시간

7분짜리 모래시계로 7분, 14분, 21분을 재는 것은 매우 쉽습니다. 마찬가지로 4분짜리 모래시계로 4분, 8분, 12분 시간을 재는 것도 매우 쉽습니다. 모래시계의 배수가 되는 시간은 모래시계가 다 떨어지면 다시 뒤집어서 측정할 수 있습니다.

② 서로 더한 시간

두 모래시계의 배수가 되는 시간을 서로 더해서 시간을 잴 수도 있습니다. 예를 들어 18분은 7분짜리 모래시계가 두 번, 4분짜리 모래시계가 한 번 떨어지는 시간을 더해서(7+7+4) 측정할 수 있습니다.

③ 서로 뺀 시간

하지만 이런 방법으로는 3분은 측정할 수 없습니다. 이 때 필요한 것이 바로 모래시계의 남은 시간을 서로 빼는 것입니다. 두 모래시계를 동시에 시작하고 4분짜리 모래시계가 끝났을 때 두 모래시계를 동시에 뒤집으면 7분 모래시계에는 3분(7-4)의 시간이 남습니다. 모래시계끼리 시간을 빼는 방법을 이용하면 더 다양한 시간을 측정할 수 있습니다.

62. 다른 크기의 통으로 물 만들기

해답

빨간 통(9L)   파란 통(4L)   6L 물

1. 빨간 통에 물 9L를 채웁니다.
2. ③ 빨간 통의 물을 파란 통으로 옮기면 파란 통은 4L가 되고, 빨간 통은 5L가 남습니다.
3. 파란 통에 물 4L를 버립니다.
4. ② 빨간 통의 물을 파란 통으로 옮기면 파란 통은 4L가 되고, 빨간 통은 1L가 남습니다.
5. 파란 통에 물 4L를 버립니다.
6. ④ 빨간 통의 물을 파란 통으로 옮기면 파란 통은 1L가 되고, 빨간 통은 비워집니다.
7. ① 빨간 통에 물 9L를 채웁니다.
8. 빨간 통의 물을 파란 통으로 옮기면 파란 통은 4L가 되고, 빨간 통은 6L가 남습니다.

풀이

모래시계 퍼즐은 다양한 형태로 바뀌어 출제되는 유명한 문제입니다.

6L의 물을 만드는 방법은 두 가지 입니다. 빨간통(9L)에서 3L를 빼는 방법과 파란통(4L) 2배에 1L를 더하는 방법입니다. 위의 해답은 두 번째 방법을 이용한 것입니다. 첫 번째 방법을 이용해서도 6L의 물을 만들 수 있습니다. 하지만 작업의 횟수는 더 늘어납니다.

빨간통(9L)과 파란통(4L)을 이용해서 만들 수 있는 물의 양은 무엇이 있을까요? 시행착오를 통해 만들 수 있는 물의 양을 살펴보면 일정한 규칙을 가지고 있는 것을 알 수 있습니다. 만들 수 있는 물의 양은 9와 4를 서로 더하거나 빼서 나오는 양입니다.

예를 들어 9L에서 4L를 빼면 5L가 됩니다. 이 5L에서 다시 4L를 빼면 1L가 됩니다.
9L에서 1L를 빼면 8L가 됩니다. 이런 식으로 물의 양을 계속해서 만들면 결국 아래와 같은 수식으로 계산할 수 있습니다. 이 수식은 숫자 9와 4 그리고 괄호와 덧셈, 뺄셈으로 이루어집니다.

$9-4=5$
$9-4-4=1$
$9-((9-4)-4)=8$
$4-((9-4)-4)=3$
$9-(4-((9-4)-4))=6$
$9-(4-((9-4)-4))-4=2$
$9-(9-(4-((9-4)-4))-4)=7$

이 방법을 알고 있으면 굳이 물통을 옮기지 않아도 계산을 통해 물의 양을 계산할 수 있습니다.

63. 원숭이 바나나 찾기

• 해답 •

정답은 11개의 바나나입니다.

아래 그림은 원숭이가 이동하는 경로와 바나나의 위치를 나타낸 것입니다.

64. 의사코드로 스무고개 게임 만들기

• 해답 •

순서	명령어
1	[정답] 변수를 만들고 1~100 사이의 난수로 정하기
2	(3)번부터 (7)번까지 명령어를 반복하기
3	ⓔ "1~100 사이의 수를 맞춰보세요" 라고 말하기
4	ⓓ [대답] 변수를 만들고 입력받은 수로 정하기
5	ⓐ 만약 <[대답] = [정답]>이라면 "정답입니다!" 라고 말하고 반복 종료하기
6	ⓒ 아니면 만약 <[대답] > [정답]>이라면 "더 작은 수 입니다" 라고 말하기
7	ⓑ 아니면 "더 큰 수 입니다" 라고 말하기

65 주차장 차단기 만들기

해답

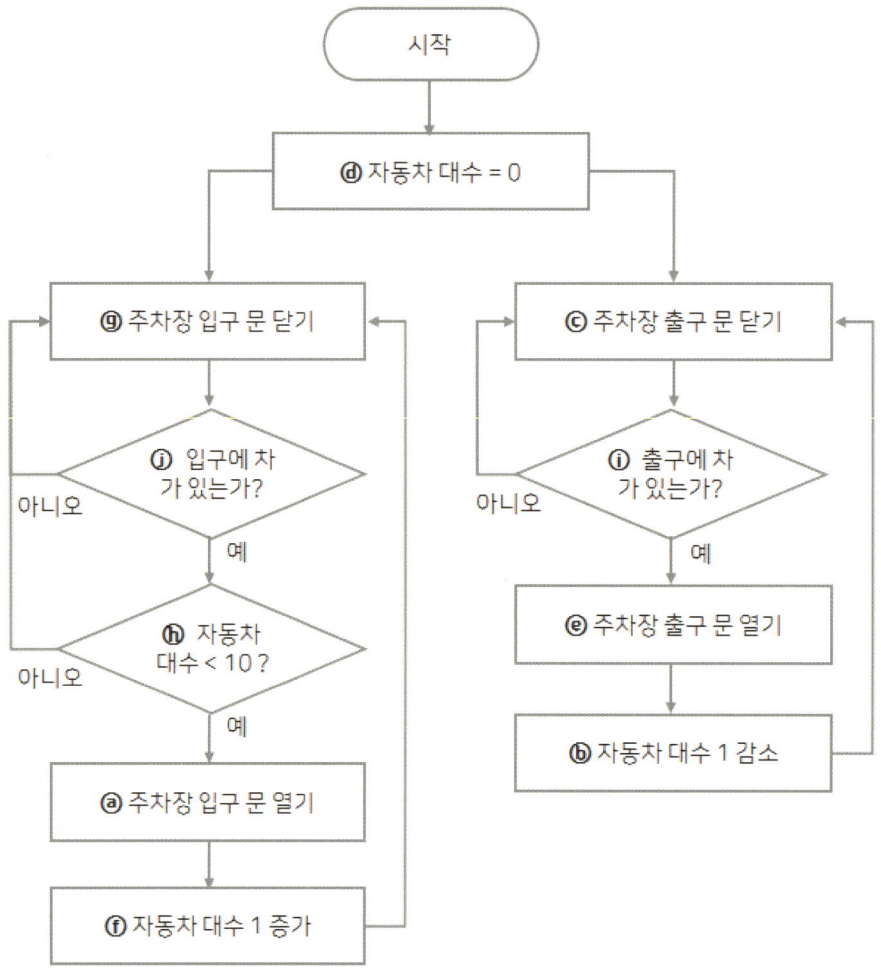

66 계산으로 숫자 맞추기

해답

좋아하는 숫자 맞추기 마술

1. 좋아하는 수에 2를 곱한다.
2. 그 숫자에 2를 더한다.
3. 그 숫자에 5를 곱한다.
4. 그 숫자에 5를 더한다.
5. 그 숫자에서 15를 뺀다.
6. 그 숫자를 10으로 나눈다.
7. 좋아하는 숫자가 된다.

67 아이스크림 자판기

· 해답 ·

다음에 만들어질 아이스크림은 1단부터 딸기, 치즈, 딸기로 이루어집니다.

· 풀이 ·

직전까지 나온 아이스크림의 맛을 순서대로 살펴보면 ①치즈, ②딸기, ③초코, ④민트, ⑤딸기 순서대로 나오는 것을 알 수 있습니다. 현재 ④민트까지 나왔기 때문에 다음에 나올 아이스크림은 ⑤딸기, ①치즈, ②딸기입니다.

· 해답 ·

모든 조합의 아이스크림을 먹으려면 5개를 사야 합니다.

· 풀이 ·

직전까지 나온 아이스크림의 맛을 순서대로 살펴보면 ①치즈, ②민트, ③딸기, ④초코, ⑤딸기 순서대로 나오는 것을 알 수 있습니다. 총 5가지 맛이 3단으로 만들어지기 때문에 여섯 번째 아이스크림은 첫 번째 아이스크림과 동일한 모양이 나오게 됩니다.

68 사진 보정 순서 찾기

해답

정답은 F, C, E, B, A, D 순서로 보정되었습니다.
아래 그림은 한 단계씩 보정이 이루어 질 때마다 변화되는 모습입니다.

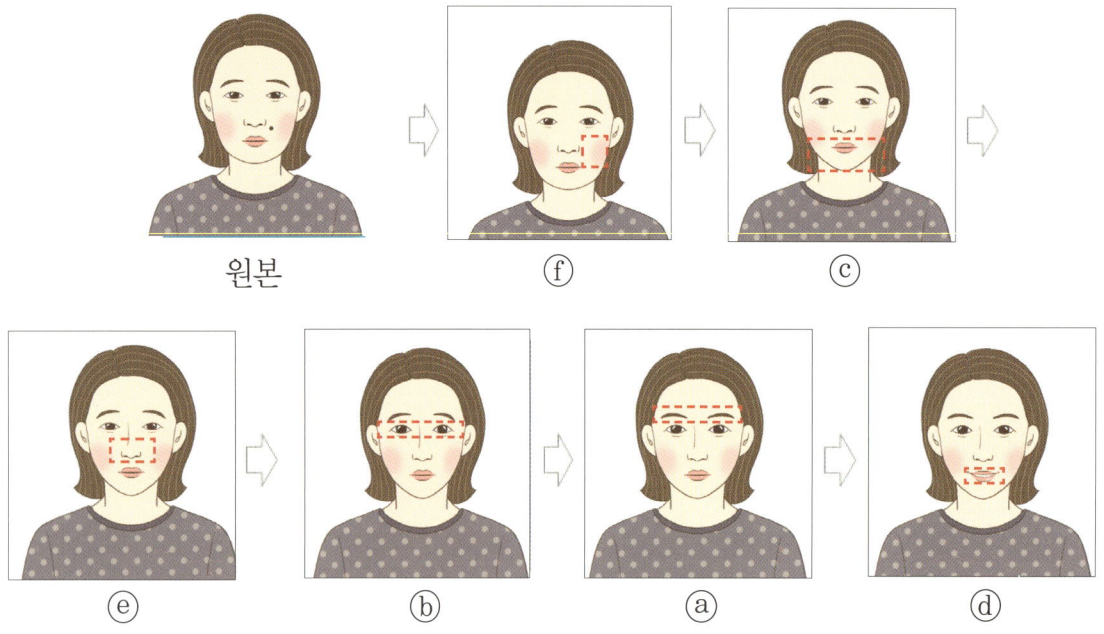

풀이

이 퍼즐을 푸는 방법은 두 가지입니다. 사진을 하나씩 비교해 가면서 찾는 방법과 각각의 보정 사진이 원본사진과 틀린 항목이 몇 개 인지 세어보는 방법입니다. 아래의 표는 사진별로 원본사진과 바뀐 곳을 정리한 표입니다. 틀린 항목이 적은 사진부터 차례대로 놓으면 보정된 순서가 됩니다.

항목	원본과 비교					
	(a)	(b)	(c)	(d)	(e)	(f)
눈썹 모양	다름	같음	같음	다름	같음	같음
눈 크기	다름	다름	같음	다름	같음	같음
코 모양	다름	다름	같음	다름	다름	같음
입 모양	같음	같음	같음	다름	같음	같음
턱 모양	다름	다름	다름	다름	다름	같음
점	다름	다름	다름	다름	다름	다름

69 로봇 프로그램으로 선 그리기

· 해답 ·

70 동물카드로 생각한 숫자 맞추기

· 해답 ·

이 마술은 이진수의 특성을 이용한 컴퓨터 과학 마술입니다. 각각의 동물카드에 적혀있는 숫자는 이진수의 원리를 이용해서 만들어진 것입니다.

이진수는 1과 0만을 사용해서 만들어진 수입니다. 이진수에서 각각의 자리값은 오른쪽부터 1, 2, 4, 8, 16, 32…처럼 2배씩 증가합니다.

예를 들어 이진수 100011에 각 자리의 자리값을 곱한 다음 모두 더해주면 35가 되는데 이것이 실제 값입니다.

이진수	1	0	0	0	1	1
	×	×	×	×	×	×
자리값	32	16	8	4	2	1
	‖	‖	‖	‖	‖	‖
십진수	32 +	0 +	0 +	0 +	2 +	1 = 35

마찬가지로 이 마술에서 각각의 동물카드는 자리값을 의미합니다. 만약 양, 쥐, 닭 카드에만 수가 표시되어 있다면 해당하는 자리값만 모두 더해 수가 35라는 것을 알 수 있습니다. 이진수는 중복되는 수없이 모든 수를 표현할 수 있기 때문에 마술로 정확히 상대방의 수를 알 수 있습니다.

```
양      강아지    토끼     사자     쥐      닭
○       X         X        X        ○      ○
32      16        8        4        2       1
↓       ↓         ↓        ↓        ↓       ↓
32  +   0    +    0   +    0   +    2   +   1   =   35
```

71. 밑줄로 단어 맞추기 게임

해답

서로 문제를 내고 푸는 퍼즐로 해답은 없습니다.

72. CCTV 범행 사진 찾기

해답

① 경찰이 먼저 복구해야할 사진은 48시간의 중간시점인 2일 00시 00분 사진입니다.
② 100만원(사진 10장)의 복구비용을 내면 무조건 범행시간을 알 수 있습니다.

풀이

CCTV에 찍힌 576장의 사진은 범행 전 사진, 범행사진, 범행 후 사진으로 나누어져 있습니다. 이중에서 우리는 범행사진을 찾아야 합니다. 만약 사진을 처음부터 한 장씩 복구한다면 얼마나 많은 사진을 복구해야 할지 알 수 없습니다. 운이 나쁘다면 맨 마지막 사진에 범행사진이 있어서 5,760만원의 비용이 나올지도 모릅니다.

적은 비용으로 확실하게 범행사진을 찾는 방법은 '이진검색'을 이용하는 것입니다. 우선 전체 사진 중에서 중간에 있는 사진(2일 00시 00분)을 확인합니다. 만약 범행 전 사진이라면 1일에 찍힌 138장의 사진은 확인할 필요가 없습니다. 남은 138장의 사진 중에서 중간에 있는 사진(2일 12시 00분)

을 확인합니다. 만약 범행 후 사진이라면 그 시간 이후에 찍힌 69장의 사진은 확인할 필요가 없습니다. 이렇게 하면 남아 있는 사진 중에서 중간에 있는 사진 한 장만 확인하면 양쪽에 있는 사진 중에서 어느 쪽이든 절반을 제외시킬 수 있습니다. 사진 한 장을 확인할 때마다 남은 사진을 절반씩 줄일 수 있는데, 이렇게 10장의 사진을 확인하면 결국 범행사진을 찾을 수 있습니다.

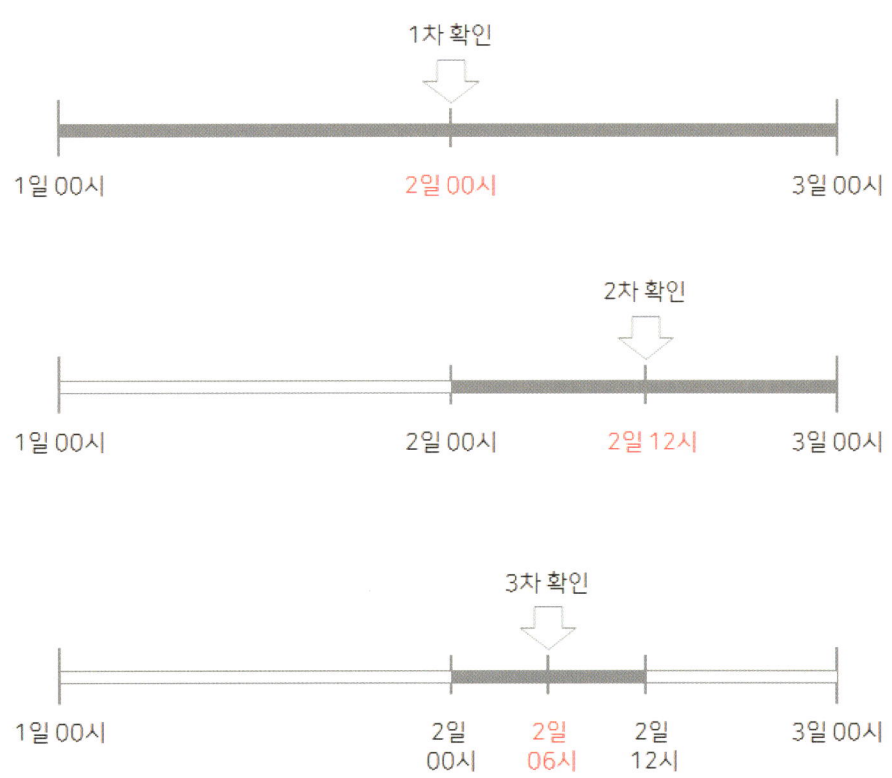

73 스무고개 점수 따기 게임

· 해답 ·

서로 문제를 내고 푸는 퍼즐로 해답은 없습니다.

서로가 선택한 두 수의 합만큼 이긴 사람이 점수로 가져가기 때문에, 숫자 선택을 잘 해야 합니다. 만약 두 사람이 선택한 수가 각각 5, 10이라면 이 게임에서 이기더라도 15점만 획득합니다. 반면에 두 사람이 선택한 수가 만약 80, 90이라면 이 게임 한판에 170점을 획득할 수 있습니다. 자신이 이길 것 같은 게임에는 높은 숫자를, 질 것 같으면 낮은 숫자를 선택하는 것이 유리합니다.

74 숨겨진 사탕 찾기 게임

• 해답 •

1,000명 중에 사탕을 가진 한명을 찾기 위해서는 10번의 질문이 필요합니다.

• 풀이 •

이 퍼즐의 해답은 '이진검색'을 이용하는 것입니다. 이진검색 알고리즘을 이용하면 질문 한 번에 남은 학생을 절반씩 줄일 수 있습니다. 1,000명을 500명씩 나눈 후 어느 쪽에 있는지 확인하면 사탕이 없는 500명의 학생을 제외할 수 있습니다. 이런 방식으로 질문을 10번 하면 아래와 같이 사탕을 가진 학생들의 수를 줄일 수 있습니다.

질문 횟수	질문 후 남은 학생 수
0	1,000
1	500
2	250
3	125
4	63
5	32
6	16
7	8
8	4
9	2
10	1

75 가장 무거운 수박 찾기

• 해답 •

8개 팀이 양팔저울을 사용하는 횟수는 총 28번입니다.

• 풀이 •

첫 번째 팀은 8개의 수박 중에서 하나를 고를 수 있습니다.
8개의 수박 중에서 가장 무거운 수박을 찾으려면 양팔 저울을 7번 사용해야 합니다. 아래의 그림처럼 수박을 차례대로 비교하면서 더 무거운 수박을 저울에 남겨두면 가장 무거운 수박을 찾을 수 있습니다. 같은 방식으로 7개의 수박에서 가장 무거운 수박을 찾기 위해서는 양팔저울을 6번 사용하면 됩니다. 즉 수박개수-1 만큼 양팔저울을 사용하면 가장 무거운 수박을 찾을 수 있습니다.

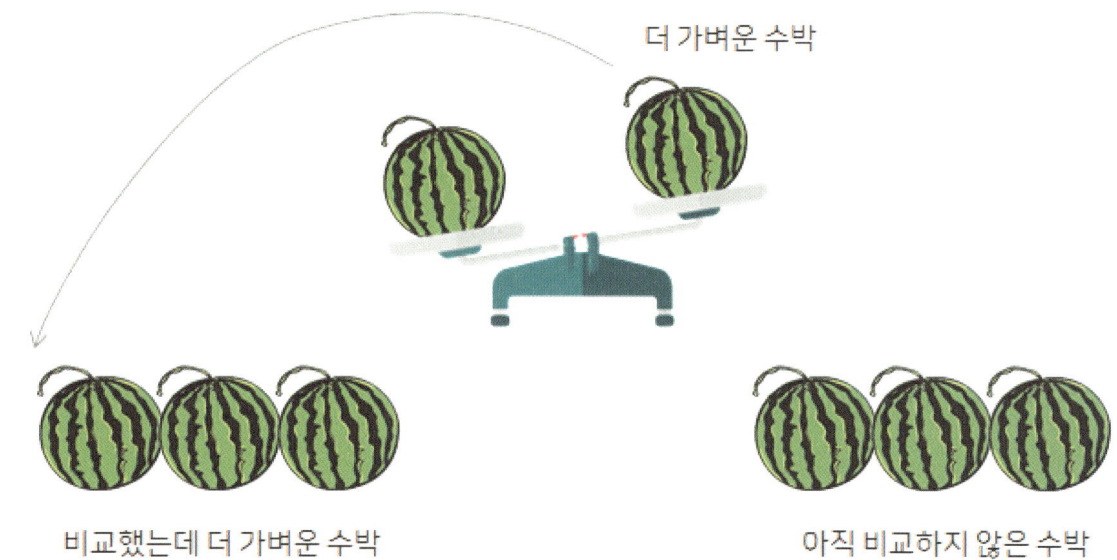

8개 팀이 모두 남은 수박 중에서 가장 무거운 수박을 가져가려면 아래와 같이 28번 양팔 저울을 사용해야 합니다. 양팔저울을 28번 사용하면 결국 수박을 무거운 것부터 가벼운 순으로 정렬시킬 수 있습니다. 이처럼 남은 수박 중에서 가장 무거운 수박을 찾아내서 무게의 순서를 정렬하는 방법을 '선택 정렬 알고리즘'이라고 합니다.

수박 개수	가장 무거운 수박을 찾기 위한 비교 횟수
8	7
7	6
6	5
5	4
4	3
3	2
2	1
1	0
합계	28

76 상대방 암호 찾기 게임

해답

서로 문제를 내고 푸는 퍼즐로 해답은 없습니다.

게임에서 암호를 구성하는 문자는 8개로 이미 정해져 있습니다. 다만 이 8개 문자의 순서를 알아내야 합니다. 이때 필요한 것이 '정렬 알고리즘'입니다.

우리는 '가장 무거운 수박 찾기' 퍼즐에서 선택 정렬 알고리즘을 살펴보았습니다. 선택 정렬 알고리즘을 사용하여 질문 28번을 하면 암호 문자의 순서를 알아낼 수 있습니다. 질문은 'a가 b보다 앞에 있나요?'라고 물어보면 됩니다.

이보다 더 효율적인 알고리즘을 사용하면 더 적은 질문으로 암호를 알아낼 수 있습니다. 이 중에서 병합 정렬 알고리즘을 알아보겠습니다. 병합정렬 알고리즘은 정렬할 값들을 두 개씩 합치면서(병합) 새로운 그룹을 만드는 것을 반복합니다.

우선 abcd1234를 앞에서부터 두 개씩 묶어서 서로 비교(질문)하여 정렬시킵니다. 만약 상대방이 선택한 암호가 '1bc4a23d'라면 'ba', 'cd', '12', '43'이라는 정렬된 4개의 그룹이 만들어집니다. 다시 이 4개의 그룹을 두 개씩 묶어서 서로 비교하여 정렬시킵니다. 정렬을 시킬 때는 각 그룹의 가장 앞에 있는 값 2개를 비교하여 더 앞에 있는 값을 앞으로 가져오면 됩니다. 비교는 경우에 따라 2~3번이 필요합니다. 그러면 'bcad', '1423'이라는 정렬된 2개의 그룹이 만들어집니다. 다시 이 2개의 그룹을 비교하여 정렬하면 상대방의 암호 '1bc4a23d'가 나타납니다. 비교는 경우에 따라 4~7번이 필요합니다.

병합정렬 알고리즘을 이용하면 질문을 최소 12번에서 최대 17번만 하면 8개의 문자를 정렬시켜 상대방의 암호를 알아낼 수 있습니다. 선택정렬 알고리즘이 28번의 질문이 필요한 것에 비하면 두 배정도 효율적인 알고리즘입니다. 아래의 그림은 병합정렬이 이루어지는 방법을 나타낸 것입니다.

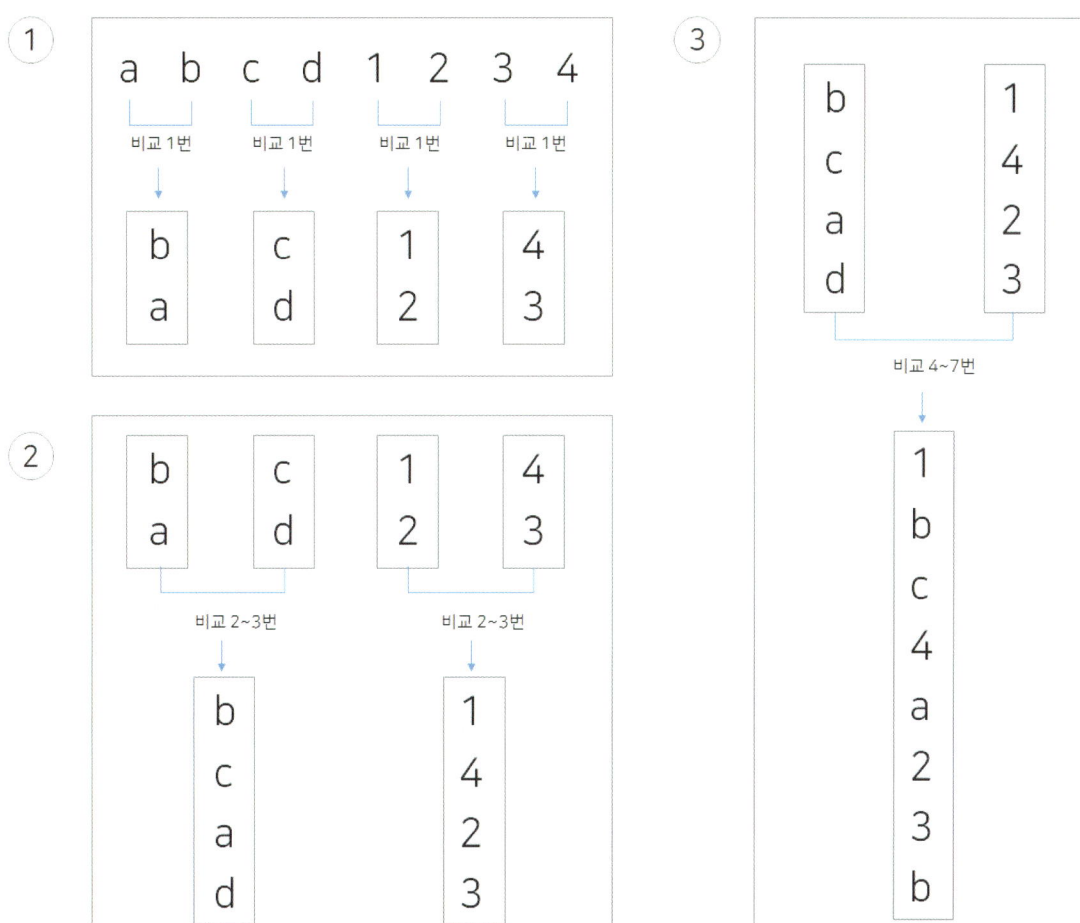

77 신용카드 위변조 확인하기

• 해답 •

이 신용카드는 위조되었습니다.

• 풀이 •

이 카드의 번호는 9445307795818884입니다. 신용카드 번호를 검증하면 다음과 같습니다.

❶ 마지막 자리를 제외한 15자리 숫자 가운데 짝수 번째 숫자를 모두 더합니다.
   4+5+0+7+5+1+8=30

❷ 마지막 자리를 제외한 15자리 숫자 가운데 홀수 번째 숫자에 각각 2를 곱해 줍니다.
   9x2=18, 4x2=8, 3x2=6, 7x2=149x2=18, 8x2=16, 8x2=16, 8x2=16

❸ 만약 2를 곱한 수가 10이상이면 십의 자리수와 일의 자리 수를 서로 분리합니다.
   (예를 들어 8에 2를 곱해서 16이 됐다면 1과 6으로 분리합니다. 1, 8, 8, 6, 1, 4, 1, 8, 1, 6, 1, 6)

❹ 1번 계산에서 나온 수에 3번 계산에서 나온 수를 모두 더해 줍니다.
   30+1+8+8+6+1+4+1+8+1+6+1+6=88

❺ 마지막 자리 수를 10에서 빼주면 검증코드가 됩니다.

10 - 8 = 2

마지막 숫자(검증코드)가 2가 아니므로 위변조된 카드입니다.

78 송전탑 연결하기

• 해답 •

최소의 비용으로 모든 송전탑을 연결하는 비용은 130억 원입니다. 송전탑을 연결하는 방법은 그림과 같습니다.

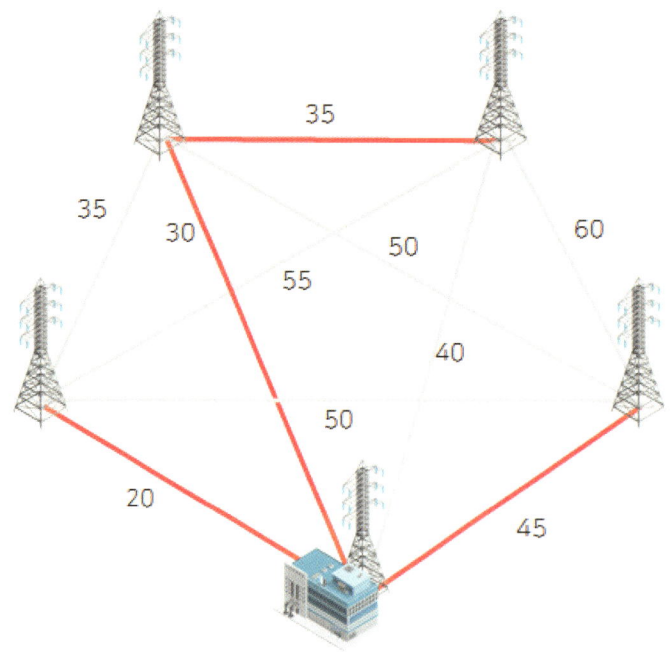

• 풀이 •

여러 장소를 최소한의 비용으로 빠짐없이 연결하는 방법을 '최소비용신장트리(Minimal Cost Spanning Tree) 알고리즘'이라고 합니다. 알고리즘은 다음과 같습니다.

1. 연결되지 않은 선 중에서 비용이 가장 적은 선을 연결합니다.
2. 만약 선을 연결해서 닫힌 도형이 생긴다면 그 선은 연결하지 않습니다.
3. (장소개수 – 1) 만큼의 연결선이 생길 때까지 1~2번을 반복합니다.

위의 알고리즘으로 퍼즐을 풀면 다음과 같습니다.

❶ 문제를 풀기 쉽도록 송전탑을 아래의 그림처럼 그래프(Graph)형태로 나타냅니다.

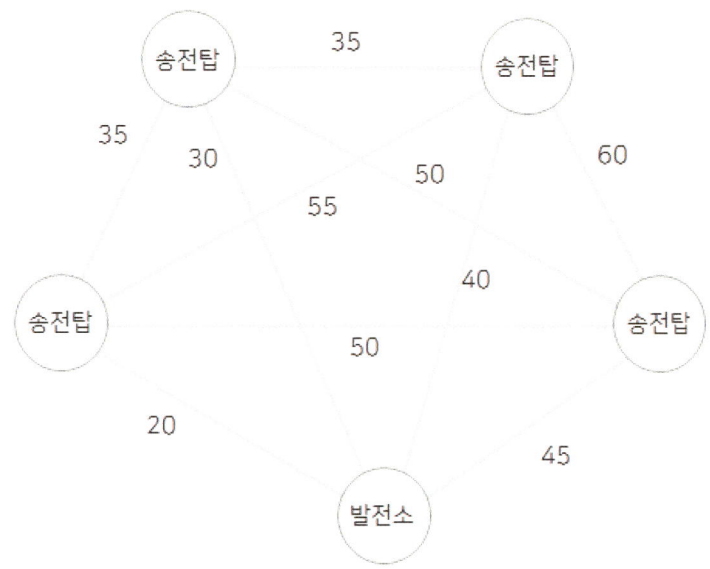

❷ 연결되지 않은 선 중에 가장 적은 비용(20)의 선을 연결합니다.

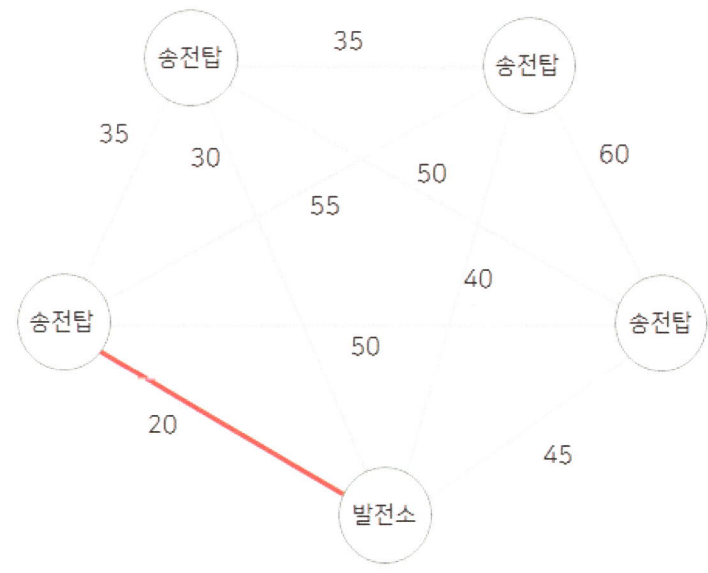

❸ 연결되지 않은 선 중에 가장 적은 비용(30)의 선을 연결합니다.

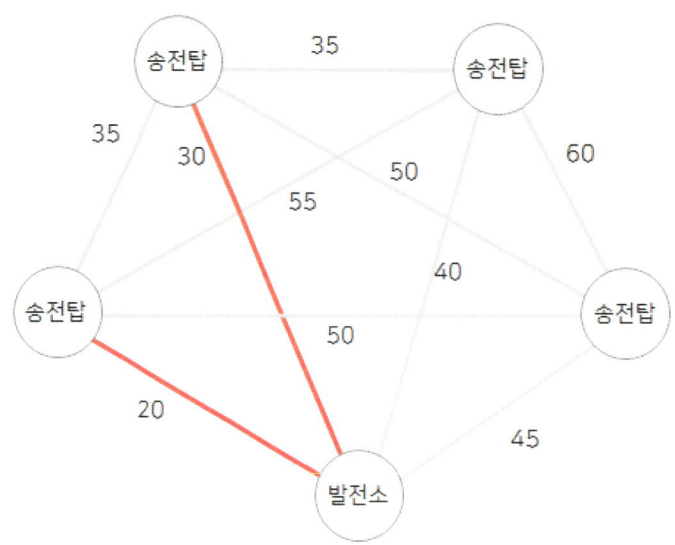

❹ 연결되지 않은 선 중에 가장 적은 비용(35)의 선을 연결하고자 했지만, 연결하면 닫힌 도형이 생기므로 이 선은 연결하지 않습니다.

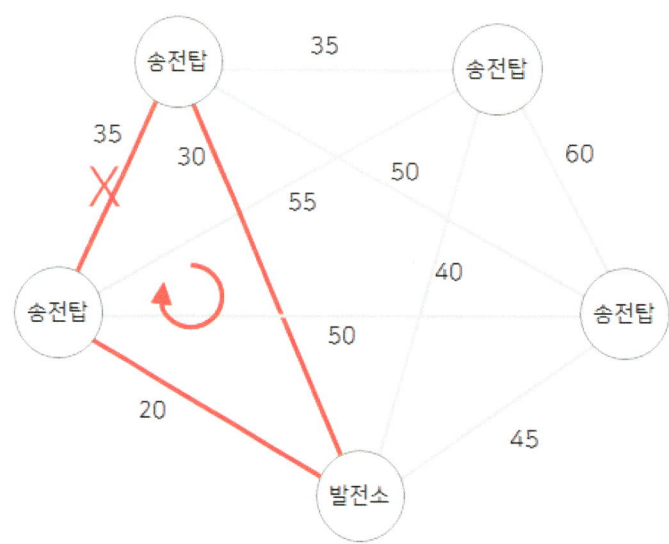

❺ 연결되지 않은 선 중에 가장 적은 비용(35)의 선을 연결합니다.

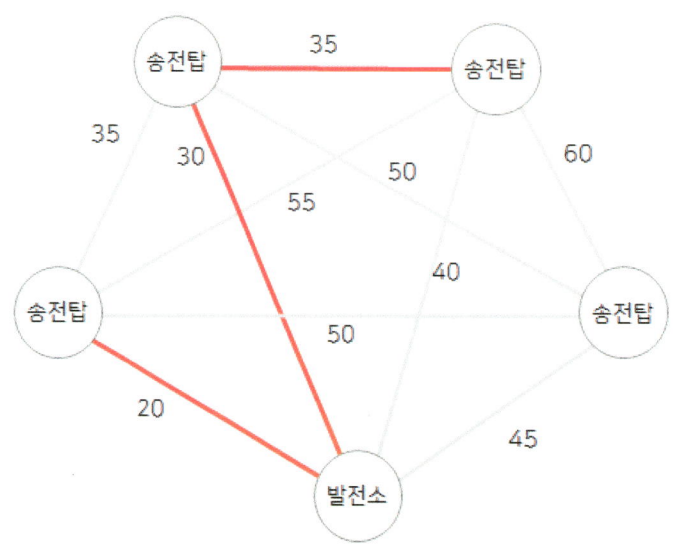

❻ 연결되지 않은 선 중에 가장 적은 비용(40)의 선을 연결하고자 했지만, 연결하면 닫힌 도형이 생기므로 이 선은 연결하지 않습니다.

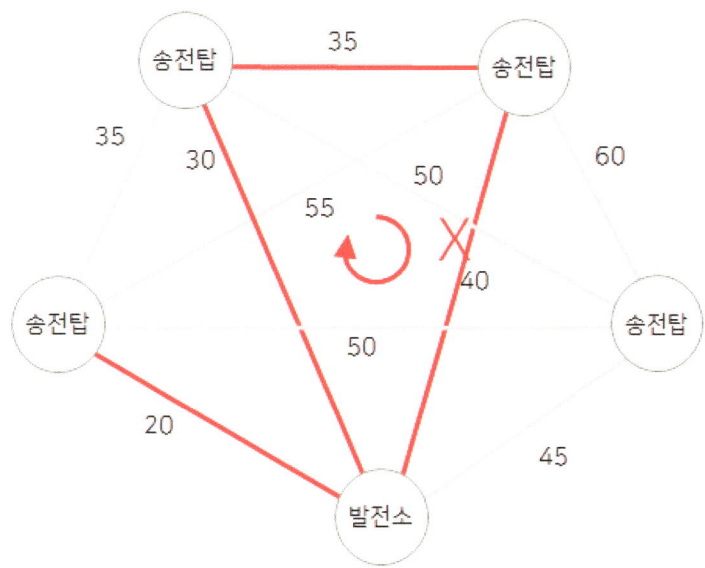

❼ 연결되지 않은 선 중에 가장 적은 비용(45)의 선을 연결합니다.
장소가 5곳인데 연결된 선이 4개가 되었으므로 연결을 마칩니다.

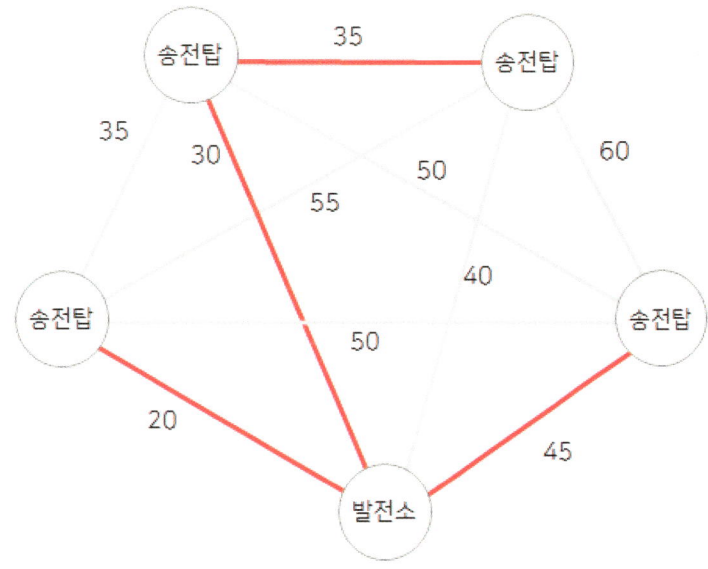

79 제주도 관광하기

· 해답 ·

호텔에서 출발해서 중문단지, 우도를 거쳐 다시 호텔로 돌아오는 최단 시간은 340분(5시간 40분)입니다.

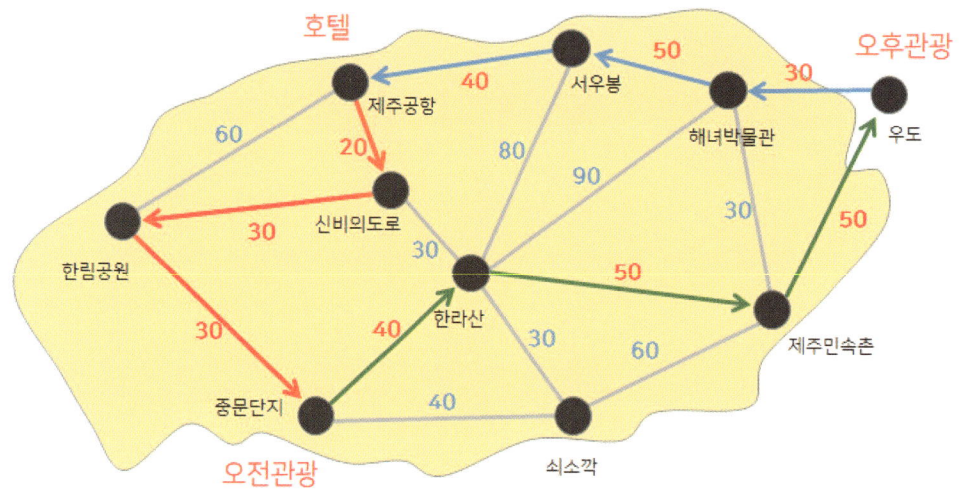

· 풀이 ·

복잡하게 연결된 장소를 최단거리 또는 최소시간으로 연결하는 알고리즘을 '최단 경로 알고리즘' 또는 '다익스트라(Dijkstra) 알고리즘'이라고 합니다. 차량 네이게이션과 빠른길 찾기에 사용되는 알고리즘이 바로 이 알고리즘입니다.
최단경로 알고리즘을 수행하는 방법은 다음과 같습니다.

> 1. 출발지점(호텔)과 바로 연결된 장소를 표에 추가하고 호텔과의 거리를 적습니다.
> 2. 다음 장소(신비의 도로)를 선택합니다. 그 장소와 바로 연결되는 새로운 장소가 있으면 표에 추가합니다. 그리고 표에 있는 현재 위치(신비의 도로)의 거리와 지도에 있는 새로운 장소까지의 거리를 더해서 표에 적습니다.
> 3. 현재 장소(신비의 도로)에서 출발지점(호텔)으로 가는길을 역으로 탐색해서 최소 거리를 찾습니다. 만약 현재 거리보다 적은 거리가 있으면 표에 있는 거리를 수정하고, 지도에 해당 경로를 표시합니다.
> 4. 모든 장소를 선택하여 경로를 표시할 때까지 2번과 3번을 반복합니다.

위의 알고리즘으로 퍼즐을 풀면 다음과 같습니다.
우선 호텔에서 우도로 가는 최단거리를 구하는 방법입니다.

❶ 문제를 풀기 쉽도록 제주도 지도를 아래의 그림처럼 그래프(Graph)형태로 나타냅니다. 호텔에서 바로 연결되는 장소(신비의도로, 한림공원, 서우봉)를 표에 추가합니다. 호텔에서 부터의 거리를 지도에서 찾아 표에 입력합니다.

장소	호텔	신비의 도로	한림 공원	서우봉					
거리	0	20	60	40					

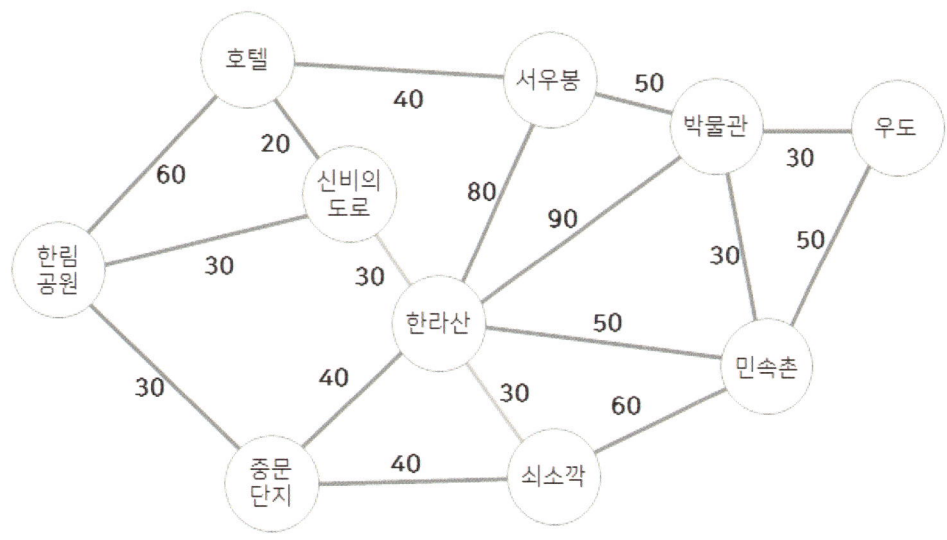

❷ 다음 장소로 신비의 도로를 선택합니다.

신비의 도로에서 바로 연결되는 새로운 장소(한라산)를 표에 추가합니다. 표에 있는 신비의 도로 거리에 신비의 도로에서 한라산까지의 지도상 거리를 더해서 표에 입력합니다.

신비의 도로에서 호텔로 가는 최단거리를 역으로 구합니다. 신비의 도로에서 호텔로 가는 방법은 총 3가지입니다. 호텔로 바로 가거나, 한림공원을 통해서 가거나, 한라산을 통해서 갈 수 있습니다. 3가지 경로를 모두 계산합니다.

- 호텔로 직행할 경우: 신비의 도로 거리(20) + 호텔에서 호텔까지 거리(0) = 20
- 한림공원으로 갈 경우: 신비의 도로에서 한림공원까지 거리(30) + 한림공원에서 호텔까지 거리(60) = 80
- 한라산으로 갈 경우: 신비의 도로에서 한라산까지 거리(30) + 한라산에서 호텔까지 거리(50) = 80

가장 짧은 거리는 호텔로 직행하는 것인데 표에 있는 내용과 같으므로 표는 수정하지 않고, 지도에 경로를 표시합니다.

장소	호텔	신비의 도로	한림 공원	서우봉	한라산					
거리	0	20	60	40	50					

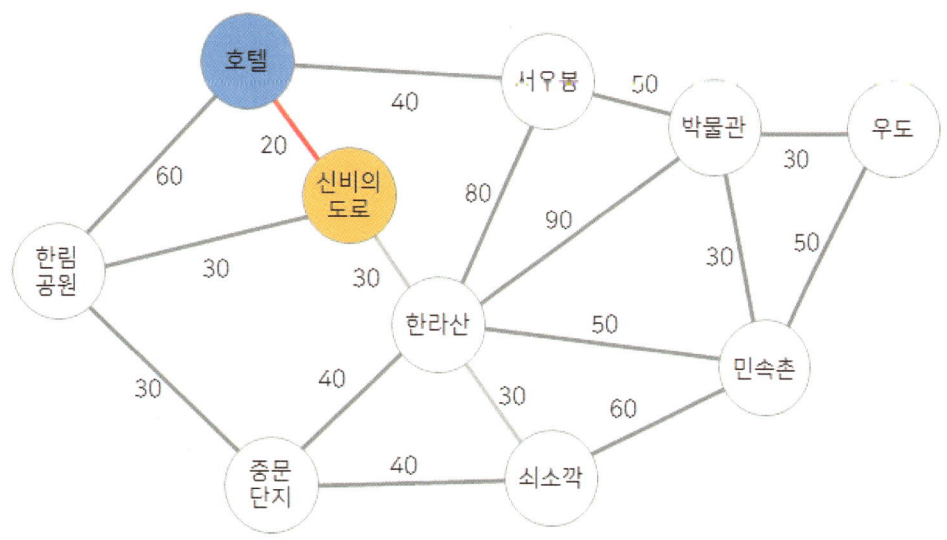

❸ 다음 장소로 한림공원을 선택합니다.

한림공원에서 바로 연결되는 새로운 장소(중문단지)를 표에 추가합니다. 표에 있는 한림공원 거리에 한림공원에서 중문단지까지의 지도상 거리를 더해서 표에 입력합니다.

한림공원에서 호텔로 가는 최단거리를 역으로 구합니다. 한림공원에서 호텔로 가는 방법은 총 3가지입니다. 호텔로 바로 가거나, 신비의 도로를 통해서 가거나, 중문단지를 통해서 갈 수 있습니다. 3가지 경로를 모두 계산합니다.

- 호텔로 직행할 경우: 한림공원 거리(60) + 호텔에서 호텔까지 거리(0) = 60
- 신비의 도로로 갈 경우: 한림공원에서 신비의 도로까지 거리(30) + 신비의 도로에서 호텔까지 거리(20) = 50
- 중문단지로 갈 경우: 한림공원에서 중문단지까지 거리(30) + 중문단지에서 호텔까지 거리(90) = 120

가장 짧은 거리는 신비의 도로를 직행하는 것(50)인데 표에 있는 거리(60)보다 짧으므로 표를 수정하고, 지도에 경로를 표시합니다.

장소	호텔	신비의 도로	한림공원	서우봉	한라산	중문단지				
거리	0	20	50	40	50	90				

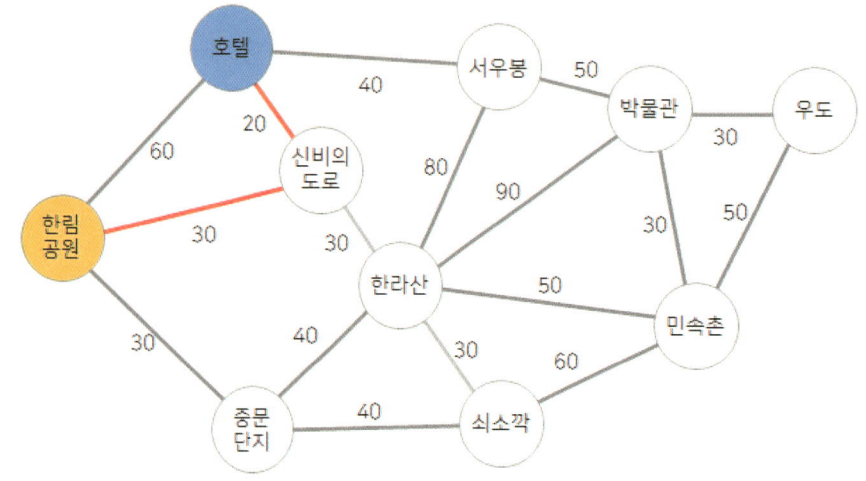

❹ 서우봉을 기준으로 선택하고 동일한 방법으로 최단 거리를 구해 표와 지도에 표시합니다.

장소	호텔	신비의 도로	한림공원	서우봉	한라산	중문단지	박물관			
거리	0	20	50	40	50	90	90			

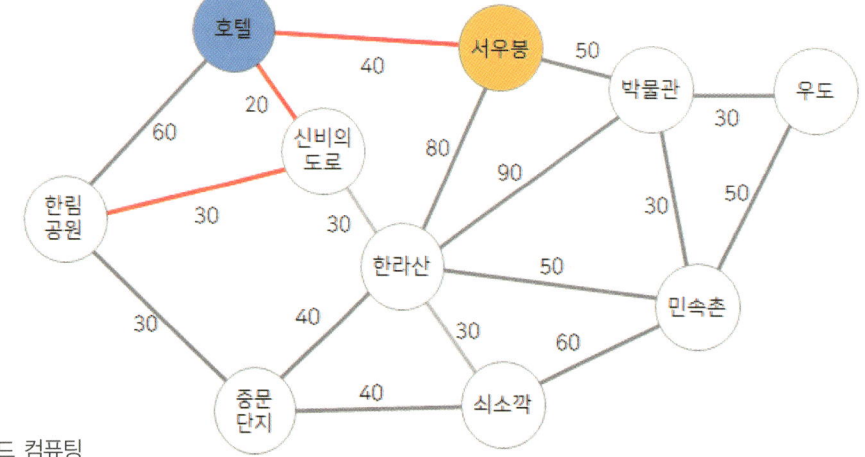

❺ 한라산을 기준으로 선택하고 동일한 방법으로 최단 거리를 구해 표와 지도에 표시합니다.

장소	호텔	신비의 도로	한림 공원	서우봉	한라산	중문 단지	박물관	쇠소깍	민속촌
거리	0	20	50	40	50	90	90	80	100

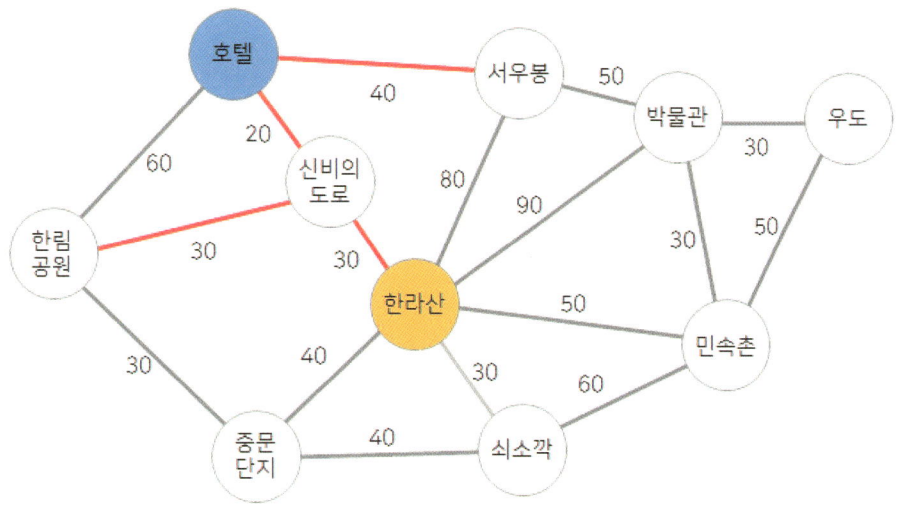

❻ 중문단지를 기준으로 선택하고 동일한 방법으로 최단 거리를 구해 표와 지도에 표시합니다.

장소	호텔	신비의 도로	한림 공원	서우봉	한라산	중문 단지	박물관	쇠소깍	민속촌
거리	0	20	50	40	50	80	90	80	100

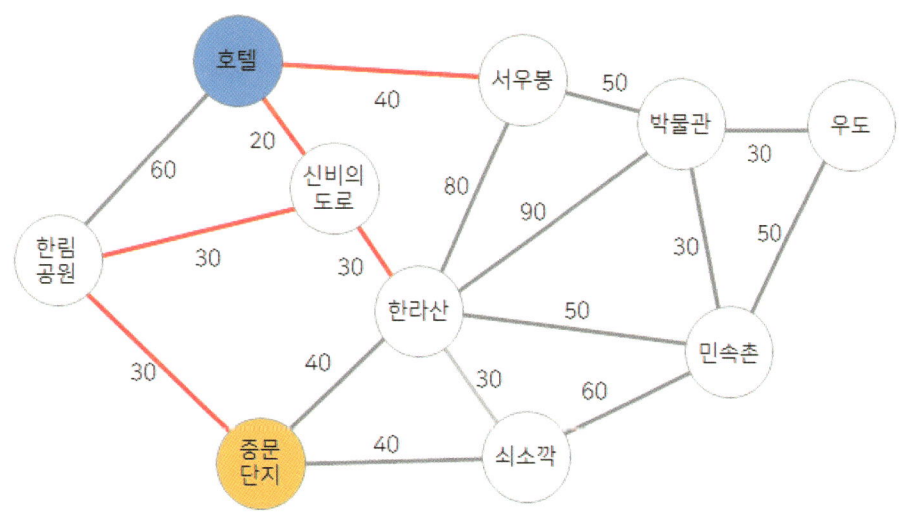

❼ 박물관을 기준으로 선택하고 동일한 방법으로 최단 거리를 구해 표와 지도에 표시합니다.

장소	호텔	신비의 도로	한림 공원	서우봉	한라산	중문 단지	박물관	쇠소깍	민속촌	우도
거리	0	20	50	40	50	80	90	80	100	120

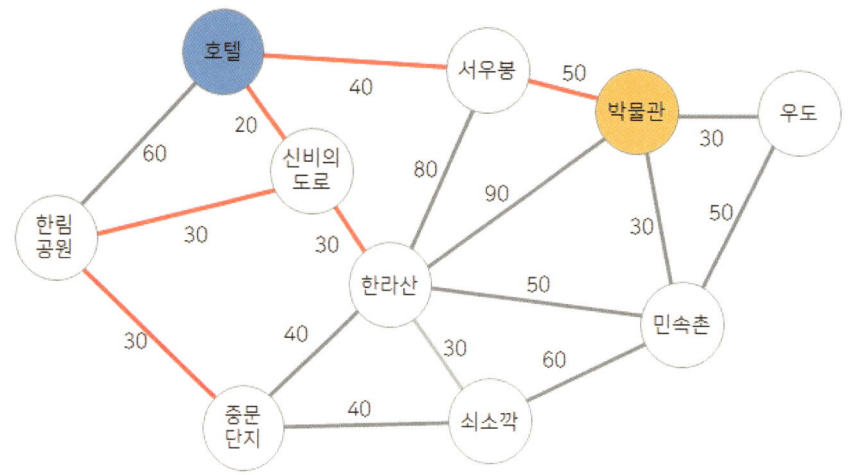

❽ 쇠소깍을 기준으로 선택하고 동일한 방법으로 최단 거리를 구해 표와 지도에 표시합니다.

장소	호텔	신비의 도로	한림 공원	서우봉	한라산	중문 단지	박물관	쇠소깍	민속촌	우도
거리	0	20	50	40	50	80	90	80	100	120

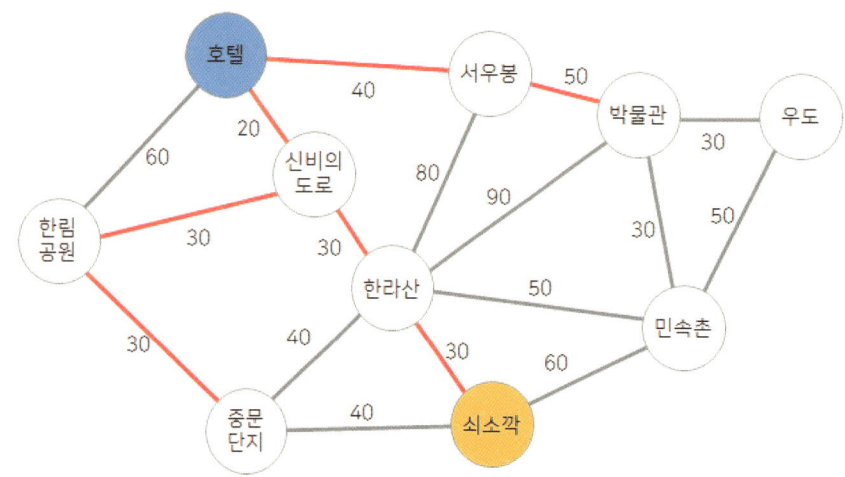

❾ 민속촌을 기준으로 선택하고 동일한 방법으로 최단 거리를 구해 표와 지도에 표시합니다.

장소	호텔	신비의 도로	한림 공원	서우봉	한라산	중문 단지	박물관	쇠소깍	민속촌	우도
거리	0	20	50	40	50	80	90	80	100	120

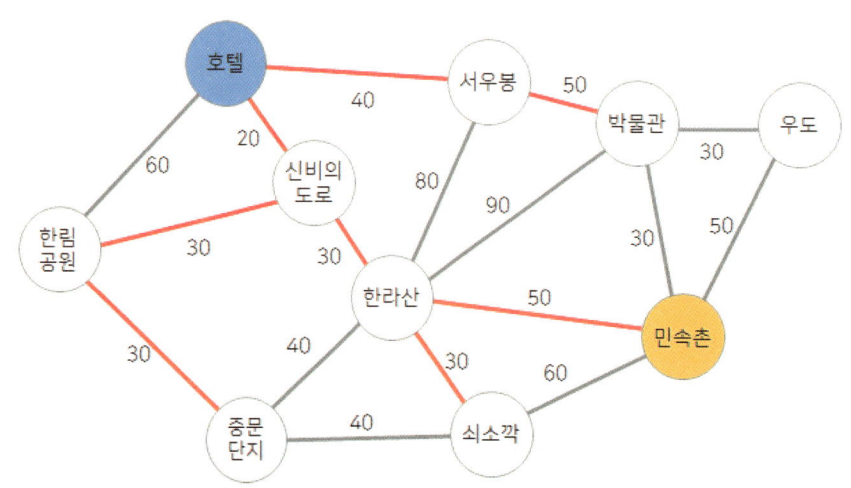

⑩ 우도를 기준으로 선택하고 동일한 방법으로 최단 거리를 구해 표와 지도에 표시합니다.

장소	호텔	신비의 도로	한림공원	서우봉	한라산	중문단지	박물관	쇠소깍	민속촌	우도
거리	0	20	50	40	50	80	90	80	100	120

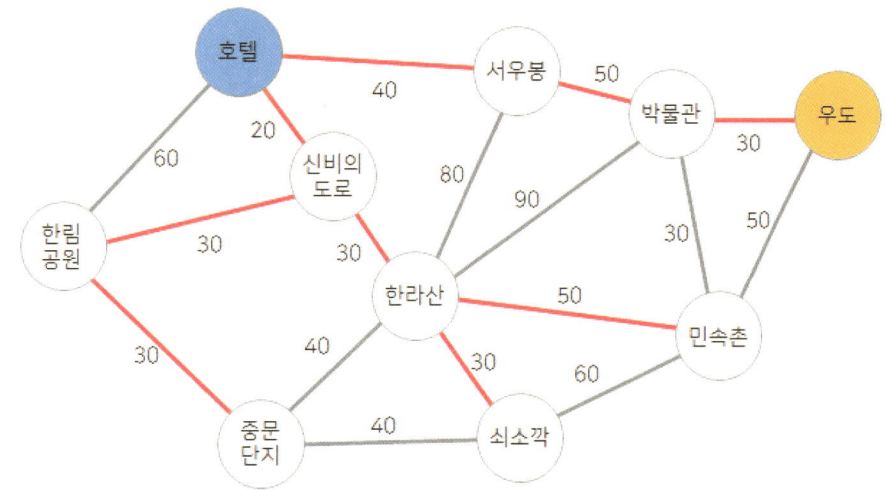

10번까지 계산을 마치면 호텔에서 중문단지로 가는 최단경로를 구할 수 있습니다. 호텔에서 중문단지로 가는 최단경로는 신비의 도로, 한림공원을 경유하는 길이고, 소요시간은 80분입니다. 중문단지 뿐만 아니라 다른 장소로 가는 최단경로도 지도에 표시된 경로를 통해 모두 알 수 있습니다. 예를 들면 호텔에서 민속촌으로 가는 최단경로는 신비의 도로, 한라산을 경유하는 길이고 소요시간은 100분입니다.

또한 우도에서 호텔로 가는 최단경로는 박물관, 서우봉을 경유하는 길이고, 소요시간은 120분입니다. 이제 중문단지에서 우도로 가는 최단 경로를 구합니다. 호텔에서 출발하는 최단경로를 구한 방법과 동일하게 계산하면 아래와 같이 결과가 나옵니다.

장소	중문단지	한림공원	한라산	쇠소깍	호텔	신비의 도로	서우봉	박물관	민속촌	우도
거리	0	30	40	40	80	60	120	130	90	140

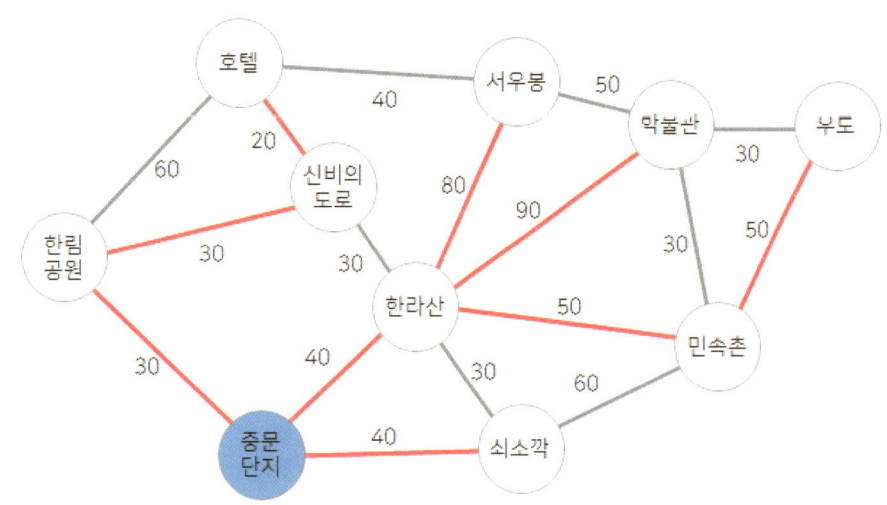

중문단지에서 우도로 가는 최단 경로는 한라산, 민속촌을 경유하는 길이고, 소요시간은 140분입니다. 이제 모든 시간을 더하면 답이 나옵니다. 정답은 340분입니다.

호텔 → 중문단지 최소시간: 80분

중문단지 → 우도 최소시간: 140분

우도 → 호텔 최소시간: 120분

칼국수 레시피 만들기

해답

칼국수를 만드는 요리법을 단계별로 나누면 아래와 같습니다.

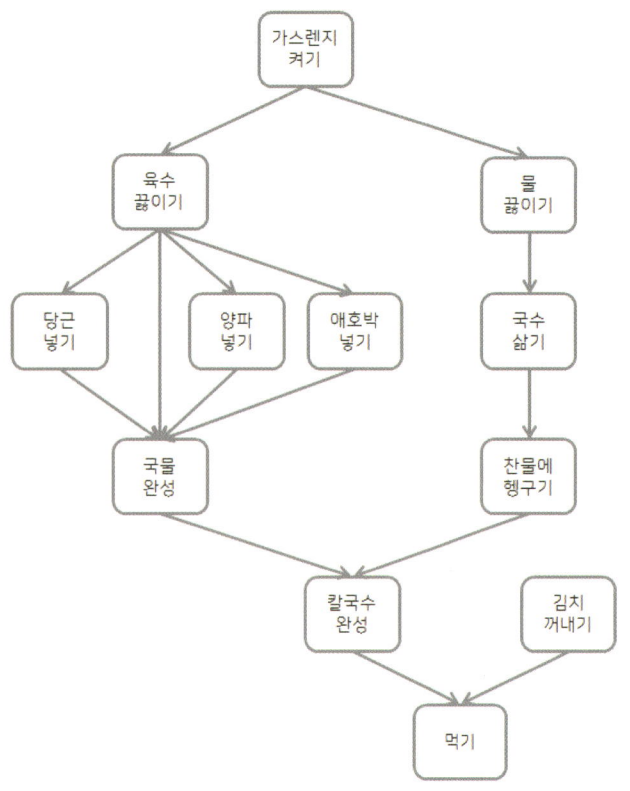

풀이

여러 가지 일 중에서 어떤 일을 먼저 해야 할지 우선순위를 정하는 알고리즘 중에 '위상정렬 알고리즘'이 있습니다. 로봇을 조립하기 위해 무엇을 먼저 해야 할지 또는 학교에서 어떤 수업을 먼저 들어야 할지를 계산할 수 있는 알고리즘입니다.

위상정렬 알고리즘을 수행하는 방법은 다음과 같습니다.

> 1. 각각의 행동의 진입차수(들어오는 화살표의 개수)를 구합니다.
> 2. 진입차수가 0인 행동을 행동 리스트로 옮기고, 순서도에서 삭제합니다.
> 3. 모든 행동이 행동리스트로 이동할 때까지 1~2번을 반복합니다.

위의 알고리즘으로 퍼즐을 풀면 다음과 같습니다.

❶ 각각의 행동의 진입차수(들어오는 화살표의 개수)를 구합니다. 가스렌지 켜기와 김치 꺼내기는 들어오는 화살표가 없으므로 진입차수가 0이 됩니다. 진입차수가 0인 두 행동을 행동리스트로 옮기고 그래프에서 삭제합니다.

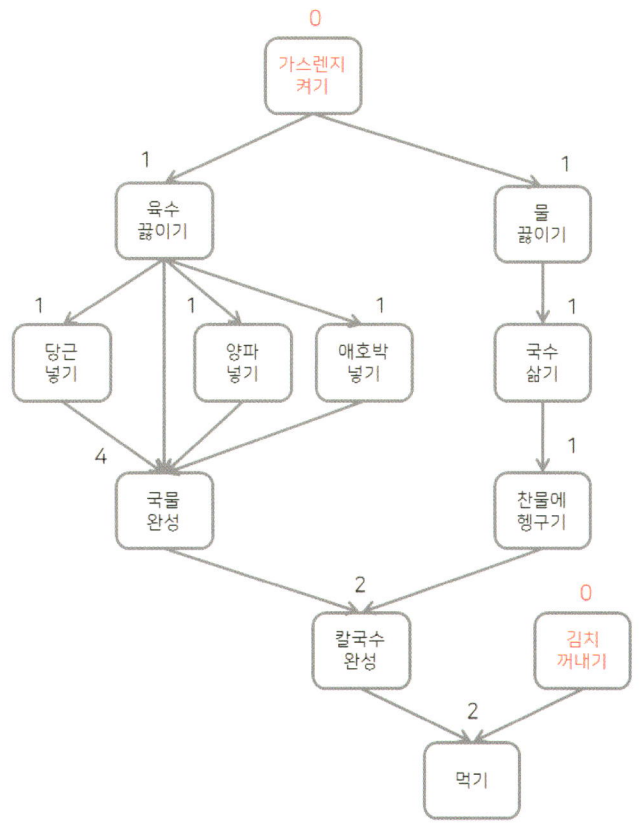

❷ 다시 진입차수를 계산합니다. 육수 끓이기와 물 끓이기 행동이 진입차수가 0이므로 행동리스트로 옮기고 그래프에서 삭제합니다.

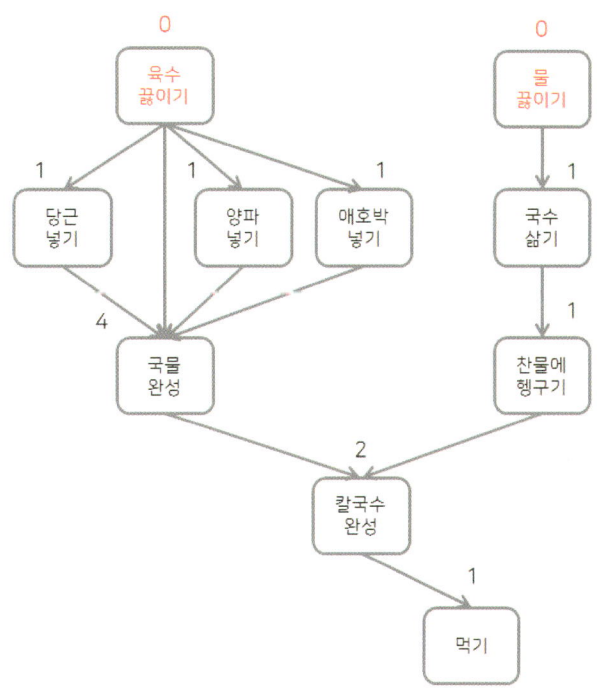

❸ 다시 진입차수를 계산합니다. 당근넣기, 양파넣기, 애호박넣기, 국수삶기 행동이 진입차수가 0이므로 행동리스트로 옮기고 그래프에서 삭제합니다.

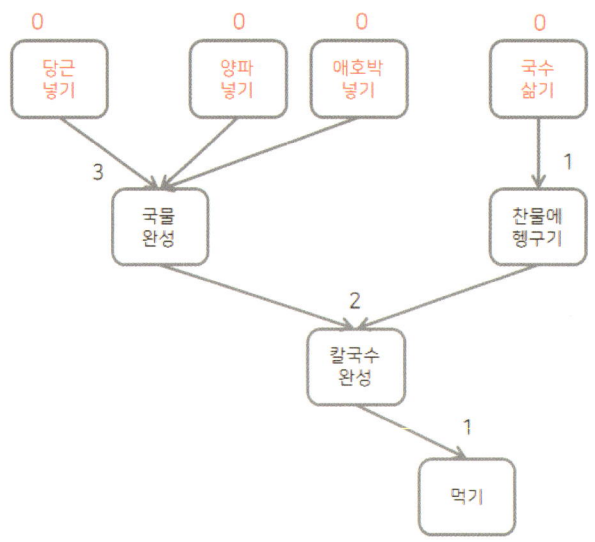

❹ 다시 진입차수를 계산합니다. 국물완성과 찬물행구기 행동이 진입차수가 0이므로 행동리스트로 옮기고 그래프에서 삭제합니다.

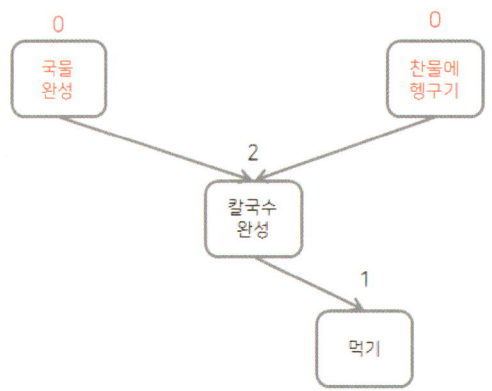

❺ 다시 진입차수를 계산합니다. 칼국수 완성 행동이 진입차수가 0이므로 행동리스트로 옮기고 그래프에서 삭제합니다.

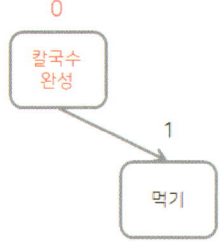

❻ 다시 진입차수를 계산합니다. 먹기 행동이 진입차수가 0이므로 행동리스트로 옮기고 그래프에서 삭제합니다.

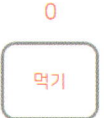

모든 행동을 행동리스트로 옮겼으므로 알고리즘을 종료합니다. 칼국수를 만드는 모든 행동이 일의 순서에 따라 6단계로 나뉘어 졌습니다.

81 무인 택배 차량 운행하기

해답

무인 택배 차량이 물류창고에서 출발하여 모든 장소에 택배물을 배달하고 되돌아 오는 최소한의 시간은 67분입니다. 그리고 이동 경로는 물류창고-병원-학교-아파트-소방서-기차역-경찰서-물류창고 순입니다.

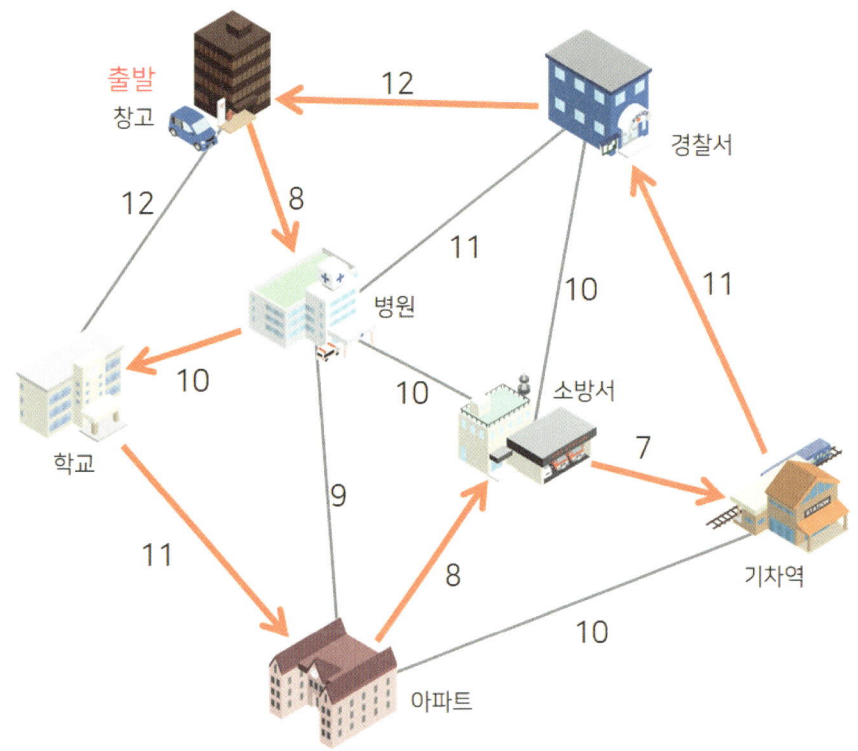

풀이

한 장소에서 출발하여 짧은 시간 안에 다른 모든 장소를 여행하고 돌아오는 문제를 컴퓨터과학에서는 '여행자 문제(Traveling Salesman Problem, TSP)'라고 합니다. 여행자 문제를 푸는 정확한 알고리즘은 아직 발견하지 못했습니다. 정확한 답을 알아내기 위해서는 모든 경우의 수를 계산해 봐야 합니다.

이 퍼즐에서는 각각의 장소에서 이동할 수 있는 경로가 각각 3개, 3개, 5개, 4개, 4개, 4개, 3개 이므로 단순히 계산하면 모두 8,640가지의 경로가 존재합니다. 그러나 이렇게 모든 경우를 계산하는 것은 시간이 너무 오래 걸리므로 '최소비용신장트리 알고리즘'을 응용한 문제 해결 방법을 알아보겠습니다.

최소비용신장트리 알고리즘을 이용하여 이 여행자 문제를 해결하는 방법은 아래와 같습니다.

❶ 문제를 풀기 쉽도록 그림을 장소와 선, 거리로 이루어진 그래프 형태로 바꿉니다.

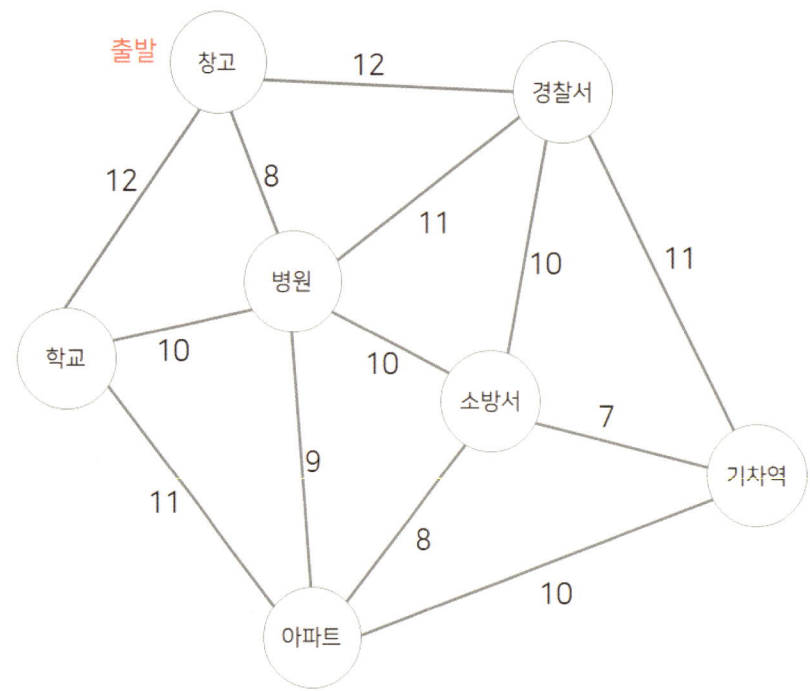

❷ 최소비용신장트리 알고리즘을 이용하여 모든 장소를 최소 거리로 연결합니다. 최소비용신장트리 알고리즘은 78번 문제 송전탑 연결하기 해설에 자세히 설명되어 있습니다.

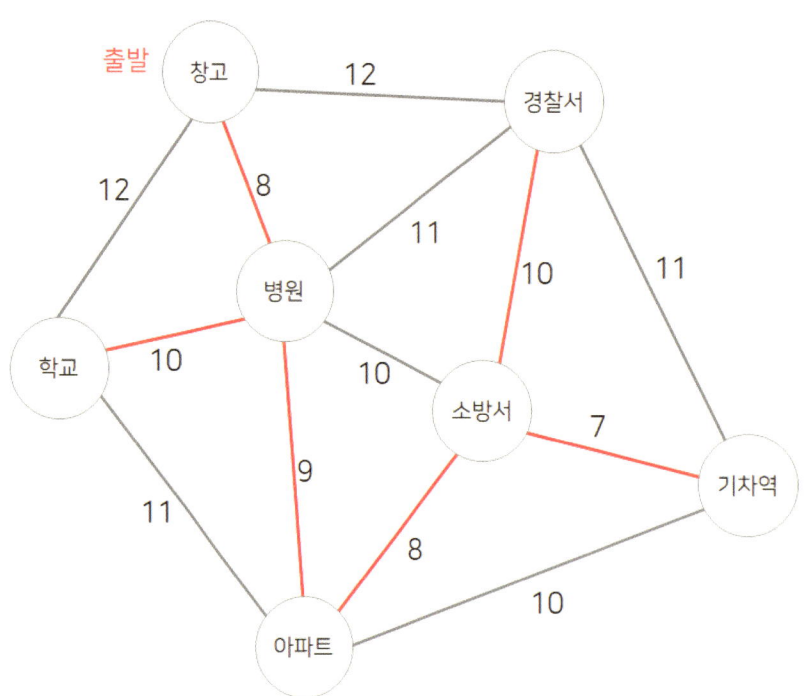

❸ 창고에서 시작하여 빨간 선을 통해서 모든 장소를 지나 다시 창고로 돌아오는 길을 순서대로 적습니다. 이때 막다른 길은 다시 돌아 나와서 진행합니다. 다음과 같은 경로가 만들어집니다.
창고 - 병원 - 학교 - 병원 - 아파트 - 소방서 - 기차역 - 소방서 - 경찰서 - 창고

❹ 경로에서 중복되는 장소를 제거합니다.
창고 - 병원 - 학교 - 병원 - 아파트 - 소방서 - 기차역 - 소방서 - 경찰서 - 창고

❺ 중복되는 장소를 제거한 경로가 답이 됩니다.
창고 - 병원 - 학교 - 아파트 - 소방서 - 기차역 - 경찰서 - 창고
지도상에 표시하면 아래와 같습니다.

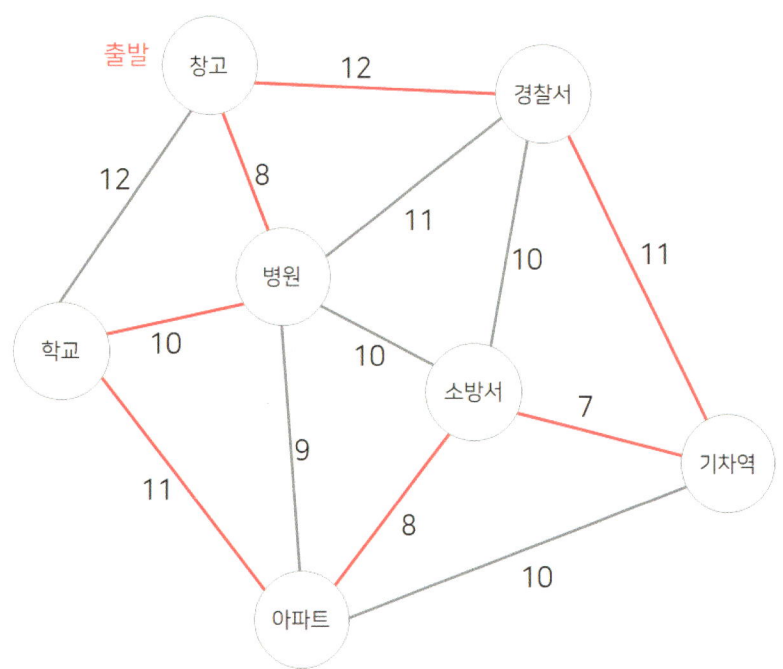

이러한 문제 풀이방식은 완벽한 해답은 될 수 없습니다. 하지만 짧은 시간 내에 근사한 해답을 얻어낼 수 있습니다. 아직까지 완벽하게 해결 알고리즘이 없는 문제도 이처럼 유사한 알고리즘을 통해 풀 수 있습니다.
참고로 이러한 방법으로 찾아낸 답은 완벽한 정답과 오차가 날 수 있지만 오차의 범위는 정답의 2배를 넘지 않습니다.

82 주말 농장 물건 담기

• 해답 •

호박 1개, 양배추 2개, 가지 2개, 당근 2개로 10kg을 채우면 총 금액 10,460원으로 최대가 됩니다.

호박 1개
6kg / 6,600원

양배추 2개
3kg / 3,000원

가지 2개
600g / 540원

당근 2개
400g / 320원

합계
10kg
10,460원

> • 풀이 •

정해진 무게를 채워서 가치가 가장 높게 하는 문제를 컴퓨터과학에서는 '배낭채우기 문제(Knapsack Problem)'라고 합니다. 배낭 채우기 문제에는 물건을 쪼갤 수 있는 문제와 이 퍼즐처럼 물건을 쪼갤 수 없는 문제가 있습니다. 물건을 쪼갤 수 있다면 '탐욕 알고리즘'으로 쉽게 풀 수 있으나 물건을 쪼갤 수 없으면 정확한 알고리즘이 아직까지 없습니다.

따라서 이 퍼즐의 정확한 정답을 얻기 위해서는 모든 경우의 수를 계산해야 하지만, 우리는 '탐욕 알고리즘'으로 풀어보겠습니다. 탐욕 알고리즘은 순간수간 최선의 선택을 해 나가는 방법입니다.

탐욕 알고리즘으로 배낭채우기 문제를 해결하는 방법은 다음과 같습니다.

> 1. 각각의 물건의 단위당 가격을 계산합니다.
> 2. 단위당 가격이 가장 비싼 물건부터 최대한 많이 담습니다.
> 3. 그 다음으로 비싼 물건을 최대한 많이 담습니다.
> 4. 물건을 더 이상 채울 수 없을 때까지 2~3번을 반복합니다.

이제 위의 알고리즘을 이용하여 이 퍼즐을 풀어보겠습니다.

❶ 각각 물건의 100g당 가격을 계산합니다.

이름	호박	양배추	가지	당근	감자	토마토
개당 무게	6kg	1.5kg	300g	200g	500g	400g
100g 당 가격	110	100	90	80	80	75

❷ 100g당 가격이 가장 높은 물건부터 최대한 많이 담습니다. 호박, 양배추, 가지 순으로 물건을 담으면 10,410원의 가격만큼 담을 수 있습니다.

순서	물건	개수	무게	가격	남은 무게
1	호박	1	6kg	6,600	4kg
2	양배추	2	3kg	3,000	1kg
3	가지	3	900g	810	100g
	합계		9.9kg	10,410	0.1kg

탐욕 알고리즘은 각각의 순간마다 가장 최적의 답을 고르는 방식입니다. 그런데 이렇게 만들어진 답이 항상 전체적으로 최적의 답이 되는 것은 아닙니다. 전체적으로 최적의 답이 되기 위해서는 어떤 부분은 손해를 봐야 하는 부분도 있기 때문입니다.

예를 들면 가지를 3개 선택하지 않고, 가지 2개와 당근 2개를 선택한다면 더 높은 가격이 만들어집니다.

순서	물건	개수	무게	가격	남은 무게
1	호박	1	6kg	6,600	4kg
2	양배추	2	3kg	3,000	1kg
3	가지	2	600g	540	400g
4	당근	2	400g	320	0g
	합계		10kg	10,460	0kg

탐욕 알고리즘으로 최적의 해답은 찾기는 힘들지만 빠른 시간에 어느 정도 근사한 해답을 얻을 수 있었습니다. 이처럼 컴퓨터과학에서는 적합한 알고리즘이 없는 문제를 탐욕 알고리즘을 이용해서 해결하는 경우가 많습니다.

83 헨젤과 그레텔의 미로 탈출

해답

헨젤과 그레텔이 미로를 통과하는 경로는 다음과 같습니다.

• 풀이 •

미로를 하늘에서 내려다 보는 우리는 전체적인 미로의 모습을 알 수 있습니다. 하지만 미로 속에 있는 헨젤과 그레텔은 바로 앞의 길이 어디로 연결되는지 알 수 없습니다. 자칫 잘못하면 같은 길을 계속 돌거나 미로에 갇혀 나올 수 없게 될 수도 있습니다.

빵가루를 뿌리는 이유도 같은 곳을 계속 헤매지 않기 위해서입니다. 또한 갈림길을 만나면 차례대로 정면, 오른쪽, 왼쪽, 뒤쪽 방향으로 움직인다는 일정한 규칙을 만들어 새로운 길을 찾아낼 수 있게 했습니다. 실제 집안을 돌아다니는 로봇청소기나 미로찾기 로봇은 위와 같은 알고리즘을 이용하여 작동합니다.

84 둘이 함께 토끼 미로 탈출

• 해답 •

토끼가 뱀을 피해 미로를 탈출하는 경로는 다음과 같습니다.

이번 퍼즐은 장애물이 두 장으로 나뉘어져 있기 때문에 대화를 통해 숨겨진 장애물을 피해 나가야 합니다.

85 비밀 공유하기 활동

• 해답 •

모둠으로 이루어지는 활동 학습으로 별도의 해답은 없습니다.

4장 프로그래밍

해답 및 풀이

86 그림 표현하기 퍼즐

• 해답 •

시온이가 설명한 것과 가장 유사한 그림은 3번 그림입니다.

• 풀이 •

그림에서 틀린 점의 개수를 세어보면 1번 그림이 4개, 2번 그림이 4개, 3번 그림이 3개, 4번 그림이 4개가 됩니다. 따라서 가장 유사한 그림은 3번 그림입니다.

(1)

(2)

(3)

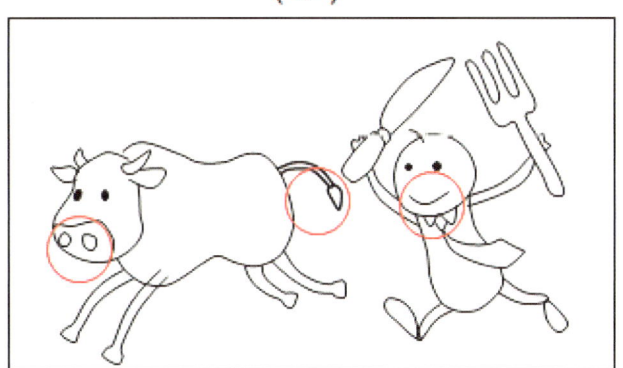

(4)

87 그림 표현하기 게임

• 해답 •

서로 문제를 내고 푸는 게임으로 해답은 없습니다.

88 칠교놀이 모양 만들기 퍼즐

• 해답 •

시온이가 설명한 칠교놀이 모양은 4번 그림입니다.

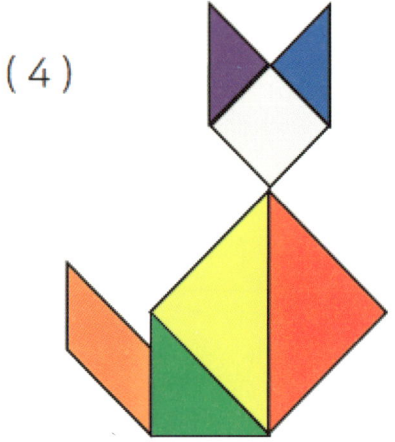

89 칠교놀이 모양 만들기 게임

• 해답 •

서로 문제를 내고 푸는 게임으로 해답은 없습니다.

90 설명 듣고 종이접기 퍼즐

• 해답 •

시온이가 설명한 종이접기 모양은 3번 그림입니다.

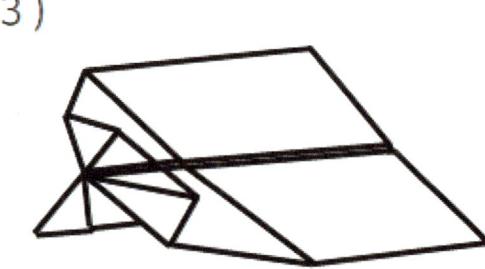

91 설명 듣고 종이접기 게임

해답

서로 문제를 내고 푸는 게임으로 해답은 없습니다.

92 아바타 게임

해답

모둠으로 이루어지는 활동 학습으로 별도의 해답은 없습니다.

풀이

많은 아이들이 한꺼번에 명령을 내리면 아바타는 누구의 말을 들을 것인지 고민하게 됩니다. 또한 명령하는 방식이 서로 다를 수도 있습니다. 예를 들면 '오른쪽으로 돌아', '오른쪽으로 90도', '오른쪽 봐' 등은 모두 같은 뜻이지만 명령어가 달라 헷갈릴 수 있습니다.
그리고 3단계와 같이 목표물이 계속해서 이동한다면, 길게 천천히 설명하는 것보다 '앞으로', '왼쪽으로', 오른쪽으로'처럼 짧은 명령어를 재빠르게 반복적으로 하는 것이 더 효율적입니다. 컴퓨터 프로그래밍도 이렇게 간단한 명령어들을 조합하여 복잡한 프로그램을 만들게 됩니다.

93 픽셀 기호 코딩 퍼즐

해답

수민이는 6번 길로 가면 됩니다.

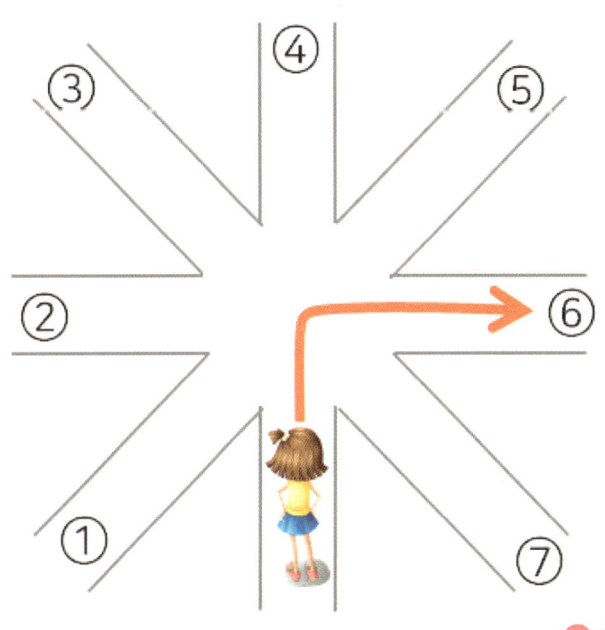

> **풀이**

초청장에 있는 ↑, ↓, ←, →, ✍는 • 위치에서 시작해서 각각 위로 한 칸 이동(↑), 아래로 한 칸 이동(↓), 왼쪽으로 한 칸 이동(←), 오른쪽으로 한 칸 이동(→), 색칠하기(✍)를 나타내는 코드입니다. • 지점에서 출발하여 코드대로 움직이면 아래와 같은 그림이 나타납니다.

94 픽셀 기호 코딩 게임

> **해답**

서로 문제를 내고 푸는 게임으로 해답은 없습니다.

95 자동차 코딩 퍼즐

> **해답**

경찰차가 보석상으로 빨리 도착하기 위해서는 아래와 같이 운전해야 합니다.

경찰차가 움직이는 경로는 다음과 같습니다.

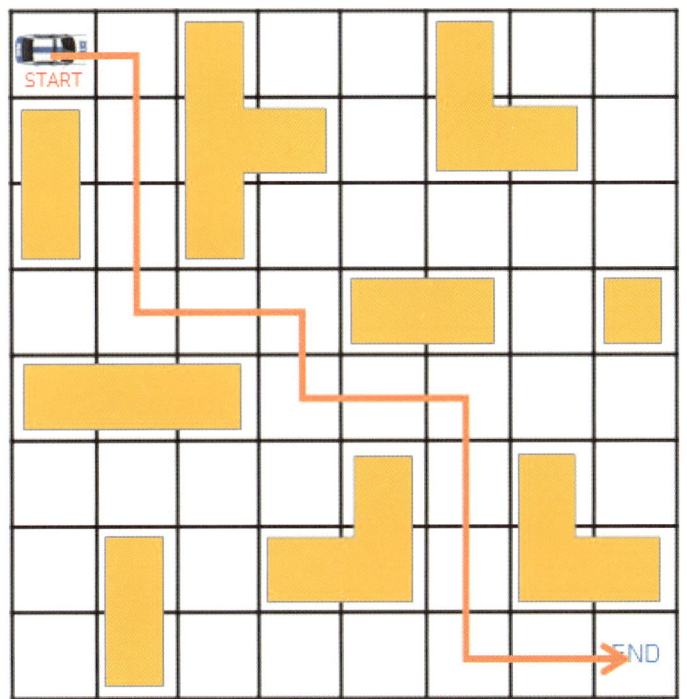

96 자동차 코딩 게임

· 해답 ·

서로 문제를 내고 푸는 게임으로 해답은 없습니다.

97 컵 쌓기 코딩 퍼즐

· 해답 ·

주어진 모양처럼 컵을 쌓기 위해서는 아래와 같이 움직여야 합니다.

START	↑	→	→	→	→	↓	←
	←	←	←	↑	→	→	↓	←
	←	↑	↻	→	→	→	↓	←
	←	←	↑	↻	→	↓		
							END

> **• 풀이 •**

각각의 코드를 실행하면서 컵의 모양이 바뀌는 모습은 같습니다.

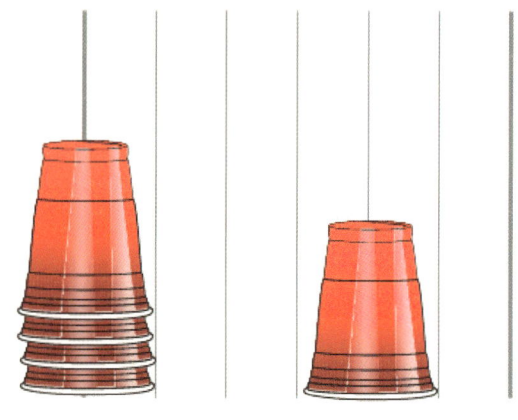

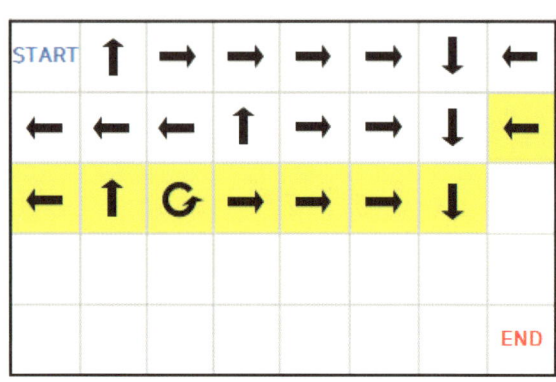

98 컵 쌓기 코딩 게임

· 해답 ·

서로 문제를 내고 푸는 게임으로 해답은 없습니다.

99 크레인으로 책 옮기기 퍼즐

· 해답 ·

주어진 그림처럼 책을 쌓기 위해서는 아래와 같이 움직여야 합니다.

· 풀이 ·

처음 책이 올려진 모습니다.

각각의 코드를 실행하면서 책의 모양이 바뀌는 모습은 같습니다.

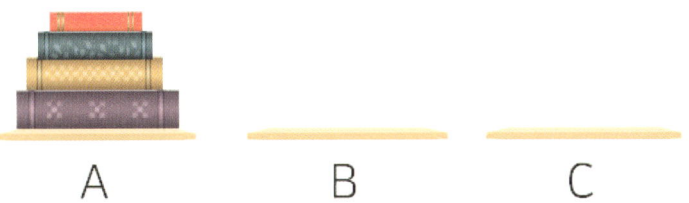
A　　　B　　　C

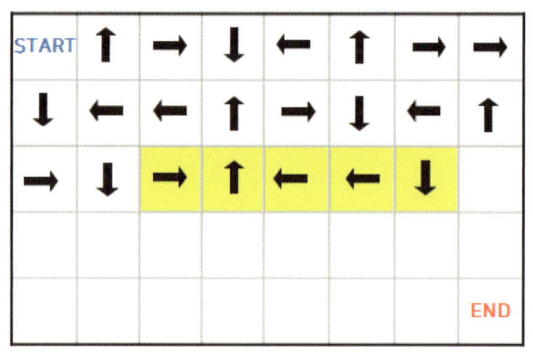
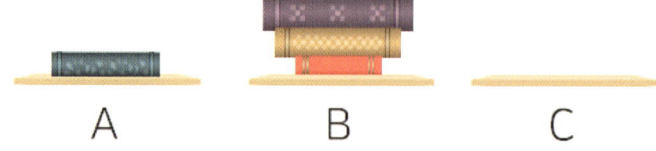

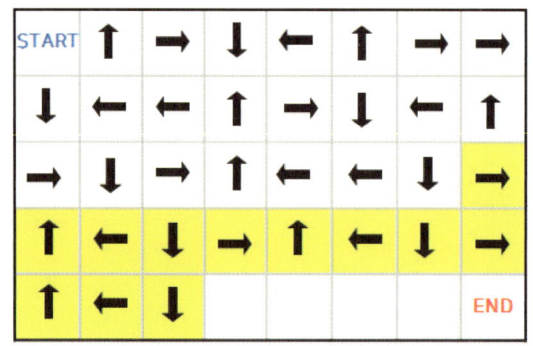
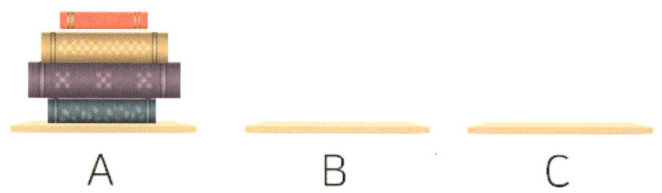

100 크레인으로 책 옮기기 게임

해답

서로 문제를 내고 푸는 게임으로 해답은 없습니다.

교재로 채택하여 강의 중인 컴퓨터학원입니다.

[서울특별시]

한양IT전문학원(서대문구 홍제동 330-54)
유림컴퓨터학원(성동구 성수1가 1동 656-251)
아이콘컴퓨터학원(은평구 갈현동 390-8)
송파컴퓨터회계학원(송파구 송파동 195-6)
강북정보처리학원(은평구 대조동 6-9호)
아이탑컴퓨터학원(구로구 개봉1동 65-5)
신영진컴퓨터학원(구로구 신도림동 437-1)
방학컴퓨터학원(도봉구 방학3동 670)
아람컴퓨터학원(동작구 사당동 우성2차 09상가)
국제컴퓨터학원(서대문구 천연동 4)
백상컴퓨터학원(구로구 구로1동 314-1 극동상가 4층)
엔젤컴퓨터학원(도봉구 창2동 581-28)
독립문컴퓨터학원(종로구 무악동 47-4)
문성컴퓨터학원(동작구 대방동 335-16 대방빌딩 2층)
대건정보처리학원(강동구 명일동 347-3)
제6세대컴퓨터학원(송파구 석촌동 252-5)
명문컴퓨터학원(도봉구 쌍문2동 56)
영우컴퓨터학원(도봉구 방학1동 680-8)
바로컴퓨터학원(강북구 수유2동 245-4)
뚝섬컴퓨터학원(성동구 성수1가2동)
오성컴퓨터학원(광진구 자양3동 553-41)
해인컴퓨터학원(광진구 구의동 30-15)
푸른솔컴퓨터학원(광진구 자양2동 645-5)
희망컴퓨터학원(광진구 구의동)
경일웹컴퓨터학원(중랑구 신내동 665)
현대정보컴퓨터학원(양천구 신정5동 940-38)
보노컴퓨터학원(관악구 서림동 96-48)
스마트컴퓨터학원(도봉구 창동 9-1)
모드산업디자인학원(노원구 상계동 724)
미주컴퓨터학원(구로구 구로5동 528-7)
미래컴퓨터학원(구로구 개봉2동 403-217)
중앙컴퓨터학원(구로구 구로동 437-1 성보빌딩 3층)
고려아트컴퓨터학원(송파구 거여동 554-3)
노노스창업교육학원(서초구 양재동 16-6)
우신컴퓨터학원(성동구 홍익동 210)
무궁화컴퓨터학원(성동구 행당동 245번지 3층)
영일컴퓨터학원(금천구 시흥1동 838-33호)
셀파컴퓨터회계학원(송파구 송파동 97-43 3층)
지현컴퓨터학원(구로구 구로3동 188-5)

[인천광역시]

이컴IT.회계전문학원(남구 도화2동 87-1)
대성정보처리학원(계양구 효성1동 295-1 3층)
상아컴퓨터학원(계양구 계산3동 18-17 교육센터 4층)
명진컴퓨터학원(계양구 계산동 946-10 덕수빌딩 6층)
한나래컴퓨터디자인학원(계양구 임학동 6-1 4층)
효성한맥컴퓨터학원(계양구 효성1동 77-5 신한뉴프라자 4층)
시대컴퓨터학원(남동구 구월동 1225-36 롯데프라자 301-1)
피엘컴퓨터학원(남동구 구월동 1249)
하이미디어아카데미(부평구 부평동 199-24 2층)
부평IT멀티캠퍼스학원(부평구 부평5동 199-24 4, 5층)
돌고래컴퓨터아트학원(부평구 산곡동 281-53 풍성프라자 402, 502호)
미래컴퓨터학원(부평구 산곡1동 180-390)
가인정보처리학원(부평구 삼산동 391-3)
서부연세컴퓨터학원(서구 가좌1동 140-42 2층)
이컴학원(서구 석남1동 513-3 4층)
연희컴퓨터학원(서구 심곡동 303-1 새터빌딩 4층)
검단컴퓨터회계학원(서구 당하동 5블럭 5롯트 대한빌딩 4층)
진성컴퓨터학원(연수구 선학동 407 대영빌딩 6층)
길정보처리회계학원(중구 인현동 27-7 창대빌딩 4층)
대화컴퓨터학원(남동구 만수5동 925-11)
new중앙컴퓨터학원(계양구 임학동 6-23번지 3층)

[대전광역시]

학사컴퓨터학원(동구 판암동 203번지 리라빌딩 401호)
대승컴퓨터학원(대덕구 법동 287-2)
열린컴퓨터학원(대덕구 오정동 65-10 2층)
국민컴퓨터학원(동구 가양1동 579-11 2층)
용운컴퓨터학원(동구 용운동 304-1번지 3층)
굿아이컴퓨터학원(서구 가수원동 656-47번지 3층)
경성컴퓨터학원(서구 갈마2동 1408번지 2층)
경남컴퓨터학원(서구 도마동 경남(아)상가 301호)
둔산컴퓨터학원(서구 탄방동 734 3층)
로얄컴퓨터학원(유성구 반석동 639-4번지 웰빙타운 602호)
자운컴퓨터학원(유성구 신성동 138-8번지)
오원컴퓨터학원(중구 대흥동 205-2 4층)
계룡컴퓨터학원(중구 문화동 374-5)
제일정보처리학원(중구 은행동 139-5번지 3층)

[광주광역시]

태봉컴퓨터전산학원(북구 운암동 117-13)
광주서강컴퓨터학원(북구 동림동 1310)
다음정보컴퓨터학원(광산구 신창동 1125-3 건도빌딩 4층)
광주중앙컴퓨터학원(북구 문흥동 999-3)
국제정보처리학원(북구 중흥동 279-60)
굿아이컴퓨터학원(북구 용봉동 1425-2)
나라정보처리학원(남구 진월동 438-3 4층)
두암컴퓨터학원(북구 두암동 602-9)
디지털국제컴퓨터학원(동구 서석동 25-7)
매곡컴퓨터학원(북구 매곡동 190-4)
사이버컴퓨터학원(광산구 운남동 387-37)
상일컴퓨터학원(서구 상무1동 147번지 3층)
세종컴퓨터전산학원(남구 봉선동 155-6 5층)
송정중앙컴퓨터학원(광산구 송정동 793-7 3층)
신한국컴퓨터학원(광산구 월계동 899-10번지)
에디슨컴퓨터학원(동구 계림동 85-169)
엔터컴퓨터학원(광산구 신가동1012번지 우미아파트상가 2층 201호)
염주컴퓨터학원(서구 화정동 1035 2층)
영진정보처리학원(서구 화정2동 신동아아파트 상가 3층 302호)
이지컴퓨터학원(서구 금호동 838번지)
일류정보처리학원(서구 금호동 741-1 시영1차아파트 상가 2층)
조이컴정보처리학원(서구 치평동 1184-2번지 골든타운 304호)
중앙컴퓨터학원(서구 화정2동 834-4번지 3층)
풍암넷피아정보처리학원(서구 풍암 1123 풍암빌딩 6층)
하나정보처리학원(북구 일곡동 830-6)
양산컴퓨터학원(북구 양산동 283-48)
한성컴퓨터학원(광산구 월곡1동 56-2)

[부산광역시]

신흥정보처리학원(사하구 당리동 131번지)
경원전산학원(동래구 사직동 45-37)
동명정보처리학원(남구 용호동 408-1)
메인컴퓨터학원(사하구 괴정동 1119-3 희망빌딩 7층)
미래컴퓨터학원(사상구 삼락동 418-36)
미래컴퓨터학원(부산진구 가야3동 301-8)
보성정보처리학원(사하구 장림2동 1052번지 삼일빌딩 2층)
영남컴퓨터학원(기장군 기장읍 대라리 97-14)
우성컴퓨터학원(사하구 괴정동 496-5 대원스포츠 2층)
중앙IT컴퓨터학원(북구 만덕2동 282-5번지)
하남컴퓨터학원(사하구 신평동 590-4)
다인컴퓨터학원(사하구 다대1동 933-19)
자유컴퓨터학원(동래구 온천3동 1468-6)
영도컴퓨터전산회계학원(영도구 봉래동3가 24번지 3층)
동아컴퓨터학원(사하구 당리동 303-11 5층)
동원컴퓨터학원(해운대구 재송동)
문현컴퓨터학원(남구 문현동 253-11)
삼성컴퓨터학원(북구 화명동 2316-1)

[대구광역시]

네트CAD그래픽컴퓨터학원(달서구 상인동 725-3 10층)
해인컴퓨터학원(북구 동천동 878-3 2층)
셈틀컴퓨터학원(북구 동천동 896-3 3층)
대구컴퓨터캐드회계학원(북구 국우동 1099-1 5층)
동화컴퓨터학원(수성구 범물동 1275-1)
세방컴퓨터학원(수성구 범어1동 371번지 7동 301호)
네트컴퓨터학원(북구 태전동 409-21번지 3층)
배움컴퓨터학원(북구 복현2동 340-42번지 2층)
윤성컴퓨터학원(북구 복현2동 200-1번지)
명성탑컴퓨터학원(북구 침산2동 295-18번지)
911컴퓨터학원(달서구 성당동 705-18번지 3층)
메가컴퓨터학원(수성구 신매동 267-13 3층)
테라컴퓨터학원(수성구 달구벌대로 3090)

[울산광역시]

엘리트정보처리세무회계(중구 성남동 청송빌딩 2층~6층)

경남컴퓨터학원(남구 신정 2동 명성음악사3,4층)
다운컴퓨터학원(중구 다운동 776-4번지 2층)
대송컴퓨터학원(동구 대송동 174-11번지 방어진농협 대송지소 2층)
명정컴퓨터학원(중구 태화동 명정초등 BUS 정류장 옆)
크린컴퓨터학원(남구 울산병원근처-신정푸르지오 모델하우스 앞)
한국컴퓨터학원(남구 옥동 260-6번지)
한림컴퓨터학원(북구 연암동 375-1 3층)
현대문화컴퓨터학원(북구 양정동 523번지 현대자동차문화회관 3층)
인텔컴퓨터학원(울주군 범서면 굴화리 49-5 1층)
대림컴퓨터학원(남구 신정4동 949-28 2층)
미래정보컴퓨터학원(울산시 남구 울산대학교앞 바보사거리 GS25 5층)
서진컴퓨터학원(울산시 남구 달동 1331-13 2층)
송샘컴퓨터학원(동구 방어동 281-1 우성현대 아파트상가 2, 3층)
에셋컴퓨터학원(북구 천곡동 410-6 아진복합상가 310호)
연세컴퓨터학원(남구 무거동 1536-11번지 4층)
홍천컴퓨터학원(남구 무거동(삼호동)1203-3번지)
IT컴퓨터학원(동구 화정동 855-2번지)
THC정보처리컴퓨터(울산시 남구 무거동 아이컨셉안경원 3, 4층)
TOPCLASS컴퓨터학원(울산시 동구 전하1동 301-17번지 2층)

[경기도]
샘물컴퓨터학원(여주군 여주읍 상리 331-19)
인서울컴퓨터디자인학원(안양시 동안구 관양2동 1488-35 골드빌딩 1201호)
경인디지털컴퓨터학원(부천시 원미구 춘의동 116-8 광덕프라자 3층)
에이팩스컴퓨터학원(부천시 원미구 상동 533-11 부건프라자 602호)
서울컴퓨터학원(부천시 소사구 송내동 523-3)
천재컴퓨터학원(부천시 원미구 심곡동 344-12)
대신IT컴퓨터학원(부천시 소사구 송내2동 433-25)
상아컴퓨터학원(부천시 소사구 괴안동 125-5 인광빌딩 4층)
우리컴퓨터전산회계디자인학원(부천시 원미구 심곡동 87-11)
좋은컴퓨터학원(부천시 소사구 소사본3동 277-38)
대명컴퓨터학원(부천시 원미구 중1동 1170 포도마을 삼보상가 3층)
한국컴퓨터학원(용인시 기흥구 구갈동 383-3)
삼성컴퓨터학원(안양시 만안구 안양1동 674-249 삼양빌딩 4층)
나래컴퓨터학원(안양시 만안구 안양5동 627-35 5층)
고색정보컴퓨터학원(수원시 권선구 고색동 890-169)
셀파컴퓨터회계학원(성남시 중원구 금광2동 4359 3층)
탑에듀컴퓨터학원(수원시 팔달구 팔달로2가 130-3 2층)
새빛컴퓨터학원(부천시 오정구 삼정동 318-10 3층)
부천컴퓨터학원(부천시 원미구 중1동 1141-5 다운타운빌딩 403호)
경원컴퓨터학원(수원시 영통구 매탄4동 성일아파트상가 3층)
하나탑컴퓨터학원(광명시 광명6동 374-10)
정수천컴퓨터학원(가평군 석봉로 139-1)
평택비트컴퓨터학원(평택시 비전동 756-14 2층)

[전라북도]
전주컴퓨터학원(전주시 완산구 삼천동1가 666-6)
세라컴퓨터학원(전주시 덕진구 우아동)
비트컴퓨터학원(전북 남원시 왕정동 45-15)
문화컴퓨터학원(전주시 덕진구 송천동 1가 480번지 비사벌빌딩 6층)
등용문컴퓨터학원(전주시 완산구 풍남동1가 15-6번지)
미르컴퓨터학원(전주시 덕진구 인후동1가 857-1 새마을금고 3층)
거성컴퓨터학원(군산시 명산동 14-17 반석신협 3층)
동양컴퓨터학원(군산시 나운동 487-9 SK5층)
문화컴퓨터학원(군산시 문화동 917-9)
하나컴퓨터학원(전주시 완산구 효자동1가 518-59번지 3층)
동양인터넷컴퓨터학원(전주시 완산구 삼천동1가 288-9번 203호)
골든벨컴퓨터학원(전주시 완산구 평화2동 893-1)
명성컴퓨터학원(군산시 나운1동792-4)
다울컴퓨터학원(군산시 나운동 667-7번지)
제일컴퓨터학원(남원시 도통동 583-4번지)
뉴월드컴퓨터학원(익산시 부송동 762-1 번지 1001안경원 3층)
젬컴퓨터학원(군산시 문화동 920-11)
문경컴퓨터학원(정읍시 연지동 32-11)
유일컴퓨터학원(전주시 덕진구 인후동 안골사거리 태평양약국 2층)
빌컴퓨터학원(군산시 나운동 809-1번지 라파빌딩 4층)
김상미컴퓨터학원(군산시 조촌동 903-1 시영아파트상가 2층)
아성컴퓨터학원(익산시 어양동 부영1차아파트 상가동 202호)
민컴퓨터학원(전주시 완산구 서신동 797-2번지 청담빌딩 5층)
제일컴퓨터학원(익산시 어양동 643-4번지 2층)
현대컴퓨터학원(익산시 동산동 1045-3번지 2층)
이지컴퓨터학원(군산시 동흥남동 404-8 1층)
비전컴퓨터학원(익산시 동산동 607-4)
청어람컴퓨터학원(전주시 완산구 평화동2가 890-5 5층)
정컴퓨터학원(전주시 완산구 삼천동1가 592-1)
영재컴퓨터학원(전라북도 완주군 삼예읍 삼례리 923-23)
탑스터디컴퓨터학원(군산시 수송동 827-10번지 강남빌딩 2층)

[전라남도]
한성컴퓨터학원(여수시 문수동 82-1번지 3층)

[경상북도]
현대컴퓨터학원(경북 칠곡군 북삼읍 인평리 1078-6번지)
조은컴퓨터학원(경북 구미시 형곡동 197-2번지)
옥동컴퓨터학원(경북 안동시 옥동 765-7)
청어람컴퓨터학원(경북 영주시 영주2동 528-1)
21세기정보처리학원(경북 영주시 휴천2동 463-4 2층)
이지컴퓨터학원(경북 경주시 황성동 472-44)
한국컴퓨터학원(경북 상주시 무양동 246-5)
예일컴퓨터학원(경북 의성군 의성읍 중리리 714-2)
김복남컴퓨터학원(경북 울진군 울진읍 읍내4리 520-4)
유성정보처리학원(경북 예천군 예천읍 노하리 72-6)
제일컴퓨터학원(경북 군위군 군위읍 서부리 32-19)
미림-엠아이티컴퓨터학원(경북 포항시 북구 장성동 1355-4)
가나컴퓨터학원(경북 구미시 옥계동 631-10)
엘리트컴퓨터외국어스쿨학원(경북 경주시 동천동 826-11번지)
송현컴퓨터학원(안동시 송현동 295-1)

[경상남도]
송기웅전산학원(창원시 진해구 석동 654-3번지 세븐코아 6층 602호)
빌게이츠컴퓨터학원(창원시 성산구 안민동 163-5번지 풍전상가 302호)
예일학원(창원시 의창구 봉곡동 144-1 401~2호)
정우컴퓨터전산회계학원(창원시 성산구 중앙동 89-3)
우리컴퓨터학원(창원시 의창구 도계동 353-13 3층)
웰컴퓨터학원(김해시 장유면 대청리 대청프라자 8동 412호)
이지컴스쿨학원(밀양시 내이동 북성로 71 3층)
비사벌컴퓨터학원(창녕군 창녕읍 말흘리 287-1 1층)
늘샘컴퓨터학원(함양군 함양읍 용평리 694-5 신협 3층)
도울컴퓨터학원(김해시 삼계동 1416-4 2층)

[제주도]
하나컴퓨터학원(제주시 이도동)
탐라컴퓨터학원(제주시 연동)
클릭컴퓨터학원(제주시 이도동)

[강원도]
엘리트컴퓨터학원(강릉시 교1동 927-15)
권정미컴퓨터학원(춘천시 후석로 246 4층)
형제컴퓨터학원(속초시 조양동 부영아파트 3동 주상가 305-2호)
강릉컴퓨터교육학원(강릉시 임명로 180 3층 301호)